CUISINE

Note :
Les noms suivis d'un astérisque* renvoient au glossaire en pages 586 à 589.

Cet ouvrage a été réalisé d'après l'œuvre originale *Toute la cuisine* de Guy Martin (avec la collaboration de Monique Lansard)

Conception graphique la tête moderne

Connectez-vous sur : www.lamartinieregroupe.com

ISBN : 978-2-7324-4742-1

CUISINE

Guy Martin

Photographies : **Michel Langot**
Stylisme : **Domitille Langot**

Éditions
de La Martinière

Introduction

Parce que plus qu'un simple métier, cuisiner est pour moi une vraie passion, je ne peux l'envisager sans partage.

Parce que cuisiner au quotidien est une nécessité pour notre équilibre alimentaire, budgétaire mais aussi un moyen d'expression de son affection envers sa famille et ses amis.

Parce que cuisiner demande quelques notions, quelques bases, quelques idées pour se lancer.

Parce que la cuisine française est une ressource inépuisable de plaisir, voici réunies dans ce livre, 300 recettes qui répondent à toutes ces attentes.

Un seul ouvrage pour de multiples usages !

Des recettes de base inscrites dans la tradition culinaire française, mais aussi celles, plus étonnantes, qui jouent sur la tendance.
Des recettes d'une extrême simplicité, que ce soit pour leurs ingrédients, leur temps de préparation, qui côtoient celles plus complexes, plus élaborées.
Des recettes du quotidien lorsque l'on dispose de peu de temps qui s'affichent sans complexe avec celles, plus festives, des grandes occasions.
Des recettes qui fleurent bon l'enfance, avec les plats familiers, intemporels et généreux, et ceux qui s'ouvrent sur le monde.

Voilà comment un simple concombre peut devenir en 15 minutes une sublime crème où s'invite la menthe, comment un soufflé basique peut surprendre avec du tarama et des zestes d'orange, comment une tatin de betteraves flirte avec la traditionnelle quiche lorraine, comment le modeste hareng mariné parade avec un mille-feuille de moules aux granny-smith, comment l'indispensable omelette aux fines herbes fusionne avec des bricks de sardines à la badiane, et le réconfortant pâté en croûte avec des rouleaux de printemps. Sans oublier le bonheur de la tarte aux pommes et du gâteau au chocolat...

J'espère, au fil des pages de ce livre, être à la fois initiateur et inspirateur de petits bonheurs quotidiens comme de surprenantes découvertes gustatives à votre table.

Sommaire

Soupes & potages, *6*
Soupes froides, *8*
Soupes chaudes, *16*
Potages, *28*

Entrées, *44*
Poisson, *46*
Terrines & pâtés, *64*
Pâtés chauds & feuilletés, *72*
Foie gras, *84*

Salades & Snacking, *90*
Salades & légumes crus, *92*
Salades & légumes cuits, *96*
Salades & fruits, *104*
Salades & viande, *110*
Salades régionales, *112*
Snacking, *122*

Poissons & fruits de mer, *168*
Poissons, *170*
Coquillages, *210*
Crustacés, *224*
Calamars & Cie, *236*
Algues, *242*

Viandes, *246*
Agneau, *248*
Bœuf, *264*
Porc, *288*
Veau, *308*
Lapin, *330*
Volaille, *336*

Pâtes & céréales, *366*
Pâtes, *368*
Céréales, *384*

Légumes, *394*

Pâtisserie & desserts, *460*
Gâteaux, crèmes & glaces, *462*
Chocolat, *502*
Desserts aux fruits, *516*

Annexes
En cuisine, *532*

Index, *597*
Index des ingrédients, *592*
Index des recettes, *599*
Index des plats, *603*

SOU
POTA

PES &
AGES

Soupe froide d'avocat

Pour 4 personnes
Préparation 15 minutes

4 avocats mûrs
1 citron vert
1 l de bouillon de volaille
6 gouttes de Tabasco
100 g de pain de mie sans croûte
3 c. à s. d'huile d'olive
½ botte de ciboulette
Sel
Poivre du moulin

Ôter la peau et les noyaux des avocats. Mixer la chair avec le jus du citron vert. Passer au tamis. **Détendre*** la purée d'avocat avec le bouillon de volaille froid. Saler et poivrer. Ajouter le Tabasco. Réserver au frais.

Tailler le pain de mie en petits cubes, les faire colorer dans une poêle avec l'huile d'olive à feu moyen. Égoutter sur du papier absorbant.

Couper finement la ciboulette.

Verser la soupe d'avocat dans des assiettes creuses. Parsemer de croûtons et de ciboulette.

AVOCAT

CONCOMBRE

Crème de concombre

Pour 6 personnes
Préparation 15 minutes **Réfrigération** 2 heures

500 g de concombre
500 g de yaourt à la grecque
50 cl de bouillon de volaille
1 boîte de chair de crabe
2 petits oignons frais
Quelques feuilles de menthe
Sel
Poivre du moulin

Éplucher le concombre. Conserver quelques fines lanières de peau. Couper le concombre en fines rondelles. Placer dans un bol. Saler et laisser dégorger pendant 1 heure à température ambiante. Égoutter, rincer, puis mixer les rondelles. **Incorporer** à la purée de concombre le yaourt à la grecque, le bouillon de volaille. Saler et poivrer. Réserver au réfrigérateur pendant 2 heures.

Défaire la chair de crabe afin d'ôter tous les cartilages.
Éplucher et émincer* les oignons.

Verser la crème de concombre dans des assiettes creuses. Placer au centre un peu de chair de crabe. Décorer avec les lanières de peau de concombre réservées et parsemer la menthe ciselée et les oignons émincés. **Servir** aussitôt.

On peut remplacer la chair de crabe par des crevettes décortiquées.

COURGETTE

Crème de courgette à la verveine fraîche

Pour 6 personnes
Préparation 10 minutes **Cuisson** 3 minutes

1,2 kg de petites courgettes rondes
2 branches de verveine
1 citron
500 g de fromage blanc frais égoutté
100 g de mimolette
Sel
Poivre du moulin

Laver les courgettes, ôter leur pédoncule, les couper en deux dans la longueur sans les éplucher. Les cuire pendant 3 minutes à la vapeur avec 5 feuilles de verveine. Ôter les feuilles de verveine. **Mixer** les courgettes en ajoutant le jus du citron. Saler, poivrer. Laisser refroidir à température ambiante.

Incorporer ensuite le fromage blanc. Fouetter pour obtenir une masse crémeuse bien aérée. Réserver au réfrigérateur.

Servir très frais avec quelques feuilles de verveine ciselées et la mimolette taillée en bâtonnets.

Gaspacho

Pour 8 à 10 personnes
Préparation 20 minutes

1,2 kg de tomates
400 g d'oignons blancs doux
400 g de poivron rouge épluché
400 g de concombre pelé et épépiné
1 citron
2 gousses d'ail pelées et hachées
20 cl d'huile d'olive
10 cl de vinaigre de xérès
200 g de pain de mie sans croûte
200 g de poivron vert épluché
2 œufs durs
Sel
Poivre du moulin

Monder* et épépiner les tomates. Mixer 1 kg de tomates avec 200 g d'oignons blancs, 200 g de poivron rouge, 200 g de concombre. Ajouter le jus du citron, l'ail, l'huile d'olive et le vinaigre de xérès. Saler, poivrer. Réserver au frais.

Détailler le pain de mie en petits cubes. Les faire dorer dans une poêle avec un filet d'huile d'olive à feu moyen. **Tailler** en petits dés les 200 g restants d'oignons, de poivron rouge, de concombre, de tomate et de poivron vert.

Répartir le gaspacho dans des bols. **Ajouter** les dés de légumes crus, les œufs durs écrasés et les cubes de pain de mie.

Si le gaspacho est un peu épais après refroidissement, détendre* avec un peu d'eau glacée pour obtenir un mélange crémeux.

TOMATE

Soupe au chou

Pour 6 personnes
Préparation 20 minutes **Cuisson** 1 heure 45

500 g de lard de poitrine salé
1 chou vert
3 carottes
3 gousses d'ail
1 c. à s. de beurre
1,5 l de bouillon de volaille (facultatif)
1 feuille de laurier
12 fines tranches de baguette grillées
Sel
Poivre du moulin

Cuire le lard pendant 40 minutes dans une eau frémissante non salée. Égoutter.

Couper le chou vert en 2, le plonger dans une marmite d'eau bouillante salée. Le blanchir* pendant 3 minutes, puis l'égoutter soigneusement. Couper le chou en lanières.

Éplucher et couper les carottes en fines rondelles.
Éplucher et couper en petits morceaux les gousses d'ail.

Faire fondre le beurre dans une cocotte. Ajouter le chou et les carottes. Saler. Mélanger bien et laisser cuire sans couvrir sur feu doux durant 20 minutes. Ajouter 1,5 l d'eau ou de bouillon de volaille, l'ail, le laurier, le lard et poursuivre la cuisson pendant 45 minutes à feu doux. Rectifier l'assaisonnement en sel et poivrer.

Répartir la soupe dans des bols. **Accompagner** des tranches de baguette grillées.

On peut enrichir cette soupe avec un bol de crème fraîche épaisse et des pommes de terre cuites à l'eau à part.
Ne jamais réchauffer une soupe au chou.

CHOU

CREVETTE

Soupe de crevettes à la citronnelle

Pour 4 personnes
Préparation 20 minutes **Cuisson** 20 minutes

16 crevettes roses cuites
1 tomate
10 petits champignons de Paris
1 petit oignon
25 cl de bouillon de volaille
3 c. à s. de nuoc-mâm
3 tiges de citronnelle fraîche
½ c. à c. de galanga en poudre
1 petit piment rouge
1 citron vert
½ botte de coriandre
Sel
Poivre du moulin

Décortiquer les crevettes. **Monder*** et épépiner la tomate, la tailler en dés de 2 à 3 mm de côté. **Laver** rapidement les champignons et les émincer*. **Éplucher** et émincer finement l'oignon.

Dans une casserole, mettre à chauffer 25 cl d'eau et le bouillon de volaille. Ajouter les tiges de citronnelle émincées en biais, le nuoc-mâm et le galanga. Laisser cuire à petits bouillons pendant 10 minutes. Filtrer au chinois*.

Chauffer de nouveau le bouillon jusqu'à frémissement. Ajouter l'oignon et les champignons de Paris émincés. Laisser cuire 5 minutes sur feu doux. Ajouter les crevettes, le piment rouge épépiné et émincé, les dés de tomate et le jus du citron vert. Laisser cuire encore 5 minutes. Vérifier l'assaisonnement en sel. Poivrer.

Répartir dans des assiettes creuses. **Parsemer** de feuilles de coriandre.

Soupe de laitues, foie gras de canard chaud, brousse aux baies de genièvre

Pour 4 personnes
Préparation 30 minutes **Cuisson** 40 minutes

2 laitues
200 g de pommes de terre
100 g de blanc de poireau
2 c. à s. d'huile d'olive
1,5 l de bouillon de poule
150 g de brousse
100 g de jambon cru
2 baies de genièvre
4 escalopes de foie gras de 50 g chacun
Sel
Poivre du moulin

Éliminer les premières feuilles de laitue puis les laver. Couper les laitues en 8 morceaux. **Éplucher** et couper en cubes de 3 à 4 cm de côté les pommes de terre. **Rincer** et émincer* le blanc de poireau.

Dans une cocotte, faire suer* le blanc de poireau et les morceaux de laitue dans l'huile d'olive à feu moyen. Mouiller* avec le bouillon de poule. Saler et porter à ébullition. Ajouter les cubes de pommes de terre. Laisser cuire à petits bouillons pendant 30 minutes.

Mixer en une purée fine la brousse et le jambon cru dans le robot, ensuite la passer au tamis. Ajouter les baies de genièvre hachées. Saler et poivrer. À l'aide de deux cuillères à café, former 12 quenelles. Réserver au frais.

Mixer la soupe et la passer au chinois*. Rectifier l'assaisonnement.

Chauffer une poêle antiadhésive sans matière grasse, y faire colorer à feu moyen les escalopes de foie gras salées et poivrées, 2 minutes de chaque côté. Les garder au chaud sur un papier absorbant.

Verser la soupe de laitue dans des assiettes creuses chaudes. Placer au centre de chaque assiette 1 escalope de foie gras et 3 quenelles de brousse tout autour.

Soupe de maïs au chorizo

Pour 4 personnes
Préparation 15 minutes **Cuisson** 40 minutes

200 g de chorizo
1 oignon
1 gousse d'ail
300 g de pommes de terre agria
1 c. à s. d'huile d'olive
1 l de bouillon de poule
25 cl de crème
400 g de maïs en boîte
Sel
Poivre du moulin

Tailler le chorizo en fines rondelles. **Éplucher** et hacher l'oignon et l'ail. **Éplucher** et couper 150 g de pommes de terre en cubes de 3 à 4 mm de côté. Éplucher et râper à l'aide d'une râpe à fromage les 150 g restants.

Dans une cocotte, faire revenir* à l'huile d'olive, l'oignon, l'ail et le chorizo pendant 5 minutes sans coloration. **Ôter** le gras de la cocotte. Ajouter les pommes de terre râpées et en cubes. Saler, poivrer. Verser le bouillon de poule, la crème et porter à ébullition. Laisser cuire à petits bouillons pendant 20 minutes. **Ajouter** le maïs rincé et égoutté. Rectifier l'assaisonnement. Laisser mijoter* encore 15 minutes à feu doux.

Répartir la soupe dans les bols.

MAÏS

Soupe à l'oignon

Pour 6 personnes
Préparation 15 minutes **Cuisson** 40 minutes

800 g d'oignons
50 g de beurre
1 l de bouillon de volaille (facultatif)
12 tranches fines de pain
150 g de fromage râpé
Sel
Poivre du moulin

Émincer* finement les oignons, les mettre dans une cocotte avec 10 cl d'eau et le beurre. Laisser cuire à découvert sur feu moyen jusqu'à évaporation complète de l'eau : compter environ 5 minutes.

Laisser les oignons blondir* en les remuant régulièrement pendant 5 minutes. Mouiller avec 1 l d'eau ou de bouillon de volaille. Saler. Laisser mijoter* pendant 30 minutes sur feu doux.

Faire griller les tranches de pain, les parsemer de fromage râpé. Les mettre à gratiner sous le gril du four environ 2 minutes.

Verser la soupe dans les bols. Déposer dessus les tartines gratinées. Servir aussitôt.

Autres suggestions :
Mixer les oignons avant d'ajouter l'eau ou le bouillon.
Ajouter 1 verre de porto en fin de cuisson.
Ajouter 1 verre de vin blanc dès le début de la recette.
Utiliser du roquefort à la place du fromage râpé.

OIGNON

Soupe de poulet, gingembre et lait de coco

Pour 4 personnes
Préparation 10 minutes **Cuisson** 20 minutes

40 cl de lait de coco
10 cl de bouillon de volaille
10 g de gingembre frais
1 c. à s. de sauce soja
500 g de blancs de poulet
100 g de vermicelles
½ citron vert
Sel
Poivre du moulin

Dans une casserole, porter à ébullition le lait de coco avec le bouillon de volaille et 50 cl d'eau. Ajouter le gingembre épluché et haché, la sauce soja. Saler modérément. Laisser cuire 10 minutes à petits bouillons.

Pendant ce temps, découper les blancs de poulet en fines lanières. Les plonger dans le mélange, ainsi que les vermicelles. Cuire sur feu doux durant 10 minutes tout en remuant.

Hors du feu, ajouter le jus du citron vert, et rectifier l'assaisonnement. **Servir** aussitôt.

POULET

CHOU-FLEUR

Potage de chou-fleur

Pour 6 personnes
Préparation 15 minutes **Cuisson** 50 minutes

1 chou-fleur
2 blancs de poireau
50 g de beurre
25 cl de crème fleurette*
20 g de farine
200 g de pommes de terre farineuses
Noix de muscade
Sel
Poivre vert moulu

Cuire le chou-fleur à la vapeur pendant 15 minutes. Défaire les bouquets et garder 12 sommités pour le décor. **Laver,** éplucher et émincer les poireaux. **Éplucher,** laver et couper en petits cubes les pommes de terre.

Faire fondre 30 g beurre dans une cocotte. Y mettre les blancs de poireau et les laisser étuver* à couvert et à feu doux pendant 10 minutes. Ajouter la farine. Mélanger avant de déposer le chou-fleur coupé en morceaux. Mouiller* avec 50 cl d'eau froide. Saler et poursuivre la cuisson 20 minutes. **Mixer** le potage et maintenir au chaud.

Faire rissoler les sommités de chou-fleur réservées dans 20 g de beurre pendant 5 minutes. **Fouetter** la crème fleurette* en chantilly, lui ajouter une râpure de noix de muscade et du poivre vert moulu.

Répartir dans les bols le potage, les sommités rissolées et la chantilly.

Potage de haricots à l'oseille

Pour 6 personnes
Préparation 25 minutes **Cuisson** 1 heure 10

1,5 kg de haricots à écosser (cocos blancs)
300 g d'oseille
100 g de pommes de terre farineuses
1 poignée d'épinards
25 cl de crème fleurette*
1 bouquet de persil plat
Sel
Poivre du moulin

Écosser les haricots. **Éplucher** et couper en dés les pommes de terre. **Mettre** dans une cocotte les haricots et les pommes de terre, les couvrir largement d'eau froide non-salée. Cuire pendant 1 heure à petite ébullition.

Laver et équeuter les feuilles d'oseille et d'épinards. Ajouter l'oseille et les feuilles d'épinards dans la cocotte. Saler et poursuivre la cuisson 10 minutes. Égoutter les légumes en réservant de l'eau de cuisson pour détendre*, si nécessaire, le potage. **Mixer** la préparation. **Ajouter** la crème et redonner une ébullition.

Répartir le potage dans les bols. Parsemer de persil finement haché et donner quelques tours de moulin à poivre. **Servir** aussitôt.

La même recette peut se préparer avec 250 g de haricots secs. Les mettre dans une casserole et les couvrir largement d'eau. Porter à ébullition. Arrêter aussitôt la cuisson et les laisser tremper dans leur eau pendant 2 heures. Procéder ensuite comme pour les haricots frais.

COCOS

Minestrone

Pour 8 à 10 personnes
Préparation 15 minutes **Cuisson** 1 heure

500 g de tomates roma
3 branches de céleri
1 branche de thym
6 gousses d'ail
250 g de haricots cocos frais (poids net écossés)
200 g de fèves fraîches (poids net écossées)
200 g de petits pois (poids net écossés)
250 g de macaronis moyens
1 bouquet de basilic
2 c. à s. d'huile d'olive
100 g de parmesan
Sel
Poivre du moulin

Monder* les tomates, les couper en 2, les épépiner et les couper en dés. **Laver,** éplucher et couper en dés le céleri.

Porter à ébullition 2,5 l d'eau. Saler. Y mettre la branche de thym, l'ail épluché et haché ainsi que tous les légumes. Cuire à feu doux à petite ébullition pendant 10 minutes.

Ajouter les macaronis et poursuivre la cuisson durant 15 minutes.

Pendant ce temps, piler* le basilic avec l'huile d'olive. Saler et poivrer.

Répartir le minestrone dans les bols avec le basilic pilé. Ajouter le parmesan fraîchement râpé. **Servir** aussitôt.

Hors saison, il est possible d'utiliser des fèves et des haricots secs. Dans ce cas, les faire tremper la veille et les ébouillanter une première fois avant de les cuire. Si l'on utilise des petits pois congelés, les ajouter à la soupe après les pâtes.

HARICOTS

Huîtres dans un bouillon de navets et truffes, huile d'argan

Pour 4 personnes
Préparation 25 minutes **Cuisson** 30 minutes

40 g d'échalotes
500 g de navets
10 g de beurre
75 cl de bouillon de volaille
10 cl de crème liquide
12 huîtres creuses n°2
20 lamelles de truffe noire
4 c. à c. d'huile d'argan
Sel
Poivre du moulin

Éplucher et émincer les échalotes. **Éplucher** et couper les navets en morceaux.

Dans une casserole à feu moyen, faire suer* dans le beurre l'émincé d'échalotes pendant 2 minutes. Ajouter les navets et mouiller* avec le bouillon de volaille. Faire cuire à petits bouillons pendant 30 minutes. **Mixer** la préparation et la passer au chinois*. Ajouter la crème. Saler, poivrer et réserver au chaud.

Ouvrir les huîtres. Récupérer l'eau de mer. Ôter les pieds et les petits morceaux de coquilles. Mettre les huîtres dans une casserole avec l'eau de mer filtrée et faire tiédir à feu doux.

Égoutter les huîtres, les poser au fond des assiettes creuses bien chaudes avec des lamelles de truffe. Verser le bouillon de navets très chaud. **Terminer** par quelques traits d'huile d'argan.

HUÎTRE

Garbure

Pour 10 à 12 personnes
Préparation 25 minutes **Cuisson** 2 heures 35 **Trempage** 12 heures

- 1 crosse de jambon (à défaut, 2 jarrets de porc)
- 800 g de haricots en grains frais (ou 500 g de haricots secs)
- 300 g de carottes
- 3 poireaux
- 1 kg de pommes de terre
- 500 g de potiron
- 1 chou vert (pointu de préférence)
- 500 g de haricots verts plats
- 1 oignon
- 2 piments d'Espelette
- Gros sel

La veille

Mettre la crosse de jambon à tremper, pour la dessaler*, dans un grand bol d'eau froide pendant 12 heures au réfrigérateur. Changer l'eau 2 ou 3 fois. Si les haricots sont secs, les mettre aussi à tremper pendant 12 heures à température ambiante.

Le jour même

Mettre la crosse à blanchir dans une cocotte avec de l'eau froide à couvert. Porter à ébullition, laisser cuire 20 minutes à feu moyen, égoutter puis jeter l'eau.

Remettre la crosse dans la cocotte, couvrir largement d'eau froide, porter à ébullition puis ajouter les carottes épluchées et coupées en 2, les poireaux lavés et coupés en tronçons, l'oignon épluché et coupé en 4. Laisser cuire pendant 1 heure à feu moyen. Vérifier la teneur en sel. Ajouter les pommes de terre et le potiron épluchés et coupés en dés.

Blanchir le chou dans une grande casserole d'eau bouillante salée pendant 3 minutes, l'égoutter et l'ajouter coupé en grosses lanières dans la cocotte, avec les haricots verts coupés en tronçons. Cuire la garbure 45 minutes à feu moyen.

Couper les piments en 8, ôter les graines, puis les ajouter à la préparation. Poursuivre la cuisson 30 minutes à feu doux.

Répartir les légumes et la crosse dans des assiettes creuses. Saupoudrer de gros sel.

Si l'on utilise des jarrets de porc demi-sel, il est inutile de les blanchir et d'ajouter du sel dans la garbure.

Potage du jardin

Pour 6 personnes
Préparation 15 minutes **Cuisson** 30 minutes

200 g de pommes de terre
300 g de carottes
300 g de navets
2 poireaux
1 poignée d'épinards
60 g de beurre
Quelques brins de persil
Sel

Éplucher, laver et couper en petits dés les pommes de terre, les carottes, les navets et les poireaux. Laver et équeuter les épinards.

Faire fondre 30 g de beurre dans une casserole, verser les carottes, les navets, les épinards et les poireaux. Laisser étuver* pendant 10 minutes à feu doux à couvert. **Ajouter** les pommes de terre et mouiller* avec 1,5 l d'eau. Porter à ébullition. **Saler** et poursuivre la cuisson à couvert durant 20 minutes.

Ciseler* finement le persil. L'incorporer en fin de cuisson, hors du feu avec 30 g de beurre. **Servir** aussitôt.

Il est important de ne pas trop cuire ce potage, afin de conserver la fraîcheur et le goût de chaque légume.

LÉGUMES

Potage de lentilles

Pour 6 personnes
Préparation 35 minutes **Cuisson** 20 minutes **Trempage** 30 minutes

300 g de lentilles vertes
1 feuille de laurier
2 carottes
1 branche de céleri
2 c. à s. de crème fraîche
2 cébettes
Sel
Poivre du moulin

Mettre les lentilles dans une petite cocotte et les couvrir largement d'eau froide. Porter à ébullition et retirer aussitôt la cocotte du feu. Attendre 30 minutes avant d'égoutter les lentilles. Les remettre dans la cocotte avec 1,5 l d'eau fraîche. **Ajouter** la feuille de laurier, les carottes et le céleri épluchés et coupés en petits dés. Porter à ébullition et laisser cuire à feu doux pendant 20 minutes. Ôter la feuille de laurier. Saler puis mixer.

Répartir dans les bols, le potage de lentilles, la crème fraîche et les cébettes ciselées. Donner un tour de moulin à poivre. **Servir** aussitôt.

LENTILLES

Potage de poireaux

Pour 6 personnes
Préparation 15 minutes **Cuisson** 35 minutes

800 g de blancs de poireau
1 branche de céleri
200 g de pommes de terre farineuses
1 orange non traitée
50 g de beurre
1,5 l de bouillon de volaille (facultatif)
25 cl de crème fraîche épaisse
6 brins de cerfeuil
Sel
Poivre du moulin

Laver et émincer* les poireaux et le céleri. **Éplucher** et couper les pommes de terre en petits cubes. **Prélever** le zeste de l'orange et le tailler en fines lanières.

Faire fondre le beurre dans une cocotte. Ajouter les poireaux et le céleri. Mélanger. Laisser cuire à couvert pendant 15 minutes à feu très doux. Mouiller* avec 1,5 l d'eau ou de bouillon de volaille. Saler. **À la reprise de l'ébullition,** ajouter les pommes de terre. Poursuivre la cuisson pendant 20 minutes à feu moyen. Passer la soupe au mixeur. Ajouter la crème fraîche.

Répartir dans les bols le potage de poireaux, le cerfeuil finement ciselé et les lanières de zestes d'orange. Poivrer. **Servir** aussitôt.

Ce potage peut être servi froid : utiliser dans ce cas 25 cl de crème fleurette* et non de la crème épaisse.

ENTI

RÉES

Anchoïade

Pour 6 à 8 personnes
Préparation 30 minutes **Cuisson** 3 minutes

300 g d'anchois au sel
3 gousses d'ail
25 cl d'huile d'olive fruitée
Poivre du moulin

Légumes d'accompagnement selon votre goût
Céleri branche
Tomates
Carottes
Poivrons rouges
Cébettes...

Ébouillanter 3 fois les gousses d'ail pendant 1 minute, les égoutter puis recommencer l'opération. **Dessaler*** les anchois, les défaire en filets et les égoutter. **Piler*** les anchois et l'ail, délayer à l'huile d'olive. Poivrer et faire tiédir dans une casserole. **Servir** avec les légumes crus lavés et épluchés de votre choix (céleri branche, tomates, carottes, poivrons rouges, cébettes...).

On peut soit tremper les légumes dans l'anchoïade tenue au chaud sur un réchaud, ou tartiner l'anchoïade sur des tranches de pain grillées, les passer quelques secondes sous le gril du four et les servir avec les légumes à croquer.

ANCHOIS

DORADE

Sushi maki de dorade et céleri

Pour 4 personnes
Préparation 20 minutes **Cuisson** 15 minutes **Réfrigération** 10 minutes

180 g de riz rond
½ c. à c. de sucre
1 c. à s. de vinaigre de riz
1 c. à c. de moutarde
1 filet de dorade sans peau
1 branche de céleri
2 feuilles de nori de 21 x 19 cm
Sauce soja

Rincer le riz à l'eau froide, puis l'égoutter. Placer le riz dans une cocotte, en fonte de préférence, avec 20 cl d'eau froide. Couvrir. Porter à ébullition, baisser le feu au minimum. Laisser cuire pendant 15 minutes.

Mélanger le sucre avec le vinaigre. Mettre le riz dans un saladier. Verser le vinaigre et la moutarde. Mélanger. Laisser refroidir.

Tailler le filet de dorade en bâtonnets de 1 cm sur toute la longueur. **Éplucher** le céleri et le tailler en bâtonnets de 0,5 cm.

Poser les feuilles de nori à plat sur un torchon propre. **Répartir** le riz sur les feuilles de nori, l'étaler sur toute la surface avec les doigts légèrement humides. Poser dans la longueur les bâtonnets de céleri et de dorade. **Rouler** pour former des rouleaux, serrer légèrement. Couper chaque rouleau en 6. **Réserver** au frais 10 minutes. **Servir** avec de la sauce soja.

On peut humidifier légèrement la jointure pour bien fermer le rouleau, et pour rouler plus facilement utiliser une tresse en bambou ou à défaut du film alimentaire.

Croustillant de haddock

Pour 4 personnes
Préparation 30 minutes **Cuisson** 2 minutes par croustillant
Repos 15 minutes

350 g de filet de haddock
25 cl de crème liquide
1 c. à s. de raifort râpé
1 c. à c. de jus de citron
Sel
Poivre du moulin

Croustillant
75 g de farine
1 c. à s. de beurre fondu
2 g de sésame doré
1 c. à s. d'huile d'olive
Huile d'arachide pour friture
Sel

Préparer le croustillant. Dans un grand bol, mélanger la farine, le beurre fondu, 2,5 cl d'eau, les graines de sésame et 1 pincée de sel. Pétrir pendant 10 minutes pour obtenir une pâte lisse et élastique. Former une boule, l'envelopper dans du film alimentaire. Laisser reposer 15 minutes à température ambiante. **Diviser** ensuite la pâte en 8 boules. Huiler le plan de travail avec l'huile d'olive. Étaler chaque boule de pâte en disques de 1 mm d'épaisseur. **Faire chauffer** une poêle avec de l'huile d'arachide (environ 2 cm d'huile). **Plonger** délicatement un disque à la fois en appuyant dessus avec une écumoire. Le retourner dès qu'il a gonflé, puis le retirer. **Réserver** sur du papier absorbant.

Tailler le haddock en fines escalopes à l'aide d'un couteau à longue lame fine et bien aiguisée.

Monter* la crème en chantilly. Incorporer le raifort, le jus de citron, saler et poivrer.

Déposer au centre de chaque assiette 1 cuillerée à soupe de crème. Placer dessus des tranches de haddock, un peu de crème, puis un croustillant. Procéder de même pour former un autre étage. **Servir** aussitôt.

HADDOCK

Rougets barbets en escabèche

Pour 4 personnes
Préparation 45 minutes **Cuisson** 7 minutes **Réfigération** 24 heures

4 rougets barbets de 300 g
50 g de carotte
4 oignons grelots
75 g de poivron jaune
20 g de céleri branche
100 g de courgette
30 g de fenouil
4 olives noires
6 feuilles de basilic
100 g de tomate
8 c. à s. d'huile d'olive
5 cl de bisque
10 cl de fumet de poisson
3 cl de vinaigre de xérès
1 feuille de laurier
2 branches de thym
Poivre du moulin
Sel

Demander au poissonnier de lever les filets des rougets et d'enlever les arêtes. Réserver les foies. **Éplucher** la carotte, les oignons-grelots et le poivron. **Laver** le céleri, la courgette et le fenouil. **Couper** tous les légumes en petits dés d'environ 5 mm de côté. **Dénoyauter** les olives, les tailler en bâtonnets. **Émincer** finement les feuilles de basilic. **Plonger** les tomates 15 secondes dans l'eau bouillante, puis les rafraîchir*. Ôter la peau, le pédoncule et les épépiner.

Dans une casserole, porter à ébullition 6 cuillerées à soupe d'huile d'olive, la bisque, le fumet, le vinaigre de xérès, le thym et le laurier. Saler et poivrer. Ajouter le céleri, le fenouil, le poivron, les oignons grelots. Cuire à petits bouillons 5 minutes. Retirer du feu et ajouter les courgettes et les tomates.

Saler et poivrer les filets de rougets. **Dans une poêle,** sur feu moyen, chauffer 2 cuillerées à soupe d'huile d'olive, saisir*les foies et les filets côté peau pendant 2 minutes (la peau doit être colorée). Les retourner dans la poêle, poursuivre la cuisson 2 minutes, puis les poser dans un plat creux. Écarter les foies et les réserver au chaud. **Parsemer** avec les olives et le basilic. **Verser** dessus les légumes et le jus de cuisson. **Couvrir** d'un film alimentaire et réserver au réfrigérateur pendant 24 heures.

Au moment de servir, égoutter les filets de rougets et les légumes. Mixer le jus de cuisson pour l'émulsionner. Dresser les légumes sur les assiettes, y poser les filets de rougets, puis napper* de quelques traits de jus de cuisson émulsionné. **Écraser** les foies à la fourchette et les servir en accompagnement sur du pain toasté.

Salade de Saint-Jacques et roquette au parmesan

Pour 4 personnes
Préparation 20 minutes **Cuisson** 5 minutes

½ poivron rouge
½ poivron jaune
1 brin de thym
1 brin de romarin
1 feuille de laurier
5 c. à s. d'huile d'olive
1 c. à s. de jus de citron
12 noix de Saint-Jacques
50 g de parmesan
80 g de roquette
Fleur de sel de Guérande
Sel
Poivre du moulin

Éplucher les poivrons rouge et jaune. Les tailler en petits dés. Dans une poêle, faire revenir* à feu moyen les dés de poivron avec les herbes aromatiques sans coloration dans 2 cuillerées à soupe d'huile d'olive chaude, pendant 5 minutes. Réserver à température ambiante.

Préparer la sauce. Mélanger le reste d'huile d'olive et le jus de citron. **Saler** et poivrer.

Tailler les noix de Saint-Jacques en 3 ou 4 tranches dans l'épaisseur.

À l'aide d'un économe*, faites des copeaux de parmesan.

Assaisonner la roquette lavée avec les deux tiers de la vinaigrette, la dresser sur les assiettes. Disposer les rondelles de Saint-Jacques, les dés de poivrons égouttés. Ajouter le dernier tiers de vinaigrette et les copeaux de parmesan.

Parsemer de quelques cristaux de fleur de sel de Guérande et de quelques tours de moulin à poivre. **Servir** aussitôt.

SAINT-JACQUES

Sardines farcies au poivron jaune et anis vert

Pour 4 personnes
Préparation 35 minutes **Cuisson** 15 minutes **Marinade** 12 heures

12 sardines fraîches
1 poivron jaune
25 cl d'huile d'olive
+ 1 c. à s.
1 c. à s. de crème fraîche
12 feuilles de basilic
½ c. à c. d'anis vert
1 gousse d'ail
1 brin de thym
1 brin de romarin
1 feuille de laurier
Sel, poivre du moulin

Salade d'herbes
12 brins de cerfeuil
2 brins d'estragon
2 pousses de basilic
2 brins de coriandre
1 petite trévise
1 c. à c. de vinaigre de xérès
Sel, poivre du moulin

Demander au poissonnier d'écailler les sardines, de les vider en retirant la tête et l'arête centrale, sans détacher les filets, tout en gardant la queue. Essuyer délicatement les filets, les réserver sur un linge propre au frais.

La veille. Couper le poivron en 4, l'épépiner, le tailler en morceaux de 2 à 3 cm de côté. Dans une casserole, faire revenir* à feu moyen le poivron dans 1 c. à s. d'huile d'olive chaude, pendant 5 minutes sans coloration. Ajouter 2 c. à s. d'eau et couvrir. Laisser cuire 5 minutes à petits frémissements. Ajouter la crème, poursuivre la cuisson encore 5 minutes. Saler et poivrer. Mixer, passer au chinois* fin pour obtenir une purée fine et lisse. Réserver au frais jusqu'à complet refroidissement.

Saler et poivrer les filets de sardines. À l'aide d'une spatule, étaler la purée de poivron sur les filets, poser dessus une feuille de basilic. Rouler de la tête à la queue. Placer les sardines côte à côte, queue en haut, dans un récipient juste assez grand pour les contenir.

Écraser les graines d'anis vert et les parsemer sur les sardines. Trancher la gousse d'ail en 4. Couper les herbes aromatiques à l'aide d'une paire de ciseaux. Disposer le tout sur les sardines. Couvrir des 25 cl d'huile d'olive. Laisser mariner au frais au moins 12 heures.

Le jour même. Préparer la salade d'herbes. Effeuiller les herbes et trier la trévise. Laver et essorer la salade et les herbes.
Au moment de servir, égoutter les sardines sur une grille pour faire écouler l'excédent d'huile. Dans un bol, mélanger le vinaigre de xérès et 3 c. à s. d'huile de la marinade*, saler et poivrer. Assaisonner la salade d'herbes avec la vinaigrette. La répartir sur les assiettes, et placer dessus les sardines.

Branches de céleri au saumon et aneth

Pour 4 personnes
Préparation 20 minutes **Cuisson** 3 minutes

1 brin de thym
1 feuille de laurier
250 g de filet de saumon sans peau
1 oignon nouveau
4 brins d'aneth
125 g de fromage frais de chèvre
½ c. à s. de graines de céleri
2 c. à s. de jus de citron
8 branches de céleri
Sel
Poivre du moulin

Porter à ébullition 50 cl d'eau salée, avec le thym et le laurier. Y mettre à pocher* le saumon pendant 3 minutes à feu moyen puis l'égoutter sur du papier absorbant.

Éplucher l'oignon, le hacher finement. **Effeuiller** l'aneth, en réserver 16 pluches*, puis le couper à l'aide de ciseaux.

Dans un récipient, travailler* le fromage frais avec une fourchette. Ajouter l'aneth ciselé, l'oignon et les graines de céleri. Bien mélanger. Émietter le saumon dans le mélange. Ajouter le jus du citron. Assaisonner*, mélanger et réserver au frais.

Éplucher, laver les branches de céleri, les couper en 2. **À l'aide d'une poche** à pâtisserie munie d'une grosse douille cannelée, remplir les tronçons de céleri de la préparation au saumon et à l'aneth. **Décorer** de pluches* d'aneth.

Si l'on n'a pas de poche à douille, on peut remplir les céleris avec une spatule en dôme.

SAUMON

Rillettes de saumon

Pour 6 à 8 personnes
Préparation 15 minutes **Cuisson** 8 minutes

- 4 tranches de saumon fumé
- 500 g de saumon frais
- 50 g de beurre salé
- 1 c. à s. d'huile d'olive
- 2 œufs très frais
- 25 cl de crème fleurette
- 1 branche d'aneth
- Poivre blanc
- Sel

Effilocher les tranches de saumon fumé.

Cuire le saumon frais à la vapeur durant 8 minutes, puis l'écraser à la fourchette. Incorporer le beurre coupé en petits dés pendant que le saumon est encore chaud. Poivrer, ajouter l'huile d'olive, le saumon fumé, les œufs crus battus. Mélanger jusqu'à obtention d'une masse homogène. Vérifier l'assaisonnement en sel. Dresser en dôme dans un bol. Réserver au frais.

Monter* la crème en chantilly. Saler et incorporer l'aneth ciselé.

Accompagner les rillettes de la crème à l'aneth et de fines tranches de pain de campagne grillées.

SAUMON

TOURTEAU

Tourteau, écrevisses et croustillant de jambon cru

Pour 4 personnes
Préparation 45 minutes **Cuisson** 20 minutes

1 tourteau de 1,5 kg
6 tranches de jambon cru
100 g de radis blanc
80 g de carotte
120 g de mayonnaise
Tabasco
8 écrevisses
2 c. à s. d'huile d'olive
1 c. à s. de jus de citron
Sel, poivre

Court-bouillon
1 carotte
1 oignon
1 branche de céleri
1 pincée de piment de Cayenne
1 c. à s. de gros sel
Poivre

Préparer le court-bouillon : dans une marmite, porter à ébullition 3 l d'eau ; déposer dedans les légumes épluchés et émincés. Saler, poivrer. Laisser cuire 20 minutes à petits bouillons.

Cuire le tourteau dans le court-bouillon à ébullition durant 10 minutes. Ensuite, le décortiquer en enlevant le cartilage avec le plus grand soin.

Pendant ce temps, enfourner les tranches de jambon placées entre 2 plaques de four, durant 10 minutes à 150 °C. Tailler les tranches séchées en 12 carrés de 4 cm de côté. **Tailler** le radis dans sa longueur le plus finement possible, puis en lamelles de 1 cm de large sur 5 cm de long. Conserver ces lamelles dans de l'eau avec des glaçons. **Couper** la carotte en fine julienne*.

Mélanger la chair du tourteau avec la julienne de carotte et la moitié de la mayonnaise. Saler, poivrer. Ajouter quelques gouttes de Tabasco.

Séparer le corps des têtes des écrevisses. Les saisir* dans une poêle très chaude avec l'huile d'olive pendant 1 minute. Poursuivre la cuisson 1 minute de l'autre côté. **Décortiquer** complètement 4 écrevisses. Décortiquer les autres en laissant la pointe de la queue attachée à la carapace. **Égoutter** le radis blanc.

Dresser dans chaque assiette en intercalant la chair de tourteau et le jambon et en terminant par le jambon. Dresser harmonieusement les écrevisses avec les queues et les décortiquées, le radis blanc égoutté. **Napper*** de quelques traits de mayonnaise détendue avec du jus de citron.

LAPIN

Râble de lapin, roquette crue et cuite, poivron et tomate

Pour 4 personnes
Préparation 45 minutes **Cuisson** 10 minutes

400 g de roquette
5 cl d'huile d'olive
+ 5 c. à s.
1 poivron rouge
1 poivron jaune
1 brin de thym
1 feuille de laurier
1 gousse d'ail
20 quartiers de tomates séchées
2 râbles de lapin avec le foie et les rognons
4 escalopes de foie gras cru de 80 g chacune
Sel
Poivre du moulin

Vinaigrette
½ c. à c. de vinaigre de xérès
1 c. à s. d'huile d'olive
Sel
Poivre

Laver la roquette. Réserver 40 g. Faire chauffer 1 cuillerée à soupe d'huile d'olive dans une poêle, y faire tomber les 360 g de roquette pendant 1 minute à feu vif. Saler et poivrer.

Éplucher les poivrons, les tailler en bâtonnets de 5 à 7 mm de côté. Les saisir* dans 1 cuillerée à soupe d'huile d'olive avec le thym, le laurier et la gousse d'ail épluchée et hachée durant 3 minutes à feu vif.

Réserver 8 quartiers de tomates et mixer le reste en purée avec les 5 cl d'huile d'olive le plus finement possible.

Dans une poêle, saisir le foie coupé en bâtonnets pendant 1 minute à feu vif avec 1 cuillerée à soupe d'huile d'olive.

Désosser les râbles, séparer les 2 filets. Fendre la partie la plus charnue. Saler, poivrer et répartir un peu de roquette cuite, de tomates et de foie. Rouler et ficeler. Faire colorer les râbles à la poêle, avec 2 cuillerées à soupe d'huile, sur feu vif, 2 minutes de chaque côté, puis enfourner 8 minutes à 180 °C.

Chauffer à blanc une poêle et saisir les escalopes de foie gras et les rognons de lapin sans matière grasse : compter 2 minutes de chaque côté.

Couper les râbles en 3 tronçons. **Égoutter** les poivrons.

Au centre de chaque assiette, étaler en rectangle la roquette cuite. Parsemer de poivrons et de roquette assaisonnée avec la vinaigrette. Déposer 3 tronçons de râble et les rognons. Napper* d'un trait de purée de tomates séchées et poser l'escalope de foie gras bien égouttée. Saler et poivrer. **Servir** aussitôt.

Terrine de légumes

Pour 6 personnes
Préparation 30 minutes **Cuisson** 20 minutes **Réfrigération** 12 heures
À préparer la veille

5 feuilles de gélatine
500 g de jeunes carottes
3 blancs de poireau
500 g de petits pois écossés frais ou congelés
25 g de beurre
15 cl de crème liquide
300 g de jambon cuit
2 œufs
10 cl d'huile d'olive
1 citron
Sel
Poivre du moulin

Mettre les feuilles de gélatine à ramollir dans un bol d'eau froide.

Cuire les carottes et les blancs de poireau épluchés à la vapeur pendant 15 minutes. Les couper en bâtonnets, les faire sécher sur du papier absorbant.

Poêler les petits pois avec le beurre pendant 2 minutes à feu moyen.

Chauffer à feu moyen dans une casserole la crème, incorporer les feuilles de gélatine égouttées. Mélanger bien.

Mixer le jambon avec les œufs, l'huile, la crème et le jus du citron. Saler et poivrer. On doit obtenir une mousse légère.

Chemiser* une terrine de papier sulfurisé huilé au pinceau. Mettre au fond une couche de mousse de jambon, puis une couche de petits pois et de bâtonnets de poireaux, superposer une couche de mousse, puis une couche de bâtonnets de carottes. Poursuivre jusqu'à ce que la terrine soit remplie. **Tasser** et réserver 1 nuit au réfrigérateur.

On peut remplacer le jambon par du brocoli ou du chou-fleur. Blanchir* 350 g du légume choisi, le mixer, l'assaisonner, puis procéder comme pour la mousse au jambon.

LÉGUMES

Pâté veau et jambon

Pour 8 personnes
Préparation 30 minutes **Cuisson** 2 heures 05 **Réfrigération** 48 heures
À préparer 2 jours à l'avance

600 g de côtes de veau désossées
300 g de jambon blanc
6 échalotes grises
10 cl de Noilly Prat
1 gros bouquet d'herbes fraîches (persil, ciboulette, estragon...)
10 cm de vert de poireau
2 œufs
1 c. à s. d'huile d'olive
1 crépine
300 g de farine
Sel, poivre du moulin
Noix de muscade

Hacher finement le veau au couteau. Couper le jambon en petits dés.

Mettre dans une petite casserole les échalotes finement hachées et le Noilly Prat. Cuire jusqu'à réduction au tiers sur feu doux : compter 5 minutes environ.

Hacher finement les herbes et le vert de poireau. Verser dans un bol. Ajouter la réduction au Noilly Prat, les œufs légèrement battus, le veau et le jambon. Saler, poivrer. **Râper** un peu de noix de muscade. Mélanger bien l'ensemble.

Huiler une terrine. Tapisser de la crépine en la laissant déborder sur les bords du moule. Remplir du mélange. Replier la crépine sur le dessus.

Mélanger dans un bol la farine avec 10 cl d'eau pour obtenir une pâte souple. Mettre le couvercle et le luter* avec un mélange farine-eau. **Cuire** pendant 2 heures au bain-marie* dans le four préchauffé à 150 °C. **Laisser refroidir** à température ambiante, puis conserver au réfrigérateur. Attendre 48 heures avant de le consommer.

VEAU

Pâté en croûte

Pour 8 personnes
Préparation 1 heure **Cuisson** 45 minutes **Marinade** 2 heures
Réfrigération 1 heure + 1 nuit **À préparer la veille**

Pâte a pâté
150 g de beurre mou
+ 20 g pour le moule
300 g de farine
40 g de poudre d'amandes
2 pincées de sel
2 œufs + 1 jaune

Farce
300 g de quasi de veau
300 g d'échine
de porc sans os
5 cl de cognac
15 cl de vin blanc
1 pincée de quatre-épices
400 g de gorge de porc
100 g de foie de veau
100 g de foie gras cru
20 cl de gelée
Sel, poivre du moulin

Tailler le quasi de veau et l'échine de porc en bandes de 5 mm de large. Les faire mariner avec le cognac, le vin blanc et le quatre-épices pendant 2 heures au réfrigérateur.
Préparer la pâte à pâté. Travailler le beurre en pommade.
Ajouter la farine, la poudre d'amandes et le sel. Mélanger jusqu'à obtention d'une préparation « sableuse ». Ajouter les 2 œufs.
Mélanger rapidement pour avoir une pâte homogène. Couvrir d'un film alimentaire et réserver au réfrigérateur pendant au moins 1 heure.
Hacher au couteau la gorge de porc et les foies. Verser dans un bol. Ajouter la viande marinée égouttée. Saler, poivrer, mélanger.
Étaler la pâte au rouleau à pâtisserie sur 3 mm d'épaisseur. Beurrer un moule de 25 cm x 9 cm démontable, le chemiser* de pâte en laissant dépasser 1 cm de pâte de chaque côté. Avec le reste de la pâte, tailler un rectangle de la taille du moule pour refermer le pâté.
Garnir le moule avec la farce en la tassant. Rabattre les bords de pâte sur la viande. À l'aide d'un pinceau, badigeonner les bords de la pâte du jaune d'œuf détendu avec 1 cuillerée à café d'eau froide. Recouvrir avec le rectangle de pâte prévu à cet effet. Badigeonner de jaune d'œuf toute la surface. **Inciser** le dessus du pâté à 2 endroits à l'aide d'un petit couteau. Couper 2 bandes de papier sulfurisé de 4 cm de large sur 10 cm de long. Enrouler une bande de papier autour d'un crayon sur plusieurs épaisseurs, bien l'enfoncer dans le trou, puis maintenir le papier avant de retirer le crayon. Faire de même pour la seconde bande. On obtient deux cheminées qui faciliteront l'évacuation de la vapeur pendant la cuisson. Enfourner 45 minutes à 200 °C.
Surveiller la cuisson, baisser la température au cas où le pâté colorerait de trop. Retirer du four, laisser refroidir sans démouler. Faire fondre la gelée dans une casserole à feu doux. Ôter les cheminées en papier, puis verser délicatement la gelée à l'intérieur de celles-ci à l'aide d'un entonnoir. **Réserver** au moins 1 nuit au réfrigérateur avant de démouler le pâté.

Rissoles salées

Pour 6 à 8 personnes
Préparation 30 minutes **Cuisson** 25 minutes

1 échalote
40 g de beurre
30 g de farine
25 cl de lait
125 g de chair de volaille cuite coupée en petits dés
1 tranche épaisse de jambon blanc coupée en petits dés
2 jaunes d'œufs
300 g de pâte brisée
Noix de muscade
Sel
Poivre

Mixer l'échalote avec un peu d'eau. Verser dans une petite casserole avec 10 g de beurre. Cuire jusqu'à évaporation complète de l'eau : compter environ 5 minutes à feu moyen.

Faire fondre 30 g de beurre dans une casserole. Ajouter la farine, mélanger et laisser prendre une couleur dorée. Mouiller* avec le lait. Laisser cuire sur feu doux pendant 15 minutes en remuant de temps à autre, jusqu'à obtention d'une sauce béchamel épaisse. Ajouter l'échalote, les dés de volaille et de jambon. Saler, poivrer. Ajouter 1 pincée de noix de muscade et lier avec les jaunes d'œufs hors du feu.

Étaler la pâte et, à l'aide d'un emporte-pièce, couper des cercles de 6 cm de diamètre (un verre peut servir de coupe-pâte). Mouiller légèrement les bords des cercles au pinceau avec de l'eau. Poser au centre l'équivalent d'une noix de l'appareil* et plier en demi-cercle. Souder les bords en pressant avec les doigts. Réserver au réfrigérateur.

Enfourner dans le four préchauffé à 180 °C pendant 15 minutes.

On peut passer les rissoles au jaune d'œuf pour obtenir une jolie coloration.

JAMBON

LÉGUMES

Petits pâtés frits fourrés aux légumes

Pour 4 personnes
Préparation 30 minutes **Cuisson** 20 minutes

600 g de pommes de terre agria
200 g de brocoli
20 g de beurre
1 c. à c. de nigelle
½ c. à c. de cumin
1 pincée de cannelle en poudre
1 c. à c. de paprika
100 g de petits pois écossés
Sel
Poivre du moulin
1 l d'huile d'olive pour friture

Pâte
225 g de farine
3 c. à s. de beurre fondu
1 brin de thym
1 c. à c. rase de sel

Préparer la garniture. Éplucher, laver et couper les pommes de terre en dés de 0,5 cm de côté. **Laver** et couper le brocoli en petits bouquets.

Dans une casserole, faire revenir* dans le beurre fondu la nigelle et le cumin 1 minute sur feu moyen. Verser la cannelle et le paprika. Remuer. Ajouter les pommes de terre, les bouquets de brocoli et les petits pois. Faire revenir le tout pendant 5 minutes sur feu moyen. Baisser le feu. Ajouter 3 cuillerées à soupe d'eau. Saler et poivrer. Cuire à couvert 10 minutes. Laisser refroidir les légumes dans un plat.

Confectionner la pâte. Mettre la farine dans un saladier, ajouter le beurre fondu, le thym effeuillé, le sel et 15 cl d'eau. Mélanger pour obtenir une pâte homogène. Pétrir la pâte pendant 15 minutes : il faut qu'elle soit souple. La couvrir d'un film alimentaire et la laisser reposer 10 minutes au frais.

Diviser la pâte en 4 boules. Abaisser* les boules à l'aide d'un rouleau à pâtisserie en disques de 20 cm de diamètre. Les couper en 2. À l'aide d'un pinceau humide, humecter le bord droit de chaque demi-cercle. Plier la pâte en superposant les bords droits pour former un cône, appuyer avec les doigts pour les souder. Garnir les cônes avec le mélange de légumes. Humecter les bords ronds. Fermer les cônes en pressant les bords avec les doigts pour souder la pâte.

Faire chauffer l'huile à 180 °C. Plonger les pâtés quatre par quatre, les faire dorer 3 à 4 minutes : ils doivent être colorés. Les égoutter sur du papier absorbant. Servir aussitôt.

Feuilletés aux morilles

Pour 4 personnes
Préparation 30 minutes **Cuisson** 25 minutes

150 g de pâte feuilletée
1 jaune d'œuf
200 g de morilles fraîches
1 échalote
15 g de beurre
10 cl de crème fleurette*
Sel

Couper la pâte feuilletée en 4 rectangles de 8 × 5 cm. Les dorer* au jaune d'œuf. Les poser sur une plaque humidifiée et conserver au réfrigérateur.

Nettoyer les morilles avec soin en les baignant dans un grand bol d'eau froide et en laissant le sable descendre au fond. Répéter l'opération plusieurs fois.

Mixer l'échalote épluchée avec un peu d'eau, la verser dans une casserole avec le beurre. Laisser cuire jusqu'à complète évaporation de l'eau à feu moyen pendant environ 5 minutes.

Ajouter les morilles. Saler et cuire à couvert 5 minutes, sur feu moyen. Ajouter la crème et laisser cuire sans couvrir pendant encore 5 minutes. Vous pouvez selon la qualité des morilles ajouter 2 ou 3 morilles sèches pilées pour absorber l'eau de cuisson.

Faire cuire les feuilletages 10 minutes dans le four préchauffé à 180 °C. Couper chaque rectangle en 2 dans la hauteur avec un couteau-scie. Poser les morilles sur le bas et couvrir avec la partie supérieure. Servir sans attendre.

MORILLE

Vol-au-vent financière

Pour 6 à 8 personnes
Préparation 1 heure **Cuisson** 30 minutes

1 pomme de ris de veau
2 cervelles d'agneau
5 cl de vinaigre blanc
16 olives vertes
200 g de petits champignons de Paris
500 g de pâte feuilletée
8 petites quenelles de brochet
Sel, poivre du moulin

Sauce
50 g de beurre
30 g de farine
50 cl de bouillon de volaille
2 c. à s. de madère
1 truffe

Faire blanchir* séparément le ris de veau et les cervelles dans de l'eau bouillante vinaigrée pendant 2 minutes. Retirer les taches de sang. **Dénoyauter** les olives vertes, les blanchir* 3 minutes dans une casserole d'eau bouillante. **Ébouillanter** les champignons de Paris 1 minute et les égoutter aussitôt.

Abaisser* la pâte feuilletée en un cercle de 24 cm de diamètre et de 5 mm d'épaisseur. Dessiner avec la pointe d'un couteau un cercle intérieur à 3 cm du bord sur 1,5 cm de profondeur. Cuire sur une plaque dans le four préchauffé à 180 °C pendant 20 minutes.

Préparer la sauce. Faire fondre le beurre dans une casserole. Ajouter la farine. Mélanger et faire un roux brun. Mouiller* avec le bouillon de volaille. Porter à ébullition et laisser cuire pendant 10 minutes sans couvrir, sur feu moyen. Détendre* avec le madère. Ajouter la truffe hachée.

Faire rissoler* dans 10 g de beurre pendant 10 minutes à feu moyen les cervelles et le ris de veau coupés en gros dés. **Faire de même** avec les champignons. **Pocher*** les quenelles pendant 6 minutes dans une casserole d'eau bouillante salée. Égoutter sur du papier absorbant.

Mélanger tous les ingrédients dans un saladier préalablement chauffé. Ajouter la sauce.

Ôter délicatement le cercle du milieu dans la croûte de pâte cuite, avec un couteau effilé. Le garder de côté. Verser la garniture dans la croûte. Remettre le cercle réservé en guise de couvercle. **Servir** aussitôt le vol-au-vent.

On peut aussi commander la croûte chez son pâtissier. Il faut alors penser à la chauffer fortement avant de la garnir.

Saucisson en brioche

Pour 4 à 6 personnes
Préparation 35 minutes **Cuisson** 25 minutes

25 cl de vin blanc
1 oignon
1 clou de girofle
1 carotte
1 bouquet garni*
1 saucisson à cuire (de la taille du moule choisi)
30 g de beurre
250 g de pâte à brioche non sucrée
1 jaune d'œuf
10 grains de poivre
10 g de sel

Porter à ébullition le vin blanc, l'oignon épluché et piqué du clou de girofle, la carotte épluchée, le poivre, le sel et le bouquet garni*. Ajouter le saucisson piqué de part en part avec une fourchette. Couvrir d'eau chaude et maintenir à frémissements pendant 30 minutes. Laisser refroidir dans le liquide de cuisson. Éplucher le saucisson.

Beurrer un moule à terrine ou à cake. **Garnir** le moule de la moitié de la pâte à brioche, y déposer le saucisson en l'enfonçant légèrement. Couvrir avec le reste de pâte. **Dorer*** au jaune d'œuf et cuire dans le four préchauffé à 190 °C pendant 25 minutes.

Démouler et servir aussitôt.

SAUCISSON

Pâté chaud

Pour 6 à 8 personnes
Préparation 20 minutes **Cuisson** 15 + 45 minutes **Repos** 45 minutes
À préparer la veille

Pâte
25 cl d'eau
15 g de sel
175 g de beurre
600 g de farine de blé
2 blancs d'œufs

Farce
750 g de quasi de veau
10 cl de vinaigre de vin blanc
150 g de lard gras
½ bouquet de persil
1 oignon
125 g de cédrat confit
1 jaune d'œuf
Sel
Poivre du moulin

La veille

Préparer la pâte. Dans une casserole, mettre l'eau, le sel et le beurre. Laisser cuire à feu doux pour faire fondre le beurre. Quand il est fondu, retirer du feu et ajouter la farine en une seule fois, tourner énergiquement. Incorporer les blancs d'œufs et réserver au réfrigérateur.

Mettre le quasi de veau 5 minutes au congélateur. Le couper en tranches fines, puis tailler ces tranches en lanières de 3 cm de largeur. Les mettre dans un saladier avec le vinaigre et de l'eau en quantité suffisante pour le recouvrir.

Le jour même

Égoutter la viande, la sécher sur du papier absorbant, puis assaisonner*. **Foncer*** un moule à pâté en réservant suffisamment de pâte pour couvrir.

Hacher le lard, le persil et l'oignon, ajouter le cédrat confit coupé en petits dés, assaisonner*. Déposer une couche de ce hachis au fond du moule, puis une couche de lanières de veau, une couche de hachis, etc. Recouvrir d'une épaisseur de pâte à pâté. Prévoir au centre une cheminée pour l'évacuation de la vapeur. Décorer à votre guise avec les rognures de pâte et dorer* à l'œuf.

Cuire 15 minutes dans le four préchauffé à 200 °C. Poursuivre la cuisson à 180 °C pendant 45 minutes. Laisser reposer durant 45 minutes sur la porte du four ouverte.

On peut servir avec une sauce gribiche ou une salade verte.

Foie gras chaud au chutney de tomates vertes

Pour 4 personnes
Préparation 30 minutes **Cuisson** 1 heure + 4 minutes
À préparer 3 jours à l'avance

4 escalopes de foie gras cru de 100 g chacune
1 c. à s. de farine
Fleur de sel
Sel
Poivre du moulin

Chutney
6 grains de coriandre
2 clous de girofle
2 grains de poivre noir
2 graines de piment de Jamaïque
10 g de gingembre
450 g de tomates vertes
100 g de pomme reinette
100 g d'oignon
1 feuille de laurier
2 cm de bâton de cannelle
15 cl de vinaigre de cidre
100 g de sucre

Préparer le chutney. Écraser les épices grossièrement. Couper le gingembre épluché en 4. Envelopper le tout dans une gaze.

Laver et couper les tomates en quartiers. **Éplucher,** épépiner et tailler la pomme en cubes de 1 cm de côté. **Éplucher** et hacher l'oignon. **Dans une cocotte,** mettre tous les ingrédients et porter à ébullition. Baisser le feu, laisser cuire pendant 1 heure à petits bouillons. Remuer fréquemment. Ôter la gaze des épices. Verser dans un bocal et laisser refroidir à température ambiante. **Placer** ensuite au réfrigérateur pendant 3 jours.

Au moment de servir, saler et poivrer, puis fariner les escalopes. Chauffer à feu moyen une poêle antiadhésive sans matière grasse. Faire colorer les escalopes 1 à 2 minutes de chaque côté. Piquer la pointe d'un couteau d'office dans les escalopes pour vérifier la température. Elle doit être tiède. Égoutter les escalopes sur du papier absorbant. Les dresser sur une assiette avec le chutney de tomates vertes, que l'on peut servir chaud ou froid. Parsemer de quelques cristaux de fleur de sel et donner quelques tours de moulin à poivre.

CHAUD

TERRINE

Foie gras de canard en terrine

Pour 8 à 10 personnes
Préparation 30 minutes **Cuisson** 1 heure **Repos** 48 heures
À préparer 2 jours à l'avance

2 foies de canard crus
1 pincée de macis
1 c. à c. de sucre
Sel, poivre blanc

Séparer les deux lobes de chaque foie. Ôter la grosse veine. Mettre les foies dans un saladier d'eau froide salée. Conserver dans le réfrigérateur pendant 12 heures.

Éponger les foies, les laisser revenir à température ambiante pendant 2 à 3 heures dans un plat couvert d'un film alimentaire.

Ôter toutes les veinules des lobes sans avoir peur de les inciser. Cela améliore la couleur des foies après cuisson. Assaisonner les foies à raison de 25 g de sel et 4 g de poivre blanc moulu par kilo de foie. Ajouter à cet assaisonnement 1 pincée de macis et 1 cuillerée à café de sucre. Laisser reposer les foies assaisonnés durant 12 heures au réfrigérateur couverts d'un film alimentaire.

Tasser les foies dans une terrine et cuire au bain-marie* 1 heure dans un four préchauffé à 150 °C. Le bain-marie doit être à 75 °C et ne jamais dépasser cette température pendant la cuisson.

Sortir la terrine du bain-marie et la laisser reposer 3 heures à température ambiante avant de presser le contenu avec une planchette de la même taille que la terrine et un poids. Réserver au réfrigérateur pendant 12 heures.

Ôter le poids et la planchette, couvrir d'un film alimentaire et réserver au réfrigérateur. Si vous souhaitez conserver au-delà de 48 heures, il vaut mieux recouvrir le contenu de la terrine avec de la graisse de canard fondue.

Sortir le foie gras du réfrigérateur un quart d'heure avant de le consommer. Servir avec des tranches de pain grillé, un peu de fleur de sel et de poivre du moulin.

On peut ajouter dans la terrine des truffes fraîches ou en conserve.

Foie gras de canard en terrine, truffes et herbes, compotée de fruits

Pour 10 personnes
Préparation 45 minutes **Cuisson** 20 minutes **Réfrigération** 1 heure
À préparer 2 jours à l'avance

- 7 lobes de foie gras de canard cru
- 4 g de poivre
- 2 g de sucre
- 50 g de cerfeuil effeuillé
- 50 g de persil plat effeuillé
- 100 g de truffe noire en lamelles

Compotée de fruits

- 100 g de pomme
- 100 g de poire
- 150 g de pomélo
- 125 g de mûres
- 50 g de miel
- 2 cl de vinaigre de xérès
- ½ c. à c. de piment de Jamaïque moulu
- Sel
- Poivre du moulin

Laisser les foies gras à température ambiante pour les assouplir et faciliter la suppression des veines. Inciser les foies avec la pointe d'un couteau d'office, enlever les vaisseaux sanguins. Assaisonner les foies avec le sel, le poivre et le sucre. Réserver au frais pendant 1 heure couvert d'un film alimentaire.

Préparer la compotée. Éplucher et tailler la pomme, la poire et le pomélo en cubes de 1 cm de côté. Laver et couper les mûres en deux. **Dans une casserole** à feu moyen, faire colorer le miel au caramel brun. Déglacer avec le vinaigre de xérès puis ajouter les cubes de fruits. Mélanger, saler et poivrer, ajouter le piment de Jamaïque. Laisser cuire à feu doux pendant 10 minutes. Ajouter les mûres. Poursuivre la cuisson 5 minutes. Rectifier l'assaisonnement. Débarrasser*. Garder au frais.

Chemiser* une terrine de film alimentaire.

Faire chauffer une poêle sans matière grasse. Poêler les foies gras 2 à 3 minutes de chaque côté, jusqu'à obtention d'une belle coloration, tout en les arrosant constamment. Les égoutter sur du papier absorbant. **Dans la graisse** des foies gras, faire tomber hors du feu le cerfeuil et le persil, pendant 1 minute, les égoutter sur du papier absorbant.

Dans un cul-de-poule*, mélanger les foies gras, les herbes et les lamelles de truffe. Mouler dans la terrine, presser légèrement, couvrir et laisser au réfrigérateur au moins 2 jours avant de consommer. **Couper** le foie gras en tranches, l'accompagner de la compotée de fruits et de toasts de pain de campagne.

SALA

SNAC

DES &

KING

Salade de cresson à la feta

Pour 4 personnes
Préparation 30 minutes **Cuisson** 30 minutes

2 feuilles de brick
20 g de beurre fondu
170 g de tomates cerises jaunes
200 g de feta
1 oignon rouge
250 g de cresson lavé et équeuté
20 olives grecques
Fleur de sel

Vinaigrette
1 échalote grise
4 anchois à l'huile
2 c. à s. de jus de citron
5 c. à s. d'huile d'olive
Sel, poivre du moulin

Préparer la vinaigrette, en commençant par éplucher et émincer finement l'échalote grise. Dans un bol, écraser à la fourchette les anchois. Mélanger l'échalote, le jus de citron et l'huile d'olive. Saler et poivrer.

Poser à plat 1 feuille de brick, la badigeonner de beurre fondu avec un pinceau. Placer dessus la deuxième feuille de brick, la badigeonner de beurre. Parsemer de fleur de sel. **Chemiser*** un grand bol en terre ou en Pyrex® avec les feuilles de brick. Poser au centre une boule de papier d'aluminium pour maintenir la pâte sur les bords. Enfourner dans le four préchauffé à 150 °C durant 15 minutes. **Démouler** avec précaution la feuille de brick qui a séché et pris la forme du bol.

Pendant ce temps, laver et couper les tomates cerises en 4. **Tailler** la feta en cubes de 0,5 cm de côté environ. **Éplucher** et émincer finement l'oignon rouge.

Dans un saladier, verser tous les légumes, les olives grecques et la feta émiettée. Assaisonner avec la vinaigrette. Mélanger bien. **Dresser** au dernier moment dans la feuille de brick.

CRESSON

Légumes croquants au yaourt et coriandre

Pour 4 personnes
Préparation 25 minutes **Réfrigération** 1 heure

2 branches de céleri
1 mini-concombre
120 g de radis roses
1 pomme granny-smith
2 tomates
1 c. à c. de graines de cumin
300 g de yaourt nature
1 pointe de couteau de piment de Cayenne
4 brins de coriandre
1 c. à c. de vinaigre de cidre
Sel
Poivre du moulin

Laver le céleri et le mini-concombre. Éplucher et émincer finement le céleri. Couper en 2 le mini-concombre dans la longueur, l'émincer*.

Couper les tiges et les racines des radis, les laver et les tailler en rondelles. **Éplucher** et tailler la pomme en dés d'environ 0,5 cm de côté.

Plonger les tomates pendant 15 secondes dans de l'eau bouillante, puis les rafraîchir dans un bol d'eau froide. Ôter leur peau, les couper en 4 et les épépiner. Tailler la chair en dés de 3 à 4 cm de côté.

Torréfier* les graines de cumin dans une poêle sur feu vif pendant 1 minute, puis les hacher le plus fin possible ou les moudre dans un moulin à poivre.

Dans un saladier, incorporer au yaourt le cumin, le piment de Cayenne, le sel et le poivre. Ajouter les légumes et les fruits. Bien mélanger. Couvrir le saladier de film alimentaire et le réserver au frais au moins 1 heure.

Au moment de servir, laver, effeuiller et ciseler la coriandre. Ajouter à la salade le vinaigre et la coriandre ciselée. Mélanger délicatement. Servir aussitôt.

CROQUANT

Caviar d'aubergines

Pour 4 personnes
Préparation 15 minutes **Cuisson** 45 minutes

2 aubergines
de 350 g chacune
1 brin de thym
1 feuille de laurier
3 c. à s. d'huile d'olive
1 yaourt grec
Sel
Poivre du moulin

Préchauffer le four à 150 °C.

Laver, essuyer les aubergines, les couper en 2 dans le sens de la longueur. Inciser la chair en forme de quadrillage avec la pointe d'un couteau.

Dans un plat creux, poser les demi-aubergines côté peau sur le plat. Saler et poivrer. Émietter dessus le thym et le laurier. Les arroser avec 2 cuillerées à soupe d'huile d'olive.

Verser dans le fond du plat 10 cl d'eau. Couvrir le plat d'une feuille d'aluminium. Enfourner pendant 45 minutes.

Retirer les aubergines du plat. À l'aide d'une cuillère à soupe, racler la pulpe. Dans un bol, mélanger la pulpe avec le yaourt, la troisième cuillerée d'huile d'olive. Saler et poivrer. Réserver au frais.

Servir avec du pain de campagne toasté ou des pains spéciaux comme les pita ou naan.

AUBERGINE

Médaillons d'aubergines à la mozzarella et aux câpres

Pour 4 personnes
Préparation 45 minutes **Cuisson** 20 minutes

2 aubergines de 250 g chacune
5 c. à s. d'huile d'olive
2 grosses tomates bien mûres
1 gousse d'ail
100 g d'oignon
1 brin de thym
2 boules de mozzarella au lait de bufflonne
1 c. à s. de câpres « non pareilles »
Sel
Poivre du moulin

Laver, essuyer les aubergines. Couper 12 rondelles de 2 cm. Placer les tronçons sur une plaque. Saler et poivrer. Les arroser avec l'huile d'olive.

Plonger les tomates dans une casserole d'eau bouillante pendant 15 secondes, les rafraîchir* aussitôt dans un bol d'eau glacée. Monder, épépiner et concasser* légèrement les tomates. **Éplucher** l'ail et l'oignon, les émincer* finement.

Dans une cocotte, faire revenir* à feu moyen environ 3 minutes l'oignon, l'ail et le thym en leur donnant une légère coloration. Ajouter les tomates concassées. Saler et poivrer. Laisser cuire à petits bouillons durant 15 minutes.

Dans une poêle antiadhésive chaude, colorer à feu moyen les tronçons d'aubergine : compter 3 minutes sur chaque face. Réserver l'huile de cuisson. Poser les tronçons dans un plat à four.

Égoutter les boules de mozzarella. Les couper en 12 tranches. Poser 1 tranche de mozzarella sur chaque tronçon d'aubergine, napper* de 1 cuillerée de tomate concassée. Enfourner 5 minutes dans le four préchauffé à 180 °C.

Tiédir les câpres dans la poêle qui a servi à la cuisson des aubergines puis les répartir sur les médaillons d'aubergines à la sortie du four. **Servir** aussitôt.

Houmous à la coriandre

Pour 4 personnes
Préparation 15 minutes **Cuisson** 1 heure 30 **Trempage** 12 heures
À préparer la veille

125 g de pois chiches secs
1 oignon
1 carotte
½ gousse d'ail
2 c. à s. d'huile de sésame
2 c. à s. de jus de citron
1 c. à s. de purée de sésame
6 brins de coriandre
Sel
Poivre du moulin

Mettre les pois chiches à tremper pendant 12 heures dans de l'eau froide.

Éplucher et couper en 4 l'oignon et la carotte.

Verser les pois chiches, la carotte et l'oignon dans une casserole. Couvrir d'eau froide. Monter à l'ébullition puis laisser cuire à petits bouillons pendant 1 heure 30. Saler 10 minutes avant la fin de la cuisson.

Éplucher et hacher finement l'ail. Dans un bol, mélanger l'ail avec l'huile de sésame et le jus de citron.

Égoutter les pois chiches. Ôter la carotte et l'oignon. Mixer avec la purée de sésame et le mélange d'ail afin d'obtenir une purée fine. Rectifier l'assaisonnement. **Dresser** dans le plat de service et le placer au réfrigérateur.

Effeuiller et ciseler* finement la coriandre. **Au moment de servir,** saupoudrer l'houmous de coriandre ciselée.

POIS CHICHES

Salade de poivrons

Pour 4 à 6 personnes
Préparation 15 minutes **Cuisson** 30 minutes **Repos** 1 heure

4 poivrons jaunes
2 poivrons rouges
3 c. à s. d'huile d'olive
8 filets d'anchois dessalés
½ citron
Sel, poivre du moulin

Préchauffer le four à 200 °C.

Laver et essuyer les poivrons, les poser entiers sur la plaque du four couverte d'un papier de cuisson. Enfourner 30 minutes en les retournant une fois. **Mettre** les poivrons cuits dans un sac en plastique, fermer et attendre 1 heure. Retirer la peau et les graines des poivrons, puis les couper en lanières. Éponger sur du papier absorbant.

Répartir les lanières de poivron dans un plat en alternant les couleurs. Saler peu, poivrer, arroser d'huile d'olive. Garnir de filets d'anchois et ajouter quelques gouttes de citron.

Servir aussitôt.

POIVRON

Salade d'avocats et ananas

Pour 6 personnes
Préparation 25 minutes

1 laitue romaine
2 pamplemousses
1 petit ananas
3 avocats
ou 1 gros avocat du Brésil
1 citron
12 crevettes
1 piment rouge frais
2 c. à s. d'huile de pépins de raisin
30 g de pistaches décortiquées
Sel
Poivre du moulin

Laver et sécher les feuilles de romaine. Placer harmonieusement dans un saladier.

Peler à vif les pamplemousses et les couper en quartiers. Garder le jus qui s'écoule. **Éplucher** et couper en dés l'ananas.

Éplucher et couper en cubes l'avocat. Arroser du jus de citron pour éviter son oxydation. Mélanger et égoutter.

Décortiquer les crevettes.

Laver, épépiner puis couper en fins filaments le piment.

Préparer la sauce avec l'huile de pépins de raisin, le jus des pamplemousses, le sel et le poivre.

Mélanger les fruits, l'avocat, les crevettes et la sauce. Déposer sur les feuilles de romaine. Parsemer des filaments de piment et des pistaches concassées. **Servir** aussitôt.

ANANAS

Rouleaux de printemps à l'avocat et au melon

Pour 4 personnes
Préparation 40 minutes **Réfrigération** 1 heure

1 avocat
500 g de melon
300 g de pastèque
1 citron
4 cébettes
10 g de gingembre frais
Tabasco
12 galettes de riz
de 16 cm de diamètre
4 c. à s. de sauce soja
3 c. à s. de vinaigre de cidre
Sel

Couper l'avocat en 2, ôter le noyau et la peau, le tailler en dés de 0,5 cm de côté environ. **Épépiner** le melon et la pastèque, ôter la peau, les couper en dés de 0,5 cm de côté environ. **Mettre** les dés d'avocat, de melon et de pastèque dans un bol. Verser dessus le jus du citron, saler, mélanger délicatement.

Ciseler* finement les cébettes. Éplucher et hacher le gingembre. Les ajouter dans le bol. Assaisonner avec quelques gouttes de Tabasco (plus ou moins selon votre goût) et saler.

Humidifier un torchon propre. Placer 2 galettes de riz côte à côte, sur la moitié du torchon. Couvrir avec l'autre moitié. Laisser ramollir 2 minutes. **Déposer** un peu de mélange au centre de chaque galette. Rabattre les bords latéraux vers le centre et rouler la galette en y enfermant les ingrédients. **Préparer** ainsi les 12 galettes de riz. Réserver au frais 1 heure avant de servir.

Mélanger dans un bol la sauce soja et le vinaigre et répartir dans des petites soucoupes individuelles. **Déguster** les rouleaux en les trempant dans la sauce.

MELON

Salade d'oranges et de radis

Pour 6 personnes
Préparation 10 minutes

1 botte de radis
2 oranges
1 c. à s. rase de sucre en poudre
4 cl d'huile d'olive
Sel
Poivre du moulin

Retirer les queues et les fanes des radis, les laver puis les râper. Peler les oranges à vif, les couper en tranches, puis chaque tranche en 4.

Mélanger dans un bol radis râpé et morceaux d'oranges. Saler, poivrer. Ajouter le sucre et arroser d'huile d'olive. **Servir** très frais.

ORANGE

POULET

Salade de blé et poulet au cumin

Pour 4 personnes
Préparation 30 minutes **Cuisson** 25 minutes

300 g de blé précuit
2 courgettes fines
1 poivron jaune
2 oignons nouveaux
2 blancs de poulet
1 c. à c. de cumin en poudre
2 citrons
10 feuilles de menthe
5 c. à s. d'huile d'olive
Sel
Poivre du moulin

Cuire le blé à l'eau bouillante salée pendant 10 minutes. Vérifier la cuisson, égoutter sans rafraîchir.

Laver et tailler les courgettes en cubes de 0,5 cm de côté. Les cuire à l'eau bouillante salée 2 minutes, les égoutter, puis les rafraîchir.

Couper en 4 le poivron jaune dans la hauteur, ôter les graines et les membranes blanches, l'éplucher à l'aide d'un économe* et le tailler en petits dés de 3 à 4 mm de côté.

Éplucher et hacher les oignons.

Saupoudrer les blancs de poulet de cumin. Saler et poivrer. Dans une poêle, faire cuire dans 2 c. à s. d'huile d'olive les blancs à feu doux des 2 côtés pendant 12 minutes.

À l'aide d'un zesteur ou d'un économe, prélever le zeste de 1 citron et le tailler en fine julienne*. Presser les 2 citrons.

Laver et ciseler finement la menthe.

Dans un saladier, verser le blé, les oignons, les courgettes, le poulet coupé en lanières, le poivron, le reste d'huile d'olive, les zestes et le jus des citrons, ainsi que la menthe. Bien mélanger. Rectifier l'assaisonnement. **Dans un plat de service,** disposer harmonieusement la salade.

ALSACIENNE

Salade alsacienne

Pour 6 à 8 personnes
Préparation 15 minutes

2 belles laitues
300 g de gruyère
300 g de cervelas
3 oignons blancs doux
2 jaunes d'œufs durs
Sauce vinaigrette
(voir p. 576)

Laver et essorer les salades. **Détailler** le gruyère en bâtonnets. **Couper** le cervelas en tranches puis les tranches en 2. **Éplucher** et émincer* les oignons en fines lamelles. **Écraser** les jaunes d'œufs.

Préparer la vinaigrette.

Mélanger la salade, le gruyère, le cervelas et les oignons dans un saladier. Arroser de vinaigrette. Saupoudrer des jaunes d'œufs durs écrasés. **Servir** aussitôt.

Salade camarguaise

Pour 6 à 8 personnes
Préparation 20 minutes **Cuisson** 25 minutes

500 g d'encornets
3 c. à s. d'huile d'olive
1 kg de moules
1 échalote
1 brin de thym
1 feuille de laurier
5 cl de vin blanc
250 g de riz rond de Camargue
3 pistils de safran ou 1 pointe de couteau de safran en poudre
50 g d'olives noires
Sel, poivre
Sauce vinaigrette (voir p. 576)

Nettoyer les encornets, les couper en tranches fines, les poêler avec l'huile d'olive 2 à 3 minutes, juste le temps de les blanchir*. Les égoutter et garder le jus rendu.

Gratter et bien nettoyer les moules.

Éplucher l'échalote et l'émincer.

Dans une casserole, faire chauffer à feu moyen 1 cuillerée à soupe d'huile d'olive. Faire revenir sans coloration l'échalote épluchée et ciselée 2 minutes. Ajouter les moules, le thym, le laurier et le vin blanc, puis 2 tours de moulin à poivre. Couvrir et laisser cuire durant 3 à 4 minutes à couvert, en remuant 1 ou 2 fois. Égoutter et laisser refroidir. **Décortiquer** les moules.

Cuire le riz dans l'eau bouillante salée pendant 15 minutes à feu moyen, à couvert. À mi-cuisson, ajouter le safran. Égoutter le riz, le rincer à l'eau froide.

Mélanger le riz, les encornets et les moules. Ajouter la sauce vinaigrette et le jus réservé des encornets. Garnir avec les olives noires. Servir aussitôt.

CAMARGUAISE

Saladier lyonnais

Pour 6 personnes
Préparation 10 minutes **Cuisson** 2 minutes

- 300 g de pissenlits
- 1 pied-de-mouton cuit
- 3 filets de hareng à l'huile
- 3 foies de volaille
- 2 c. à s. d'huile d'olive
- 3 œufs durs
- 5 g de ciboulette
- 5 g de persil
- Sel
- Poivre
- Sauce vinaigrette (voir p. 576)

Laver les pissenlits. **Couper** le pied-de-mouton en petits dés et les harengs en 4 morceaux. **Poêler** les foies 5 minutes avec l'huile d'olive à feu moyen. Saler, poivrer. Les écraser à la fourchette, puis les détendre avec la vinaigrette.

Dans une sauteuse sur feu moyen, mettre les pissenlits, la vinaigrette avec les foies et mélanger pendant 1 minute.

Répartir dans chaque assiette. Ajouter les harengs et les œufs écalés et coupés en quartiers. **Parsemer** de ciboulette et de persil hachés.

Salade niçoise

Pour 6 à 8 personnes
Préparation 25 minutes **Cuisson** 13 minutes

3 œufs
300 g de haricots verts extrafins
1 botte de petits radis
1 bulbe de fenouil
1 concombre
4 anchois au sel
3 grosses tomates de saison
1 laitue
1 gousse d'ail
1 boîte de thon à l'huile
100 g d'olives noires
Sauce vinaigrette (voir p. 576)

Mettre les œufs dans une casserole d'eau froide et compter 10 minutes de cuisson après l'ébullition. **Équeuter** et blanchir les haricots verts pendant 3 minutes dans une casserole d'eau bouillante salée, les rafraîchir à l'eau glacée, puis les couper en 4. **Éplucher** et laver les radis. **Laver** et éplucher le fenouil et le couper en tranches très fines. **Laver** le concombre, le couper en 2 dans la longueur sans l'éplucher, ôter les graines et le couper en tranches fines. **Dessaler*** les anchois et les défaire en filets. **Laver** et couper les tomates en quartiers. **Éplucher,** laver et essorer la laitue. **Frotter** le saladier avec la gousse d'ail épluchée. **Disposer** tous les ingrédients dans le saladier.

Au moment de servir, arroser avec la vinaigrette.

NIÇOISE

Salade savoyarde

Pour 6 personnes
Préparation 20 minutes **Cuisson** 10 minutes

2 laitues
200 g de lard de poitrine maigre
200 g de beaufort jeune
2 oignons frais
6 œufs
2 cl de vinaigre
6 tranches de pain de campagne
Beurre
Sauce vinaigrette (voir p. 576)

Éplucher, laver et essorer les laitues. **Couper** le lard en bâtonnets, les mettre dans une poêle. Couvrir d'eau, laisser cuire sur feu vif jusqu'à évaporation complète, puis laisser rissoler pendant 3 minutes. **Couper** le beaufort en lamelles. **Éplucher** et couper les oignons en fines lamelles.

Pocher* les œufs pendant 4 minutes à frémissement dans une casserole d'eau bouillante vinaigrée, les égoutter sur du papier absorbant.

Avant de servir, tartiner de beurre les tranches de pain, les couper en cubes, les faire dorer dans une poêle sur feu moyen pendant 2 minutes.

Mélanger dans un saladier le lard, le fromage, la laitue et la vinaigrette. Répartir dans chaque assiette. Déposer délicatement un œuf poché. Parsemer les lamelles d'oignon et les cubes de pain dorés. **Servir** aussitôt.

SAVOYARDE

BEIGNETS

Beignets de courgettes fleurs

Pour 4 personnes
Préparation 30 minutes **Cuisson** 3 à 4 minutes **Réfrigération** 1 heure

- 8 courgettes fleurs
- 100 g de foie gras cru
- 50 g de quasi de veau
- 4 quartiers de tomates séchées
- 50 g d'aubergine
- 50 g de courgette
- 50 g de poivron jaune
- 50 g de poivron rouge
- 3 c. à s. d'huile d'olive
- 4 feuilles de basilic
- Huile pour friture
- Sel
- Poivre du moulin

Pâte à beignets

- 50 g de farine
- 50 g de fécule de pomme de terre
- 8 g de levure chimique
- 10 cl de lait
- Sel, poivre du moulin

Ôter les pistils des fleurs de courgettes. Blanchir* les courgettes fleurs 1 minute dans une casserole d'eau bouillante salée, puis les rafraîchir* dans de l'eau glacée.

Réduire le foie gras en purée en le passant à travers un tamis ou une passette.

Tailler le quasi de veau et les tomates séchées en petits dés de 4 à 5 mm de côté.

Laver l'aubergine et la courgette. Éplucher les poivrons. Tailler tous les légumes en dés de 5 mm de côté. Les faire revenir* séparément dans une poêle à feu moyen avec 1 cuillerée à soupe d'huile d'olive. **Ciseler*** le basilic. **Mélanger** les légumes avec le foie gras, le quasi de veau, les tomates séchées et le basilic. Saler et poivrer. Mettre la farce dans une poche à douille. Farcir les fleurs. Refermer en pliant l'extrémité des fleurs sur un côté. Réserver au frais pendant 1 heure.

Préparer la pâte à beignets. Mélanger tous les ingrédients afin d'obtenir la texture d'une pâte à crêpe. Tremper uniquement les fleurs dans la pâte, puis les faire frire à 180 °C 3 à 4 minutes. Les beignets doivent être bien colorés. Les égoutter sur du papier absorbant. Saler. **Servir** immédiatement.

Falafels

Pour 4 personnes
Préparation 15 minutes **Cuisson** 15 minutes

150 g d'oignon
½ botte de persil plat
250 g de farine de pois chiches
75 g de farine de blé
1 pincée de piment de Cayenne
12 cl d'eau
Sel
Poivre du moulin
Huile de friture

Éplucher et hacher finement l'oignon. **Effeuiller** et ciseler* le persil.

Dans un récipient, mélanger les farines avec l'oignon, le persil et le piment de Cayenne. Verser petit à petit l'eau tout en mélangeant avec une spatule jusqu'à obtention d'une pâte épaisse. Former des petites boulettes en les roulant entre les paumes des mains.

Faire chauffer la friteuse à 180 °C. Plonger 4 boulettes dans l'huile chaude. Les cuire 3 à 4 minutes en les remuant de temps en temps de façon à obtenir une couleur dorée uniforme. Les égoutter sur du papier absorbant. Saler et poivrer. Maintenir au chaud. Renouveler l'opération jusqu'à épuisement des ingrédients.

Servir accompagné de feuilles de laitue et de rondelles d'oignons.

BOULETTES

Bricks de sardines à la badiane

Pour 4 personnes
Préparation 40 minutes **Cuisson** 30 minutes

8 sardines fraîches
10 g de beurre
8 olives noires
4 tomates séchées
4 brins de coriandre
3 c. à s. d'huile d'olive
4 feuilles de brick
Sel, poivre du moulin

Court-bouillon
50 g de carotte
50 g d'oignon
50 g de céleri branche
2 étoiles de badiane
20 cl de vin blanc
1 c. à c. de gros sel

Demander au poissonnier de lever* les filets des sardines.

Préparer le court-bouillon. Éplucher les légumes et les émincer* très finement. **Dans une casserole,** mettre les légumes avec la badiane concassée, le vin blanc, 50 cl d'eau et le gros sel. Porter à ébullition, puis laisser cuire à petits bouillons pendant 10 minutes.

Confectionner la farce. Hors du feu, plonger les filets de sardines dans le court-bouillon. Les laisser pocher* pendant 1 minute. Les égoutter. **Faire réduire*** le court-bouillon à feu vif pendant environ 10 minutes pour en récupérer environ l'équivalent de 10 cl. Filtrer et ajouter le beurre. **Dénoyauter** et tailler en bâtonnets les olives. **Tailler** les tomates séchées en carrés de 5 mm de côté environ. **Effeuiller** et ciseler* finement la coriandre. **Dans un bol,** émietter les sardines, ajouter les olives, les tomates, la coriandre et 1 cuillerée à soupe d'huile d'olive. Saler et poivrer. Mélanger.

Poser une feuille de brick sur le plan de travail, la couper en 2 par le milieu. Replier la demi-feuille en 2 afin d'obtenir une bande de 6 cm de large. Poser une boulette de sardine à une extrémité de la bande. Plier la pâte, enfermer la farce en ramenant le petit côté de la pâte en diagonale sur le grand côté pour former un triangle. Plier la pâte de façon à enfermer la farce en formant un triangle. Replier légèrement l'extrémité à l'intérieur du triangle pour fixer le tout. Continuer ainsi, une fois à droite, une fois à gauche, jusqu'au bout de la bande. Pratiquer de même pour les autres bandes jusqu'à épuisement des ingrédients.

Placer les triangles sur une plaque antiadhésive, les badigeonner avec le reste d'huile d'olive. Enfourner à 180 °C environ 10 minutes. Ils doivent être bien dorés. Les égoutter sur un papier absorbant. Les dresser sur un plat de service chaud et servir le court-bouillon réduit en saucière.

Cake au fenouil

Pour 6 personnes
Préparation 25 minutes **Cuisson** 45 minutes

1 c. à c. de graines de fenouil
700 g de fenouil
8 œufs à température ambiante
375 g de beurre ramolli
350 g de farine
5 g de levure chimique
40 g de sucre
5 g de sel

Dans une poêle antiadhésive chaude à feu moyen, torréfier* les graines de fenouil sans matière grasse pendant 2 à 3 minutes. Les mixer pour les réduire en poudre.

Couper le pied et les tiges des fenouils. Tailler les fenouils en petits dés de 5 mm de côté. Réserver les pluches*.

Dans un récipient, travailler* le beurre au fouet pour lui donner la texture d'une pommade. Incorporer les œufs un à un. Ajouter la farine mélangée avec la levure chimique, le sucre, le sel, la poudre de graines de fenouil, les dés de fenouil et les pluches hachées.

Beurrer et fariner* un moule à cake. Verser la pâte. **Cuire** dans un four préchauffé à 180 °C pendant 45 minutes. Vérifier la cuisson en plantant la lame d'un couteau dans le cake : elle doit ressortir propre. Démouler à chaud. **Servir** tiède accompagné d'une salade.

CAKE

Croque-monsieur des alpages

Pour 4 personnes
Préparation 15 minutes **Cuisson** 40 minutes **Réfrigération** 1 heure

50 g de beurre
5 g de gros sel
225 g de polenta fine
2 brins de livèche
2 c. à s. d'huile d'arachide
200 g de beaufort
4 tranches de jambon cru de Savoie

Porter à ébullition 60 cl d'eau avec le beurre et le sel. Verser la polenta en pluie tout en remuant. Cuire sur feu doux en remuant fréquemment pendant 30 minutes. Retirer du feu, ajouter la livèche ciselée. Verser la polenta sur une plaque huilée, l'étaler sur 1 cm d'épaisseur. Réserver au frais pendant 1 heure, la polenta va durcir.

Râper le beaufort à la grosse grille.

Plier les tranches de jambon pour former des carrés de 8 cm de côté. Trancher la polenta en 8 carrés de 8 cm de côté.

Faire chauffer 1 cuillerée à soupe d'huile dans une poêle, faire colorer à feu moyen la polenta environ 2 minutes de chaque côté pour obtenir une belle coloration. Déposer 4 carrés de polenta sur une plaque allant au four, placer dessus le jambon cru, parsemer le beaufort râpé. Couvrir avec les 4 derniers carrés de polenta. Enfourner dans le four préchauffé à 180 °C pendant 3 minutes. **Servir** aussitôt. On peut accompagner d'une salade.

Pour gagner du temps, on peut prendre de la polenta précuite. Suivre le temps de cuisson indiqué sur l'emballage.

CROQUE

Flan d'olives à la tomate

Pour 4 personnes
Préparation 15 minutes **Cuisson** 10 à 12 minutes

1 anchois au sel
60 g d'olives de Nyons dénoyautées
1 brin d'estragon
5 œufs
10 cl de crème fleurette
9 cl de sauce tomate épaisse
10 g de beurre
Poivre du moulin

Rincer l'anchois et l'écraser à la fourchette. **Couper** les olives en 4. **Effeuiller** et ciseler* l'estragon.

Dans un grand bol, battre les œufs avec la crème. Ajouter l'anchois, la sauce tomate, les olives et l'estragon. Poivrer, mais ne pas saler, l'anchois l'est suffisamment.

Beurrer 4 ramequins et y répartir le mélange. Cuire au bain-marie* dans le four préchauffé à 180 °C pendant 10 à 12 minutes. **Laisser tiédir** avant de servir.

FLAN

Fougasse à l'anguille fumée

Pour 4 personnes
Préparation 30 minutes **Cuisson** 50 minutes **Repos** 3 heures 30

Pâte à pain
5 g de levure de boulanger
250 g de farine
1,5 cl d'huile d'olive
5 g de sel

Garniture
200 g de tomates
1 poivron jaune
100 g d'oignon
½ botte de basilic
1 c. à s. d'huile d'olive
200 g d'anguille fumée
Sel
Poivre du moulin

Confectionner le levain. Délayer la levure dans 5 cl d'eau tiède. Dans un bol, mélanger 60 g de farine avec la levure délayée. Pétrir 10 minutes pour obtenir une pâte homogène et collante. Laisser reposer 2 heures au frais, couvert d'un film alimentaire.

Préparer la garniture. Plonger quelques secondes les tomates dans une casserole d'eau bouillante, puis les rafraîchir* dans un bol d'eau glacée. Enlever la peau et le pédoncule, les tailler en cubes. **Couper** le poivron en 4, ôter le pédoncule et les graines, l'éplucher à l'économe* et l'émincer* dans la largeur. **Éplucher** et ciseler* finement les oignons. **Effeuiller,** laver et ciseler le basilic.

Dans une poêle sur feu moyen, faire suer* les oignons dans l'huile d'olive chaude pendant 4 à 5 minutes. Dès qu'ils sont translucides, ajouter le poivron et les tomates, saler et poivrer. Laisser cuire à petits bouillons pendant 20 minutes en remuant de temps en temps.
Il ne doit pratiquement plus rester d'eau de végétation. Retirer du feu, laisser refroidir à température ambiante.
Ôter la peau et l'arête de l'anguille, la tailler en bâtonnets.
Ajouter le basilic au mélange tomate-poivron refroidi.

Faire la pâte à pain. Dans un bol, ajouter au levain l'huile d'olive, le sel et 10 cl d'eau. Mélanger. Ajouter au fur et à mesure la farine, tout en pétrissant jusqu'à ce que la pâte soit homogène et ne colle plus aux doigts. Elle doit se détacher des bords du bol. **Étaler** la pâte au rouleau à pâtisserie en un rectangle de 1 cm d'épaisseur. Sur une moitié de la pâte, répartir le mélange tomate-poivron à 1 cm du bord. Déposer les bâtonnets d'anguille. Avec un petit couteau, faire des entailles de 5 cm sur la largeur de l'autre moitié. Rabattre bord à bord la partie entaillée sur la largeur de l'autre moitié. Presser avec les doigts pour bien souder les 2 moitiés ensemble. **Poser** sur une plaque à four couverte d'un papier sulfurisé. Laisser lever 1 heure 30 à température ambiante couverte d'un linge. Enfourner 20 à 25 minutes dans le four préchauffé à 200 °C. **Servir** chaud ou tiède.

Gaufres au pesto

Pour 4 personnes
Préparation 10 minutes **Cuisson** 2 à 3 minutes par gaufre **Repos** 1 heure

Pâte à gaufres
250 g de farine
10 g de sucre
1 pincée de sel
3 œufs
100 g de beurre fondu
35 cl de lait entier

Pesto
30 feuilles de basilic
80 g de parmesan
1 c. à s. de pignons de pin
1 gousse d'ail
2 c. à s. d'huile d'olive

Préparer la pâte à gaufres. Dans un bol, mélanger la farine, le sucre et le sel. Ajouter les œufs, le lait et le beurre. Mélanger. La pâte doit être lisse et sans grumeaux. La laisser reposer pendant 1 heure à température ambiante couverte d'un linge.

Préparer le pesto. Mixer le basilic avec le parmesan, les pignons de pin et l'ail épluché. Verser l'huile d'olive. Mixer jusqu'à obtention d'une pâte lisse.

Ajouter le pesto à la pâte à gaufres. **Cuire** les gaufres dans un gaufrier bien chaud, pendant environ 2 à 3 minutes. Elles doivent être d'une belle couleur dorée. **Servir** chaud.

GAUFRE

Pissaladière

Pour 6 à 8 personnes
Préparation 15 minutes **Cuisson** 30 minutes

8 anchois au sel
1 kg d'oignons doux
2 c. à s. d'huile d'olive
300 g de pâte à pain
16 olives noires dénoyautées
Sel
Poivre du moulin

Dessaler les anchois sous un filet d'eau courante. **Éplucher** et couper les oignons en fines lamelles. **Chauffer** 1 c. à s. d'huile dans une cocotte. Ajouter les oignons, mouiller* avec 20 cl d'eau chaude et laisser cuire 15 minutes environ à feu moyen, à découvert, jusqu'à évaporation complète de l'eau. Saler et poivrer soigneusement les oignons.

Étaler finement la pâte à pain, en garnir un moule à tarte graissé avec 1 cuillerée à soupe d'huile d'olive. Couvrir d'oignons, poivrer, quadriller avec les filets d'anchois dessalés et décorer avec les olives.

Cuire 15 minutes dans le four préchauffé à 180 °C. **Servir** chaud, tiède ou froid avec une salade.

PISSALADIÈRE

Quiche lorraine

Pour 6 personnes
Préparation 20 minutes **Cuisson** 30 minutes

300 g de pâte brisée
200 g de lard de poitrine fumée
3 œufs + 1 jaune d'œuf
50 cl de crème fleurette
Noix de muscade
Sel
Poivre du moulin

Foncer* un moule à tarte avec la pâte brisée, piquer le fond, couvrir la pâte d'un papier d'aluminium. Cuire le fond de tarte sans garniture 5 minutes dans le four préchauffé à 180 °C.

Émincer finement le lard, le mettre dans une poêle avec de l'eau à couvert. Laisser cuire jusqu'à évaporation complète de l'eau sur feu moyen pendant 5 minutes.

Battre les œufs, le jaune d'œuf et la crème fraîche. Saler légèrement et poivrer. Ajouter une râpure de noix de muscade.

Ôter le papier aluminium du fond de tarte. Éparpiller les lardons et verser l'appareil crème-œufs. Enfourner 25 minutes à 180 °C.

Servir chaud ou tiède avec une belle salade verte.

QUICHE

Tarte au fromage

Pour 6 personnes
Préparation 15 minutes **Cuisson** 30 minutes

300 g de pâte feuilletée
15 cl de crème fleurette*
15 cl de lait
3 œufs
1 pincée de poivre de Sichuan
100 g de roquefort
100 g de fines lamelles de comté
20 g de beurre pour le moule
Haricots secs pour la cuisson à blanc

Beurrer et foncer* un moule à tarte de la pâte. Piquer légèrement le fond avec une fourchette. Garnir de papier sulfurisé et de haricots secs. Cuire 5 minutes dans le four préchauffé à 180 °C.

Mélanger la crème fleurette, le lait, les œufs et le poivre de Sichuan. Écraser le roquefort. L'incorporer à l'appareil*.

Sortir la tarte du four, ôter le papier et les légumes secs. Parsemer les lamelles de comté. Verser l'appareil et enfourner 25 minutes à 175 °C. **Servir** aussitôt.

Pour une version plus gourmande, on peut ajouter des cerneaux de noix concassés ou des mini-croûtons de pain bien rissolés.

TARTE

Tarte salée aux noix

Pour 6 à 8 personnes
Préparation 10 minutes **Cuisson** 30 minutes
À préparer la veille

150 g de cerneaux de noix
150 g d'oignons doux hachés
Huile de noix
200 g de pâte à pain
150 g de fromage de chèvre frais
Sel, poivre du moulin

La veille
Mettre les cerneaux de noix et les oignons dans un bol, les couvrir d'huile de noix, saler, poivrer.

Le jour même
Étendre la pâte à pain le plus finement possible sur une plaque recouverte d'un papier cuisson. Étaler le fromage frais, répartir dessus le mélange noix-oignons après l'avoir égoutté.

Enfourner dans le four préchauffé à 180 °C pendant 20 minutes. Récupérer l'huile de la marinade pour assaisonner une salade verte qui accompagnera la tarte.

TARTE

Tarte aux poireaux et au salers

Pour 6 à 8 personnes
Préparation 25 minutes **Cuisson** 40 minutes

300 g de pâte feuilletée
20 g de beurre pour le moule
1 c. à s. de farine
1 kg de poireaux
2 c. à s. d'huile d'olive
5 œufs
40 cl de crème fleurette*
100 g de salers
Sel
Poivre du moulin

Étaler la pâte sur 3 à 4 mm d'épaisseur. Beurrer et fariner* un moule à tarte de 24 cm de diamètre. Chemiser* le moule avec la pâte en faisant bien remonter les bords. Couper le surplus. Piquer la pâte avec une fourchette et la réserver au frais.

Couper le pied des poireaux, puis le vert aux deux tiers. Fendre les poireaux en 2, bien les laver et les émincer* finement. Dans une poêle sur feu doux, chauffer l'huile d'olive. Verser les poireaux émincés. Cuire pendant 10 minutes, sans coloration en remuant de temps à autre. Saler, poivrer. Égoutter et laisser refroidir.

Dans un grand bol, mélanger les œufs et la crème. Poivrer. **Retirer** la croûte du salers, le tailler en dés de 5 mm. **Répartir** les poireaux sur le fond de la tarte et éparpiller les dés de salers. Verser la préparation œufs-crème.

Cuire la tarte dans le four préchauffé à 180 °C pendant 30 minutes. Vérifier la cuisson. **Servir** chaud ou tiède avec une salade.

TARTE

Tatin de betterave au cerfeuil

Pour 4 personnes
Préparation 45 minutes **Cuisson** 30 minutes

500 g de betteraves cuites
1 botte de cerfeuil
50 g de miel d'acacia
1 c. à c. de graines de nigelle
2 cl de vinaigre de xérès
Sel
Poivre du moulin

Pâte
125 g de beurre mou
250 g de farine
5 g de sel

Préparer la pâte. Travailler* avec une spatule le beurre pour lui donner la texture d'une pommade. Ajouter la farine et le sel. Mélanger. Verser 10 cl d'eau au fur et à mesure tout en continuant de mélanger pour obtenir une pâte homogène et lisse. Former une boule, la poser sur une assiette légèrement farinée et couvrir d'un film alimentaire. Réserver au frais.

Éplucher et couper les betteraves en quartiers de 2 cm d'épaisseur. **Effeuiller,** laver puis hacher grossièrement le cerfeuil.

Dans un moule à manqué de 24 cm de diamètre, cuire le miel au caramel brun sur feu moyen : compter environ 3 minutes. Ajouter les graines de nigelle. Déglacer au vinaigre et laisser réduire* de moitié pendant environ 2 minutes. Retirer du feu. Parsemer la moitié du cerfeuil sur le caramel au miel. Répartir les quartiers de betterave en rosace, comme pour une tarte aux pommes. Parsemer du reste du cerfeuil. Saler et poivrer.

Étaler la pâte sur 3 mm d'épaisseur et tailler un cercle de 28 cm de diamètre. Couvrir les betteraves avec la pâte, la glisser le long de la paroi du moule. Cuire dans le four préchauffé à 180 °C pendant 30 minutes.

Sortir la tatin de betterave du four. Laisser refroidir 5 minutes. Démouler en la retournant sur un plat à tarte. **Servir** sans attendre.

ŒU

FS

Œufs brouillés aux oursins, mouillettes au beurre d'algues

Pour 4 personnes
Préparation 45 minutes **Cuisson** 45 minutes

16 oursins
10 cl de crème fleurette
30 g de beurre
8 œufs extra-frais
1 c. à s. de crème fraîche
25 g de dulse fraîche (algue)
4 tranches de pain de campagne
5 cl d'huile d'olive
Sel
Poivre du moulin

Ouvrir les oursins. À l'aide d'une paire de ciseaux pointus, découper un chapeau du côté du bec (avec des gants, c'est plus confortable). Vider le jus, le filtrer. Avec une petite cuillère, enlever les langues, les réserver à température ambiante.

Faire réduire* la crème fleurette avec la moitié du jus d'oursin pendant 8 minutes à feu moyen. Poivrer.

Ramollir 10 g de beurre et le mélanger avec la dulse finement hachée. Poivrer.

Tailler le pain de campagne en bâtonnets de 5 cm de longueur sur 1 cm de largeur. Les faire colorer dans une poêle avec l'huile d'olive durant 2 minutes environ. Laisser refroidir puis les tartiner avec le beurre d'algues.

Casser les œufs dans un bol. Percer les jaunes. Saler, poivrer et mélanger. Verser les œufs dans une sauteuse avec le reste du beurre. Cuire les œufs sur feu doux, environ 6 minutes, tout en les remuant avec une spatule en formant des 8. Dès que les œufs sont crémeux, ajouter la crème fraîche, retirer du feu et rectifier l'assaisonnement.

Verser les œufs dans des petits bols. Napper* avec la crème au jus d'oursins réduite, puis répartir les langues. **Servir** sans attendre avec les mouillettes au beurre d'algues.

BROUILLÉS

Œufs cocotte aux crevettes, crème à la réglisse

Pour 4 personnes
Préparation 20 minutes **Cuisson** 8 minutes

200 g de fenouil
16 crevettes roses cuites
1 c. à s. d'huile d'olive
30 g de beurre
8 œufs extra-frais
20 cl de crème fleurette
1 pointe de couteau de poudre de réglisse
Sel
Poivre du moulin

Retirer la tige et la première coque du fenouil. Le laver, puis le tailler en dés de 2 à 3 mm de côté. **Décortiquer** les crevettes, les couper en 3.

Dans une poêle, chauffer l'huile d'olive sur feu vif et saisir le fenouil 2 minutes. Ajouter les crevettes et mélanger pendant 2 minutes. Saler et poivrer.

Répartir les crevettes et le fenouil dans 8 ramequins beurrés avec le beurre. Casser un œuf dans chaque ramequin en prenant soin de ne pas percer les jaunes. Les poser dans un plat creux allant au four. Verser de l'eau chaude dans le plat jusqu'à la moitié des ramequins pour une cuisson au bain-marie dans un four préchauffé à 180 °C. Cuire pendant 6 minutes.

Faire réduire* de moitié la crème avec la poudre de réglisse pendant 5 minutes sur feu moyen. Saler et poivrer.

À la sortie du four, napper* chaque œuf cocotte avec un peu de crème à la réglisse et servir sans attendre.

Œufs pochés et brocolis en gelée à la gentiane

Pour 4 personnes
Préparation 30 minutes **Cuisson** 30 minutes **Réfrigération** 4 heures
À préparer la veille

2 feuilles de gélatine
1 brocoli de 300 g
4 œufs extra-frais
20 cl de gelée
5 c. à s. de vinaigre cristal
2 cl d'alcool de gentiane
Sel
Poivre du moulin

Mettre les feuilles de gélatine dans un bol d'eau froide.

Détacher les bouquets de brocoli du pied. Couper la base du pied, et l'émincer dans le sens de la hauteur avec un économe. Jeter les premières lamelles et réserver les plus tendres près du cœur. Émincer un des bouquets en fines lamelles dans la hauteur et réserver.
Cuire dans l'eau bouillante salée les lamelles du pied et les bouquets de brocolis pendant 15 minutes. Les rafraîchir*, les égoutter, puis les mixer afin d'obtenir une purée lisse.

Porter à ébullition 1 l d'eau. Casser les œufs dans 4 ramequins, en veillant à ne pas percer les jaunes. Verser le vinaigre cristal dans l'eau. À l'aide d'une écumoire, faire tourner l'eau, plonger les œufs un par un ; le blanc d'œuf enrobe le jaune. Laisser cuire à petits frémissements durant 3 minutes. **Retirer** délicatement les œufs avec une écumoire et les plonger dans un bol d'eau avec des glaçons pour stopper la cuisson. Les égoutter et les poser sur du papier absorbant.

Réchauffer au micro-ondes ou dans une casserole à feu moyen, 2 cuillerées à soupe de purée de brocolis. Ajouter la gélatine essorée, bien mélanger pour la dissoudre. Incorporer au reste de la purée. Rectifier l'assaisonnement.

Faire fondre la gelée dans une casserole à feu moyen et ajouter l'alcool de gentiane.

Chemiser* de film alimentaire 4 ramequins. Verser dans chaque ramequin 1 cuillerée à soupe de gelée, laisser prendre au réfrigérateur pendant 1 heure. **Une fois la gelée prise**, poser la tranche de brocoli cru réservée, puis répartir dessus la purée de brocolis. Laisser de nouveau prendre au réfrigérateur 1 heure. **Poser** les œufs pochés sur la purée de brocoli prise et remplir les ramequins avec le reste de gelée. **Réserver** au frais au moins pendant 2 heures avant de servir. **Démouler** les œufs sur un plat de service et ôter le film alimentaire.

Œufs frits, ragoût de fèves, citron au sel et huile d'argan

Pour 4 personnes
Préparation 30 minutes **Cuisson** 12 minutes

1 kg de fèves
20 g d'écorce de citron au sel
1 c. à s. d'huile d'olive
1 c. à s. d'huile d'argan
Huile pour friture
8 œufs extra-frais
Sel
Poivre du moulin

Écosser les fèves, les ébouillanter 30 secondes, les rafraîchir* dans un bol d'eau glacée, puis ôter leur peau. **Tailler** l'écorce du citron en dés de 2 mm de côté.

Mélanger les fèves avec l'écorce de citron, l'huile d'olive et l'huile d'argan. Saler et poivrer. Mettre à tiédir doucement dans une casserole.

Faire chauffer une friteuse à 180 °C. Casser les œufs séparément dans des ramequins. Les verser délicatement dans l'huile 2 par 2. À l'aide d'une spatule en bois, ramener le blanc sur le jaune. Dès qu'ils sont colorés au bout de 3 minutes de cuisson, les égoutter sur un papier absorbant. Renouveler l'opération avec les autres œufs.

Répartir dans les assiettes les fèves tièdes. Poser dessus les œufs frits. **Servir** aussitôt.

FRITS

Œufs mollets sur une tartine à la tomate et roquette

Pour 4 personnes
Préparation 20 minutes **Cuisson** 20 minutes

1 échalote
500 g de tomates bien mûres
2 c. à s. d'huile d'olive
1 étoile d'anis
1 brin de thym
1 feuille de laurier
8 œufs extra-frais
200 g de roquette
4 tranches de pain de campagne
Fleur de sel
Sel
Poivre du moulin

Éplucher l'échalote et la hacher finement. **Plonger** les tomates dans une casserole d'eau bouillante pendant 15 secondes. Les rafraîchir* dans un bol d'eau glacée. Enlever leur peau, les couper en 4, les épépiner puis concasser* la chair avec un couteau.

Dans une casserole, faire chauffer à feu moyen 1 cuillerée à soupe d'huile d'olive, y faire suer* l'échalote sans coloration. Ajouter les tomates, l'étoile d'anis, le thym et le laurier. Laisser cuire à petits bouillons jusqu'à ce qu'il n'y ait plus d'eau : compter environ 10 minutes. Ôter le thym, le laurier et l'anis. Rectifier l'assaisonnement.

Porter à ébullition de l'eau salée, y plonger délicatement les œufs, les faire cuire pendant 6 minutes. Les rafraîchir rapidement à l'eau froide pour les écaler sans se brûler.

Dans une poêle, faire cuire à feu moyen la roquette préalablement lavée et essorée dans 1 cuillerée à soupe d'huile d'olive chaude, pendant 2 minutes en remuant constamment.

Toaster les tranches de pain de campagne. **Plonger** les œufs écalés 1 minute dans de l'eau bouillante pour les réchauffer. Égoutter sur du papier absorbant.

Tartiner le pain toasté de la concassée de tomates. Répartir la roquette, puis poser dessus les œufs. Parsemer de quelques cristaux de fleur de sel et donner un tour de moulin à poivre. **Servir** aussitôt.

Omelette aux fines herbes

Pour 4 personnes
Préparation 5 minutes **Cuisson** 5 minutes

6 œufs
1 c. à s. de crème fraîche
1 botte de ciboulette
30 g de beurre clarifié*
Sel

Casser les œufs dans un saladier. Verser la crème. Saler. Fouetter l'omelette jusqu'à obtention d'un mélange homogène et légèrement mousseux. **Laver,** sécher, ciseler la ciboulette. L'ajouter aux œufs battus.

Faire chauffer le beurre dans une poêle puis verser la préparation. Cuire à feu moyen 5 minutes. L'omelette doit rester moelleuse en surface. **Servir** aussitôt.

On peut incorporer d'autres herbes, comme le cerfeuil ou l'estragon, et accompagner d'une belle salade verte.

POCHÉS

Œufs pochés dans une galette frite aux petits pois et cumin

Pour 4 personnes
Préparation 30 minutes **Cuisson** 20 minutes **Repos de la pâte** 20 minutes

4 œufs extra-frais
150 g de petits pois frais écossés
5 cl de vinaigre cristal
1 pincée de cumin en poudre
Huile pour friture
Sel
Poivre du moulin

Pâte
100 g de farine
1 c. à s. de beurre fondu
5 cl d'eau
1 pincée de sel

Préparer la pâte. Dans un récipient, verser la farine, le beurre, le sel puis l'eau. Mélanger pour obtenir une pâte lisse. La pétrir pendant 15 minutes : elle doit devenir élastique. Former une boule, la placer sur une assiette recouverte d'un film alimentaire et laisser reposer 20 minutes à température ambiante.

Cuire les petits pois à l'eau bouillante salée pendant 6 minutes, puis les rafraîchir*. Les mixer en purée. Ajouter le cumin, saler légèrement et poivrer.

Porter à ébullition 1 litre d'eau, y verser le vinaigre. Casser les œufs dans des ramequins en prenant soin de ne pas percer les jaunes. À l'aide d'une écumoire, faire tourner l'eau et verser délicatement les œufs un à un. Le blanc doit enrober le jaune. Laisser cuire à petits bouillons 3 minutes. Les rafraîchir* dans de l'eau glacée pour stopper la cuisson. Égoutter sur du papier absorbant.

Pétrir de nouveau la pâte pendant 1 minute puis la diviser en 4 parts égales. À l'aide d'un rouleau à pâtisserie, les étaler en 4 disques d'une épaisseur de 2 mm.

Répartir la purée de petits pois sur chaque moitié des disques à 3 cm du bord. Poser dessus un œuf poché. Humidifier le bord de la pâte, replier en forme de chausson. Bien presser les bords pour souder la pâte.

Faire chauffer une friteuse à 190 °C. Plonger les galettes une par une dans l'huile chaude et compter 1 minute de cuisson. Retourner et cuire encore 1 minute de l'autre côté. Les égoutter sur du papier absorbant. **Réserver** les galettes cuites dans le four à 100 °C jusqu'au moment de servir.

Soufflé au tarama et aux zestes d'orange

Pour 4 personnes
Préparation 10 minutes **Cuisson** 25 minutes

30 g de beurre
20 g de farine
20 cl de crème fleurette
5 c. à c. de tarama
2 zestes d'orange

4 œufs
1 pointe de piment de Cayenne
Sel
Poivre du moulin

Beurrer 4 ramequins avec 10 g de beurre, les fariner*. Réserver au frais.

Faire fondre 20 g de beurre dans une casserole sur feu doux. Ajouter la farine et mélanger au fouet. Verser la crème. Fouetter pour obtenir un mélange homogène : compter 10 minutes de cuisson.

Hors du feu, incorporer le tarama, les zestes finement hachés et les jaunes d'œufs. Assaisonner avec le piment de Cayenne, le sel et le poivre.

Monter les blancs en neige ferme, puis les incorporer délicatement au mélange. Répartir la préparation dans les ramequins. Enfourner 15 minutes à 200 °C.

SOUFFLÉ

POIS
& FR
DE M

SONS
UITS
ER

Anchois roulés à la brousse, pomélo et basilic

Pour 2 personnes
Préparation 30 minutes
À préparer la veille

10 anchois frais
10 g de fenouil
30 g de brousse
1 brin de thym
1 feuille de laurier
1 brin de romarin
1 gousse d'ail
10 cl d'huile d'olive
1 pomélo
2 feuilles de basilic
5 g de ciboulette ciselée
Sel
Poivre du moulin

La veille

Couper la tête des anchois. Les ouvrir par le ventre. Donner un coup de couteau le long des arêtes sans ouvrir le dos. Tirer sur l'arête jusqu'à la queue et la couper à ras.

Laver et tailler le fenouil en tout petits dés. Dans un bol, mélanger la brousse avec le fenouil et la ciboulette. Saler et poivrer.

Saler, poivrer les anchois, les tartiner avec la préparation à la brousse, puis les rouler de la tête à la queue. Les placer ensuite dans un récipient avec le thym, le laurier, le romarin, la gousse d'ail et l'huile d'olive. Réserver au frais pendant 1 nuit couvert d'un film alimentaire.

Le jour même

Peler à vif le pomélo et prélever les quartiers. Ciseler* finement les feuilles de basilic et les mélanger au pomélo. Saler, poivrer et ajouter une cuillerée à soupe d'huile de la marinade* des anchois. **Égoutter** les anchois. Disposer harmonieusement les quartiers de pomélo et les anchois. Arroser de quelques traits d'huile de la marinade. Parsemer de ciboulette ciselée. **Servir** aussitôt.

ANCHOIS

Bar croustillant sur un velouté de petits pois

Pour 4 personnes
Préparation 20 minutes **Cuisson** 40 minutes

750 g de petits pois
100 g d'oignons
3 c. à s. d'huile d'olive
30 g de beurre
4 pavés de bar épais de 120 g chacun, avec peau
Sel
Poivre du moulin

Écosser 200 g de petits pois, les cuire dans une casserole d'eau bouillante salée à feu moyen 5 à 6 minutes et les rafraîchir*.

Éplucher et émincer* les oignons. **Laver** les petits pois restants sans les écosser.

Dans une casserole, faire suer* sans coloration dans 1 cuillerée à soupe d'huile d'olive les oignons durant 3 à 4 minutes. Ajouter les petits pois entiers. Mouiller* avec 1 litre d'eau. Saler et porter à ébullition. Cuire 30 minutes à petits bouillons. Mixer, passer au chinois* fin puis monter* au beurre. Rectifier l'assaisonnement. Réserver le velouté au chaud.

Saler et poivrer les pavés de bar. Chauffer 2 cuillerées à soupe d'huile d'olive dans une poêle sur feu moyen. Placer les pavés de bar côté peau et cuire pendant 5 minutes. La peau doit être croustillante. Retourner et poursuivre la cuisson 1 minute.

Chauffer les petits pois dans le velouté. **Répartir** dans des assiettes le velouté de petits pois. Poser dessus les pavés de bar. **Servir** aussitôt.

BAR

Baudroie cloutée au céleri, jus d'ananas et poivre Sarawak

Pour 4 personnes
Préparation 25 minutes **Cuisson** 20 minutes **Infusion** 15 minutes

100 g de céleri branche
4 pavés de baudroie de 150 g chacune
200 g d'ananas épluché
90 g de beurre
10 cl de fond de volaille
3 grains de poivre noir Sarawak
Sel
Poivre du moulin

Laver, éplucher le céleri et le tailler en 12 bâtonnets de 6 cm de long et 0,5 cm de large. Clouter les pavés de baudroie avec les bâtonnets de céleri.

Passer l'ananas à la centrifugeuse. Faire chauffer le jus dans une casserole, le faire réduire* à feu vif pendant 10 minutes, puis baisser le feu et le monter* avec 20 g de beurre. Il doit avoir une texture nappante. Assaisonner.

Réduire* le fond de volaille avec les grains de poivre noir Sarawak concassés à feu moyen durant 5 minutes. Monter* avec 20 g de beurre. Laisser infuser 15 minutes à couvert puis passer au chinois*. Rectifier l'assaisonnement.

Dans une poêle, colorer* sur feu moyen les pavés de baudroie avec 50 g de beurre. Saler et poivrer. **Cuire** 7 à 8 minutes en les arrosant régulièrement.

Napper* le fond des assiettes avec des traits de jus d'ananas et de jus de volaille au poivre. Poser les pavés de baudroie. **Servir** aussitôt.

BAUDROIE

Bourride provençale

Pour 6 personnes
Préparation 20 minutes **Cuisson** 25 minutes

1 beau loup
1 beau Saint-Pierre
300 g d'oignons doux
1,5 l de bouillon de poisson
6 tranches de baudroie
6 tranches de pain de campagne
6 jaunes d'œufs
Sel
Poivre du moulin

Aïoli
2 jaunes d'œufs
10 gousses d'ail frais
50 cl d'huile d'olive
Sel
Poivre

Préparer l'aïoli. Mélanger les 2 jaunes d'œufs avec l'ail épluché et haché. Saler, poivrer. Monter* l'aïoli avec l'huile d'olive. Réserver au frais.

Couper en morceaux le loup et le Saint-Pierre préparés par votre poissonnier.

Éplucher et émincer finement les oignons. **Porter** à ébullition le bouillon de poisson, y faire pocher* à feu moyen les oignons pendant 5 minutes. Ajouter les tranches de baudroie : compter 5 minutes de cuisson. Ajouter le loup, cuire 3 minutes, puis le Saint-Pierre, pendant 3 minutes. Égoutter les poissons. Réserver au chaud.

Griller les tranches de pain de campagne. **Mettre** un tiers de l'aïoli dans un bol.

Mélanger les 6 jaunes d'œufs avec les deux tiers de l'aïoli dans un bol. Délayer avec 20 cl de bouillon. Remettre sur le feu et faire épaissir comme une crème anglaise à feu doux pendant environ 5 minutes, en veillant à ne pas laisser bouillir la sauce.

Répartir dans chaque assiette la crème d'aïoli, les différents morceaux de poisson et le pain grillé. **Servir** aussitôt avec le bol d'aïoli.

Ce plat peut s'accompagner de pommes de terre au safran.

Pavés de cabillaud façon Rossini

Pour 4 personnes
Préparation 15 minutes **Cuisson** 15 minutes

8 olives noires
6 c. à s. d'huile d'olive
½ citron
4 tranches de pain de mie de 15 mm d'épaisseur
4 pavés de cabillaud de 180 g chacun
4 escalopes de foie de baudroie de 80 g chacune
Sel
Poivre du moulin

Dénoyauter les olives et les couper en petits cubes. Les réserver dans une casserole avec 4 cuillerées à soupe d'huile d'olive, le jus du citron. Saler, poivrer. Faire tiédir à feu doux pendant 3 minutes.

Tailler dans le pain de mie des disques de 10 cm de diamètre, les faire dorer dans une poêle à l'huile d'olive 1 minute environ de chaque côté à feu moyen. Les réserver au chaud sur du papier absorbant.

Faire chauffer 2 cuillerées à soupe d'huile d'olive dans une poêle. Saler et poivrer les pavés de cabillaud, les colorer 2 à 3 minutes d'un côté sur feu moyen, les retourner et les réserver sur un plat allant au four.

Faire chauffer une poêle sans matière grasse à feu moyen. Saler et poivrer les escalopes de foie et les cuire 3 minutes de chaque côté. Les ajouter dans le plat avec les pavés de cabillaud. Poursuivre la cuisson dans le four préchauffé à 190 °C pendant 4 minutes.

Sur 4 assiettes chaudes, placer au centre un disque de pain, poser dessus un pavé de cabillaud et une escalope de foie. Napper* de quelques traits d'huile aux olives tièdes.

Tronçons de carrelet, mini-poivrons, jus menthe-coriandre

Pour 4 personnes
Préparation 1 heure 15 **Cuisson** 3 heures 30
À préparer la veille

5 tomates de 200 g chacune
1 brin de thym
1 brin de romarin
7 c. à s. d'huile d'olive
8 mini-poivrons
100 g de courgette
100 g d'aubergine
100 g de poivron jaune

Jus menthe-coriandre
25 g de feuilles de menthe
15 g de feuilles de coriandre
½ gousse d'ail épluchée
1,5 cl de vinaigre de xérès
6 c. à s. d'huile d'olive
Sel
Poivre du moulin

Pâte à beignets
50 g de farine
50 g de fécule de pomme de terre
8 g de levure chimique
10 cl de lait entier
1 c. à c. d'huile d'olive
Sel
Poivre du moulin

Cuisson du poisson
2 œufs
50 g de chapelure* de pain de mie
50 g de beurre
4 tronçons de carrelets
2 c. à s. de farine
Huile pour friture
Sel
Poivre du moulin

La veille

Monder* les tomates, les couper en 4 et les épépiner. Réserver 6 quartiers au frais pour le lendemain. Déposer les autres sur une plaque allant au four avec le thym, le romarin, du sel, du poivre et 1 cuillerée à soupe d'huile d'olive. Confire* au four pendant 3 heures à 90 °C.

Brûler les mini-poivrons sur une flamme afin d'ôter la peau plus facilement. Couper la pointe des poivrons et enlever les pépins délicatement sans percer la chair. Les réserver sur du papier absorbant.

Laver et tailler la courgette, l'aubergine et le poivron en cubes de 0,5 cm de côté. Dans une poêle, faire chauffer 2 cuillerées à soupe d'huile d'olive et y faire revenir* les légumes séparément 3 minutes sur feu moyen. Saler, poivrer puis les cuire ensemble pendant 20 minutes à feu doux. Les égoutter.

Farcir les mini-poivrons avec les légumes. Les réserver au frais debout sur du papier absorbant jusqu'au lendemain. ›

Tronçons de carrelet, mini-poivrons, jus menthe-coriandre suite

› **Le jour même**

Préparer le jus menthe-coriandre. Mixer ensemble et finement tous les ingrédients. Rectifier l'assaisonnement et réserver à température ambiante.

Faire la pâte à beignets. Dans un récipient, mélanger la farine avec la fécule et la levure. Détendre* avec le lait. Saler et poivrer.

Casser les œufs dans un récipient. Saler et poivrer. Ajouter 1 cuillerée à café d'huile d'olive et battre à la fourchette. Tremper les mini-poivrons farcis dans l'œuf, les égoutter et les rouler dans la chapelure*. Les réserver debout au froid.

Dans une poêle, faire fondre le beurre noisette* et y placer les tronçons de carrelet salés, poivrés et farinés. Les faire colorer sur feu moyen de chaque côté pendant 3 à 4 minutes en les arrosant.

Chauffer les tomates confites et les tomates crues coupées en 2, dans une poêle sur feu doux.

Tremper les poivrons farcis dans la pâte à beignets, puis les plonger dans une friteuse à 170 °C pendant 2 minutes.

Sur le fond des assiettes, tracer des traits avec le jus menthe-coriandre. Répartir les quartiers de tomate, les tronçons de carrelet, les mini-poivrons et servir le reste du jus menthe-coriandre à part. •

TRONÇONS
DE CARRELET,
MINI-
POIVRONS,
JUS MENTHE-
CORIANDRE

Dorade aux amandes et à l'orange

Pour 4 personnes
Préparation 15 minutes **Cuisson** 30 minutes

1 grosse dorade de 1,4 kg
2 oranges non traitées
50 g de beurre
600 g d'oignons doux
1 c. à s. de farine
30 cl de jus d'oranges pressées
150 g d'amandes effilées
2 c. à s. de graines de sésame
Sel
Poivre de Sichuan

Couper les nageoires de la dorade, la laver, l'essuyer. Saler et poivrer l'intérieur.

Laver et couper les oranges en petits morceaux, en farcir le ventre du poisson. Poser celui-ci dans un plat à four beurré avec 10 g de beurre.

Éplucher et détailler en fines rondelles les oignons doux. Chauffer 20 g de beurre dans une poêle, les faire suer sur feu moyen durant 4 minutes. Saler et saupoudrer de farine. Mouiller* avec le jus d'oranges. Bien mélanger et verser dans le plat autour de la dorade.

Mettre dans le four préchauffé à 180 °C pendant 30 minutes. Surveiller la cuisson en ajoutant du jus d'orange si nécessaire. 5 minutes avant la fin de la cuisson, saupoudrer d'amandes effilées.

Dans une poêle à feu moyen, faire rissoler* à sec les graines de sésame pendant 1 minute, y ajouter 20 g de beurre et laisser fondre doucement. Saler, poivrer, servir en saucière.

Accompagner d'une purée de courgettes.

Salade de haddock aux bananes

Pour 2 personnes
Préparation 20 minutes **Cuisson** 5 minutes

300 g de haddock
50 cl de lait
1 petit oignon vert
50 g de mimolette
1 jeune laitue
1 citron jaune
2 bananes

Vinaigrette
2 c. à s. d'huile de pépins de raisin
1 c. à s. de vinaigre de miel
2 gouttes de Tabasco
1 citron jaune

Sel
Poivre du moulin

Pocher le haddock 5 minutes à feu doux dans le lait chaud. Égoutter. Laisser refroidir.

Éplucher et ciseler finement l'oignon. **Émincer** la mimolette.

Préparer la vinaigrette.

Détacher et laver les feuilles de laitue, les étaler sur un plat de service. Râper la moitié du zeste de citron.

Éplucher et couper les bananes en fines rondelles, les arroser du jus de citron et les disposer sur la laitue. Ajouter le haddock effeuillé. **Parsemer** de fines lamelles de mimolette et de l'oignon vert. Arroser de vinaigrette. **Servir** aussitôt.

HADDOCK

HARENG

Harengs marinés

Pour 6 personnes
Préparation 15 minutes **Salaison** 1 heure **Marinade** 24 heures
À préparer la veille

6 filets de hareng très frais
Gros sel
6 gros cornichons
1 carotte
2 échalotes
1 oignon doux
2 feuilles de laurier
1 c. à s. de poivre blanc en grains
3 clous de girofle
1 c. à s. rase de sucre
75 cl de vinaigre de vin blanc

Rincer, sécher et couvrir de gros sel les filets de harengs. Au bout d'1 heure, enlever le sel. Essuyer les filets et les rouler autour d'un cornichon en les fixant avec une pique en bois.

Éplucher et émincer les carottes, les échalotes et l'oignon.

Mettre les harengs et les légumes dans un bocal en verre. Ajouter 2 feuilles de laurier, le poivre en grains, les clous de girofle, le sucre en poudre et couvrir de vinaigre. Réserver au frais 24 heures avant de consommer.

On peut les déguster avec de la crème fouettée mélangée à du radis noir râpé.

Tarte au maquereau et à la tomate au cinq-épices

Pour 4 personnes
Préparation 40 minutes **Cuisson** 1 heure 10

60 g d'échalotes
120 g de céleri branche
700 g de tomates
2 c. à s. d'huile d'olive
1 brin de thym
1 feuille de laurier
2 c. à c. rases de cinq-épices
200 g de pâte feuilletée
1 jaune d'œuf
3 maquereaux de 250 g chacun
Sel
Poivre du moulin

Éplucher et émincer* les échalotes. **Laver** et émincer le céleri. **Laver** et couper les tomates en 8.

Dans une casserole, chauffer 1 cuillerée à soupe d'huile d'olive. Faire suer* à feu doux sans coloration les échalotes et le céleri 5 à 6 minutes. Ajouter les tomates, le thym, le laurier, le cinq-épices. Saler et poivrer. Laisser cuire toujours sur feu doux pendant 30 minutes. Mixer et passer au tamis. Remettre dans une casserole et faire réduire* jusqu'à obtenir la consistance d'une compote. Rectifier l'assaisonnement. Laisser refroidir.

Étaler la pâte feuilletée sur 0,5 cm d'épaisseur. Tailler un rectangle de 21 cm × 13 cm. Avec les rognures de feuilletage, tailler des bandes de 1 cm de large. Les coller tout autour du rectangle avec le jaune d'œuf détendu* avec un peu d'eau. Piquer le fond avec une fourchette. Enfourner 10 minutes à 200 °C, puis baisser la température à 185 °C et poursuivre la cuisson 20 minutes.

Lever* les filets de maquereaux. Ôter les arêtes à l'aide d'une pince à épiler. Poser les filets de maquereau sur une plaque recouverte de papier de cuisson. Saler et poivrer. Arroser d'une cuillerée à soupe d'huile d'olive et enfourner 5 minutes à 185 °C.

Appuyer légèrement le fond de tarte, remplir de compote de tomates. Poser dessus les filets de maquereau les uns à côté des autres. **Servir** aussitôt.

Matelote normande

Pour 6 personnes
Préparation 20 minutes **Cuisson** 40 minutes

1 limande
1 carrelet
1 grondin
1 morceau de 300 g de baudroie
1 calamar
3 oignons
600 g de moules
6 grosses pommes de terre
50 g de beurre
1 l de cidre
Sel
Poivre du moulin

Laver et couper en tronçons les poissons. **Rincer,** sécher et couper le calamar en lanières. **Éplucher** et émincer les oignons.

Laver les moules, les ouvrir à feu vif dans une casserole à couvert pendant 3 minutes en remuant de temps à autre. Découquiller.

Cuire les pommes de terre en robe des champs dans une casserole d'eau bouillante pendant 20 minutes. Les éplucher, les couper en rondelles et les mettre dans le fond d'une cocotte beurrée avec 20 g de beurre. **Couvrir** avec le calamar, les oignons et les poissons. Saler, poivrer. Mouiller* à hauteur avec le cidre. **Cuire** sur feu vif 15 minutes. Ajouter les moules et 30 g de beurre. Poursuivre la cuisson 2 minutes à feu moyen.

Servir aussitôt.

MATELOTE

Quenelles de merlan, bouillon aux feuilles de cari et mangue

Pour 4 personnes
Préparation 30 minutes **Cuisson** 10 minutes

50 cl de fumet de poisson
1 pincée de feuilles de cari séchées
250 g de chair de merlan
1 blanc d'œuf
300 g de crème épaisse
2 pincées de cardamome en poudre
150 g de mangue
Sel
Poivre du moulin

Porter à ébullition le fumet avec les feuilles de cari. Retirer du feu et laisser infuser le temps de la préparation à couvert.

Hacher le merlan au robot, puis passer au tamis. Mélanger avec le blanc d'œuf puis la crème très froide. Ajouter la cardamome. Saler, poivrer.

Éplucher la mangue, la tailler en cubes de 0,5 cm de côté.

Porter à ébullition 2 l d'eau salée. À l'aide de 2 cuillères à soupe, former 12 quenelles avec la préparation au merlan, les plonger dans l'eau bouillante, les faire pocher* à petits bouillons 7 à 8 minutes.

Passer le fumet de poisson au chinois* fin. Ajouter les cubes de mangue. Faire tiédir à feu doux. Verser au fond des assiettes creuses, puis poser les quenelles dessus. **Servir** aussitôt.

Fines tranches de morue sur patates douces et chips au galanga

Pour 4 personnes
Préparation 20 minutes **Cuisson** 15 minutes **Dessalaison** 24 heures
À préparer la veille

300 g de filets de morue salée
1 patate douce à chair jaune de 400 g
Huile pour friture
2 pincées de galanga en poudre
2 c. à s. d'huile d'olive
½ citron
Fleur de sel
Poivre du moulin

Faire dessaler* la morue dans de l'eau claire pendant 24 heures en changeant l'eau fréquemment.

Éplucher la patate douce, la couper en 2 dans le sens de la longueur. Tailler dans la partie la plus large de chaque moitié 2 tranches de 0,5 cm d'épaisseur. Tailler le reste à la mandoline* le plus finement possible pour obtenir des chips. Rincer à l'eau froide et bien égoutter. Cuire les 4 tranches de patate douce dans de l'eau bouillante salée pendant 6 minutes. Les rafraîchir* et les égoutter.

Frire les chips de patate douce dans une friteuse à 170 °C pendant 2 minutes environ. Les saler avec la fleur de sel et saupoudrer de galanga.

À l'aide d'un couteau fin et aiguisé, tailler de fines tranches dans la morue. Les disposer sur les tranches de patate douce. Arroser d'un peu d'huile d'olive et de quelques gouttes de jus de citron. Donner un tour de moulin à poivre.

Présenter sur un plat, décorer de quelques chips et servir le reste des chips à part.

MORUE

Raie en salade aux pamplemousses

Pour 6 personnes
Préparation 15 minutes **Cuisson** 15 minutes

1 botte de roquette
2 pamplemousses
5 grappes de groseilles
1,2 kg de raie
3 cm de rhizome de gingembre
2 l de court bouillon de poisson
1 citron
1 c. à s. d'huile de noix
2 c. à s. d'huile d'olive
Sel
Poivre du moulin

Rincer et sécher la roquette. **Éplucher** à vif et prélever les quartiers des pamplemousses. **Laver** et égrener les groseilles.

Ébouillanter la raie 3 minutes dans de l'eau salée.
Ôter la peau des deux côtés.

Éplucher et couper le gingembre en lamelles.

Porter à ébullition le court-bouillon. Ajouter le gingembre et pocher* la raie pelée pendant 10 minutes à petits frémissements. Égoutter. Effilocher.

Préparer une sauce vinaigrette avec le jus du citron, l'huile de noix et l'huile d'olive. Saler, poivrer.

Déposer dans les assiettes la raie, les quartiers de pamplemousses, la roquette et les groseilles. Arroser de vinaigrette.

La raie doit être servie tiède.

RAIE

ROUGET

Rougets barbets préparés de deux façons

Pour 4 personnes
Préparation 30 minutes **Cuisson** 10 minutes

8 rougets barbets
de 300 g chacun
½ poivron rouge
½ poivron jaune
50 g de carotte
50 g de céleri-rave

3 c. à s. d'huile d'olive
1 c. à s. de vinaigre
de xérès
25 cl de bisque
de homard
½ citron vert

2 mini-fenouils
1 c. à s. de sumac
4 feuilles de basilic
Sel
Poivre du moulin

Lever* les filets des rougets, enlever les arêtes restantes à l'aide d'une pince à épiler. Réserver au frais.

Laver et éplucher les légumes : tailler les poivrons en petits losanges, les carottes et le céleri-rave en petits triangles.

Dans une poêle, faire chauffer 1 cuillerée à soupe d'huile d'olive. Saler et poivrer 4 filets de rouget. Les colorer côté peau 2 minutes sur feu moyen. Les débarrasser* dans un plat.

Dans la même poêle, faire revenir* les légumes 2 à 3 minutes sur feu moyen sans coloration. Déglacer* au vinaigre de xérès, ajouter la bisque de homard, porter à ébullition et cuire à petits bouillons pendant 5 minutes. Ajouter 2 cuillerées à soupe d'huile d'olive et verser le tout sur les filets de rouget poêlés. **Laisser refroidir** à température ambiante.

Hacher au couteau les 4 autres filets de rouget comme pour un tartare. Les assaisonner avec le jus du citron vert. Saler et poivrer. Mouler la chair hachée dans 4 tasses et réserver au frais.

Laver et tailler les mini-fenouils en fines tranches dans le sens de la longueur, et les réserver dans de l'eau glacée.

Au moment de servir, démouler le tartare de rouget, le mettre dans l'assiette. Déposer à côté un filet mariné. **Répartir** dessus les légumes et arroser avec un peu de marinade. Égoutter les mini-fenouils, les assaisonner avec un peu de jus de la marinade et les dresser en dôme sur le tartare. **Saupoudrer** de sumac et décorer de feuilles de basilic.

SAINT-PIERRE

Papillotes de Saint-Pierre aux coquillages

Pour 4 personnes
Préparation 30 minutes **Cuisson** 35 minutes

500 g de coques
500 g de bigorneaux
2 brins de thym
2 feuilles de laurier
4 c. à s. d'huile d'olive
100 g d'oignons
15 cl de vin blanc
1 pincée de piment de Cayenne
200 g de tomates
60 g de dulse fraîche (algue)
4 filets de Saint-Pierre de 150 g chacun
Sel
Poivre du moulin

Laver séparément les coquillages dans plusieurs eaux pour éliminer le sable. **Dans une casserole,** couvrir les bigorneaux avec de l'eau, ajouter 1 brin de thym et 1 feuille de laurier, porter à ébullition et cuire à petits bouillons durant 20 minutes. Décortiquer.

Dans une autre casserole, chauffer 2 cuillerées à soupe d'huile d'olive, y faire suer* les oignons émincés* sans coloration, 2 à 3 minutes sur feu moyen. **Ajouter** les coques, la seconde branche de thym et le seconde feuille de laurier, le piment de Cayenne puis le vin blanc. **Couvrir,** attendre l'ébullition, remuer et laisser cuire encore 3 à 4 minutes toujours sur feu moyen. Lorsque les coques sont ouvertes, les égoutter, réserver leur jus de cuisson et les décortiquer.

Monder* et épépiner les tomates, les tailler en dés. **Émincer*** finement la dulse.

Découper 4 feuilles de papier sulfurisé en rectangles de 40 × 30 cm. Placer au centre de chaque feuille 1 filet de Saint-Pierre, éparpiller les coques et les bigorneaux, les dés de tomate et la dulse. Saler et poivrer. **Ajouter** 1 cuillerée à soupe du jus de cuisson des coques et quelques gouttes d'huile d'olive. Fermer les papillotes en repliant les bords avec des agrafes. **Enfourner** à 190 °C pendant 10 minutes. **Servir** dès la sortie du four.

Sole normande

Pour 4 personnes
Préparation 30 minutes **Cuisson** 45 minutes

12 moules
8 huîtres
8 gros champignons de Paris
½ citron
50 g de beurre

1 sole de 1 kg
10 cl de vin blanc
4 gambas cuites
Sel
Poivre du moulin

Roux blanc
60 g de beurre
60 g de farine
20 cl de crème fleurette*
Sel
Poivre du moulin

Ouvrir les moules dans le four préchauffé à 190 °C pendant 8 minutes sur une grille, récupérer leur eau dans la lèchefrite posée sous la grille. Décortiquer.

Ouvrir les huîtres. Réserver leur eau.

Éplucher et émincer les champignons. Les cuire durant 5 minutes avec le jus de citron, 20 g de beurre et 3 cuillerées à soupe d'eau. Saler, poivrer. Réserver l'eau de cuisson.

Beurrer un plat à four, y mettre la sole, arroser avec l'eau de cuisson des champignons, des huîtres et des moules. Ajouter le vin blanc et 30 g de beurre. Saler. Couvrir d'un papier d'aluminium et enfourner 15 à 20 minutes à 175 °C, selon l'épaisseur du poisson. Vérifier la cuisson le long de l'arête avec la pointe d'un couteau.

Dans une casserole, faire un roux* blanc avec le beurre et la farine. Le détendre avec le jus de cuisson de la sole, laisser cuire 5 minutes sur feu moyen. Ajouter la crème fleurette* et réduire* jusqu'à obtention d'une texture crémeuse : compter environ 5 minutes. Poivrer légèrement. Ajouter les moules, les huîtres, les champignons et les gambas décortiquées. Chauffer 3 minutes à feu doux.

Arroser la sole de la sauce, des coquillages, des gambas et des champignons. **Servir** aussitôt accompagné de pommes de terre à la vapeur.

SOLE

Brochettes de thon

Pour 4 personnes
Préparation 15 minutes **Cuisson** 10 minutes **Marinade*** 1 heure

400 g de thon rouge
4 c. à s. d'huile d'olive
5 grains de poivre
3 branches de thym
2 oignons frais
2 tomates
3 rondelles d'orange
12 tranches fines de lard
Sel
Poivre du moulin

Couper le thon en 12 gros cubes, le mettre à mariner* 1 heure dans l'huile d'olive avec le poivre en grains et le thym effeuillé.

Éplucher et couper les oignons en 4 dans leur longueur. **Laver** et couper les tomates en 4, les épépiner. **Couper** les rondelles d'orange en 4.

Rouler chaque cube de thon dans une tranche de lard. Enfiler en alternant sur 4 brochettes les 3 cubes de thon, les quartiers d'oignon, d'orange et de tomate. **Faire griller** dans le four ou dans une poêle ou au barbecue, pendant 10 minutes environ en les tournant sur toutes les faces. Saler, poivrer. **Servir** aussitôt.

THON

TURBOT

Turbot, tomates et mousseline d'amandes

Pour 4 personnes
Préparation 30 minutes **Cuisson** 25 minutes **Marinade** 48 heures

- 4 tomates de 70 g chacune
- 4 g de curcuma en poudre
- 100 g de tomates séchées
- 5 cl d'huile d'olive
- 4 pavés de turbot de 140 g chacun
- Sel
- Poivre du moulin

Marinade*

- 8 tomates cerises rouges
- 4 tomates cerises jaunes
- 10 cl d'huile d'olive
- 1 branche de thym
- 1 feuille de laurier
- 1 gousse d'ail

Mousseline d'amandes

- 100 g d'amandes en poudre
- 10 cl de crème liquide
- 10 cl de crème épaisse
- 1 citron au sel

Préparer la marinade. Laver et sécher les tomates cerises, les mettre à mariner* dans l'huile d'olive avec le thym, le laurier et l'ail épluché et coupé en 2 pendant 48 heures au frais recouvertes d'un film alimentaire.

Confectionner la mousseline d'amandes. Dans une casserole, cuire la poudre d'amandes avec les crèmes liquide et épaisse pendant 20 minutes à feu doux. Ajouter le citron au sel coupé en 4. Mixer. Saler, poivrer.

Monder* les tomates, remonter la peau autour du pédoncule. Couper un chapeau, les évider*, les farcir avec la mousseline d'amandes.

Détendre* le curcuma avec un peu d'eau. **Mixer** les tomates séchées avec l'huile d'olive et passer au tamis.

Marquer* sur un gril chaud les pavés de turbot 30 secondes de chaque côté. Saler, poivrer. Terminer la cuisson pendant 4 minutes dans le four préchauffé à 200 °C.

Disposer sur chaque assiette une tomate farcie, un pavé de turbot, les tomates cerises marinées. Finaliser avec des traits de jus de curcuma et tomates séchées. **Servir** aussitôt.

Bigorneaux et brocolis en terrine

Pour 10 personnes
Préparation 40 minutes **Cuisson** 35 minutes **Réfrigération** 4 heures

1 kg de bigorneaux
1 c. à s. de gros sel
2 c. à s. de vinaigre
1 l de court-bouillon
500 g de brocoli
200 g de chou-fleur
5 feuilles de gélatine
20 cl de crème liquide
1 pointe de couteau de curcuma en poudre
Sel
Poivre du moulin

Faire dégorger les bigorneaux pendant 10 minutes avec le gros sel et le vinaigre. Rincer. Verser dans une casserole avec le court-bouillon. Porter à ébullition et laisser cuire 10 minutes à feu moyen. Égoutter puis décoquiller.

Diviser 100 g de fleurs de brocoli en petits bouquets. Cuire les 400 g restants coupés en gros morceaux dans une casserole d'eau bouillante salée pendant 15 minutes. Rafraîchir* dans de l'eau glacée. Bien égoutter et mixer pour obtenir une purée fine et lisse.
Couper le chou-fleur en petits bouquets. Cuire la moitié dans une casserole d'eau bouillante salée avec le curcuma pendant 5 minutes. Égoutter, réserver. **Cuire** l'autre moitié de chou-fleur, ainsi que les bouquets de brocoli réservés, dans une casserole d'eau bouillante salée durant 5 minutes. Rafraîchir*, égoutter. Déposer sur du papier absorbant.

Faire ramollir les feuilles de gélatine dans un bol d'eau froide. Prélever 3 grosses cuillerées à soupe de purée de brocoli, la chauffer sur feu doux dans une casserole et lui ajouter la gélatine bien égouttée. Mélanger, incorporer le reste de purée de brocoli froide. Saler, poivrer.

Pendant ce temps, monter* la crème bien ferme et l'incorporer délicatement à la purée de brocoli. Rectifier l'assaisonnement.

Chemiser* une terrine de 20 x 8 cm de film alimentaire. Tapisser d'une fine couche de purée de brocoli le fond de la terrine. Parsemer de choux-fleurs, de brocolis et de bigorneaux. Monter ainsi la terrine en plusieurs couches jusqu'à épuisement des ingrédients en terminant par de la purée. Rabattre le film alimentaire sur le dessus. Placer la terrine au froid pendant 4 heures.

Démouler la terrine. Découper des tranches avec un couteau à lame fine trempé dans de l'eau chaude pour faciliter la découpe. Servir.
On peut accompagner cette terrine d'un coulis de tomate.

Coques à la citronnelle et au lait de coco

Pour 4 personnes
Préparation 15 minutes **Cuisson** 20 minutes **Dessablage** 1 heure

1,5 kg de coques
100 g de blanc de poireau
2 bâtons de citronnelle
1 c. à s. d'huile d'olive
10 cl de vin blanc
20 cl de lait de coco
1 pincée de piment d'Espelette
2 c. à s. de coriandre fraîche hachée
Sel
Poivre du moulin

Rincer les coques dans plusieurs eaux, puis les laisser tremper dans de l'eau froide pendant 1 heure. Égoutter.

Laver et émincer* le blanc de poireau et la citronnelle. Dans une casserole, chauffer l'huile d'olive, verser le blanc de poireau et la citronnelle émincés, cuire sans coloration sur feu moyen pendant 5 minutes. **Mouiller*** avec le vin blanc, faire réduire* à sec : compter environ 5 minutes à feu moyen. Ajouter les coques. Couvrir et laisser cuire 5 minutes toujours à feu moyen. **Retirer** les coques avec une écumoire et les mettre dans un plat de service. Les couvrir d'un papier aluminium. **Réserver** au chaud.

Verser le lait de coco dans le jus de cuisson des coques et faire réduire de moitié pendant 5 minutes à feu vif. Ajouter le piment d'Espelette, rectifier l'assaisonnement. Passer la sauce au chinois* fin. Verser sur les coques et saupoudrer de coriandre hachée. **Servir** bien chaud.

On peut réaliser ce plat avec d'autres coquillages, comme les palourdes.

COQUES

Coques aux champignons confits et persil plat

Pour 4 personnes
Préparation 30 minutes **Cuisson** 1 heure **Dessablage** 1 heure

500 g de coques
4 champignons de saison de 8 cm de diamètre chacun (cèpes, portobello, shiitake....)
1 c. à c. de gros sel
50 cl d'huile d'olive
1 brin de thym
2 feuilles de laurier
2 gousses d'ail
2 c. à s. de vin blanc
1 échalote
10 g de noisettes entières
2 c. à s. de persil plat haché
20 g de beurre
Sel
Poivre du moulin

Rincer les coques dans plusieurs eaux, puis les laisser tremper dans de l'eau froide pendant 1 heure.

Nettoyer les champignons avec une éponge propre légèrement humide (il ne faut surtout pas les tremper dans l'eau). Les placer tête en bas dans une cocotte. Saler avec du gros sel. Couvrir d'huile d'olive. Ajouter le thym, le laurier et l'ail épluché et coupé en 2. Enfourner à 100 °C pendant 45 minutes. Après cuisson, laisser les champignons refroidir dans l'huile à température ambiante.

Dans une casserole, chauffer 1 cuillerée à soupe d'huile de cuisson des champignons, y ajouter les coques et le vin blanc. Cuire à couvert pendant 5 minutes à feu vif. Décortiquer les coquillages.

Éplucher et émincer* finement l'échalote. **Concasser** les noisettes. **Égoutter** les champignons. Réserver l'huile de cuisson pour d'autres utilisations comme la cuisson de pommes de terre rissolées. Couper les pieds à ras du chapeau et les détailler en petits dés. Mélanger les dés de champignon, l'échalote, les noisettes, les coques et le persil haché. Saler et poivrer.

Remplir les têtes de champignons de ce mélange. Poser dessus une noix de beurre. **Enfourner** 10 minutes à 180 °C. **Servir** aussitôt.

COQUES

Soupe d'huîtres glacée

Pour 4 personnes
Préparation 30 minutes **Cuisson** 11 minutes

30 huîtres
4 blancs de poireau
30 g de beurre
12 cl de vin blanc
25 cl de crème fraîche
1 pincée de poivre Sarawak
Quelques brins de ciboulette
Sel
Poivre du moulin

Ouvrir les huîtres. Réserver leur eau, la filtrer et la porter à frémissement dans une casserole. Pocher 20 huîtres pendant 3 minutes. Égoutter, réserver.

Laver et couper les poireaux en fine julienne. Chauffer le beurre dans une casserole et suer* la julienne de poireaux pendant 3 minutes à couvert sur feu moyen. Saler, poivrer. Égoutter.

Faire réduire* dans ce beurre de cuisson le vin blanc et la crème sur feu vif : compter 5 minutes environ jusqu'à épaississement de la sauce.

Mixer les huîtres restantes avec l'eau du pochage ainsi que la réduction vin-crème. **Assaisonner** avec le poivre Sarawak. Laisser refroidir puis mettre au réfrigérateur.

Dresser dans des assiettes creuses l'effilochée de poireaux au centre, et la crème d'huîtres autour. **Ajouter** les huîtres pochées, ébarbées* de préférence et séchées au préalable sur du papier absorbant ainsi que la ciboulette ciselée.

On peut remplacer les poireaux par des lentilles juste cuites.

HUÎTRE

Moules à la crème

Pour 2 personnes
Préparation 15 minutes **Cuisson** 10 minutes

1 kg de moules
de bouchot
2 échalotes
20 g de beurre
1 gousse d'ail
10 cl de Noilly Prat
20 cl de crème fraîche
2 jaunes d'œufs
Sel
Poivre du moulin

Brosser et laver les moules.

Faire fondre dans une marmite les échalotes hachées avec le beurre. Ajouter la gousse d'ail épluchée et écrasée, les moules, le Noilly Prat. Cuire à feu vif et à couvert pendant 5 minutes environ, en remuant de temps à autre pour que les moules s'ouvrent d'une manière homogène. Mettre dans un plat de service. Réserver au chaud.

Réduire* le liquide de cuisson 3 minutes sur feu vif. Ajouter la crème, faire réduire à nouveau pendant 2 minutes à feu moyen. Hors du feu, lier avec les 2 jaunes d'œufs. Saler et poivrer. Verser sur les moules.

Servir aussitôt.

MOULES

Moules, pomme granny-smith et estragon

Pour 4 personnes
Préparation 20 minutes **Cuisson** 6 minutes

1,5 kg de moules
1 échalote
3 c. à s. d'huile d'olive
2 branches de thym
1 feuille de laurier
10 cl de vin blanc
2 brins d'estragon
8 cerneaux de noix
8 feuilles de trévise
1 c. à s. de vinaigre d'estragon
1 pomme granny-smith
Sel
Poivre du moulin

Gratter et bien nettoyer les moules.
Éplucher et émincer* l'échalote.

Dans une casserole, chauffer 1 cuillerée à soupe d'huile d'olive, y faire revenir* sans coloration l'échalote pendant 3 à 4 minutes à feu moyen. Ajouter les moules, le thym, le laurier et le vin blanc, puis 2 tours de moulin à poivre. Couvrir et laisser cuire 3 à 4 minutes à couvert, sur feu vif, en remuant une à deux fois. Égoutter et laisser refroidir. Décortiquer les moules.

Laver, effeuiller et hacher l'estragon. **Couper** les cerneaux de noix en 4. **Laver** et émincer la trévise.

Dans un saladier, mélanger les moules décortiquées, l'estragon, les noix et la trévise. Assaisonner avec le vinaigre d'estragon et l'huile d'olive. Saler et poivrer.

Éplucher la pomme et découper 12 tranches de 0,5 à 0,7 cm d'épaisseur. Saler et poivrer les tranches de pomme.
Monter 4 mille-feuilles de salade de moules entre 3 tranches de pomme. Servir aussitôt.

MOULES

Coquilles Saint-Jacques à l'émulsion de persil

Pour 4 personnes
Préparation 30 minutes **Cuisson** 25 minutes

- ½ botte de persil plat
- 300 g de brocoli
- 20 g de beurre
- 15 cl de crème liquide
- 16 noix de Saint-Jacques
- 2 c. à s. de fumet de poisson
- 1 c. à s. d'huile d'olive
- Sel
- Poivre du moulin

Laver le persil et l'égoutter. Cuire le persil dans une casserole d'eau bouillante salée pendant 5 minutes. Rafraîchir dans un bol d'eau glacée. Égoutter. Mixer, puis passer au tamis pour obtenir une purée lisse.

Cuire le brocoli dans une casserole d'eau bouillante salée pendant 12 minutes. Égoutter puis mixer pour obtenir une purée lisse. Ajouter le beurre. Saler, poivrer. Réserver au chaud.

Monter* la crème un peu moins ferme qu'une chantilly.

Rincer, sécher les noix de Saint-Jacques. Dans une poêle antiadhésive chaude, sans matière grasse, poêler les noix de Saint-Jacques salées et poivrées durant 2 minutes de chaque côté. Garder au chaud.

Chauffer dans une casserole le fumet de poisson et l'huile d'olive. Ajouter la crème montée. Saler et poivrer. Réchauffer à feu doux sans laisser bouillir. Au dernier moment, incorporer la purée de persil.

Napper* le fond des assiettes avec la sauce au persil. Répartir les noix de Saint-Jacques et deux quenelles de purée de brocoli.

Tartine de courgettes et d'araignée

Pour 4 personnes
Préparation 40 minutes **Cuisson** 50 minutes

2 araignées
200 g de tomates
6 olives de Nyons
300 g de courgettes
3 c. à s. d'huile d'olive
4 filets d'anchois à l'huile
1 brin de thym
1 feuille de laurier
1 brin de romarin
4 demi-tranches de pain de campagne de 0,5 cm d'épaisseur
Fleur de sel
Sel
Poivre du moulin

Cuire les araignées dans un court-bouillon à ébullition pendant 15 minutes. Égoutter et laisser refroidir avant de les décortiquer en prenant soin d'éliminer tous les petits cartilages et les morceaux de carapace.

Plonger pendant 30 secondes les tomates dans une casserole d'eau bouillante, puis les refroidir dans de l'eau glacée. Les peler, les épépiner et les concasser.

Dénoyauter et hacher les olives. **Laver** et couper les courgettes en dés de 1 cm de côté.

Dans une cocotte, chauffer 2 cuillerées à soupe d'huile d'olive. Mettre les filets d'anchois et les courgettes. Faire revenir pendant 5 minutes sans coloration à feu moyen. Ajouter les tomates, les olives, le thym, le laurier et le romarin. Saler et poivrer. Cuire à petits bouillons pendant 30 minutes en remuant fréquemment. En fin de cuisson, il ne doit rester ni gros morceaux ni eau de végétation*. Enlever le thym, le laurier et le romarin des légumes. Rectifier l'assaisonnement. Débarrasser* et laisser refroidir.

Griller le pain de campagne, le tartiner avec la compote de légumes et répartir dessus la chair d'araignée. **Verser** un filet d'huile d'olive. Donner un tour de moulin à poivre et saupoudrer de fleur de sel. Servir aussitôt.

Brochettes de gambas au yaourt

Pour 4 personnes
Préparation 20 minutes **Cuisson** 10 minutes **Marinade*** 2 heures

12 gambas crues
1 citron vert
20 capsules de cardamome
2 c. à c. de graines de coriandre
4 feuilles de laurier
1 oignon
1 gousse d'ail
10 g de gingembre frais
250 g de yaourt nature
1 pointe de couteau de safran
Sel
Poivre du moulin

Décortiquer les gambas, les saler, les poivrer, et les arroser* avec le jus du citron vert.

Dans une poêle, faire torréfier* la cardamome, la coriandre et le laurier 4 à 5 minutes, sans matière grasse sur feu moyen en remuant de temps à autre.

Éplucher l'oignon, l'ail et le gingembre.

Dans un mixeur, réduire la coriandre, la cardamome et le laurier en poudre. Ajouter l'oignon, l'ail et le gingembre. Saler, poivrer. Mixer pour obtenir une pâte. Débarrasser* dans un bol. Ajouter le yaourt et le safran.

Mettre les gambas dans la préparation et les laisser mariner* pendant au moins 2 heures au frais.

Piquer les gambas sur des brochettes et les cuire sous le gril du four pendant 5 minutes en les retournant à mi-cuisson.

Servir aussitôt accompagné du reste de la marinade.

GAMBAS

Carpaccio de homard et asperges

Pour 4 personnes
Préparation 50 minutes **Cuisson** 25 minutes

4 homards bretons
de 400 à 500 g chacun
8 grosses asperges vertes
1 citron vert
6 c. à s. d'huile d'olive
Fleur de sel
Sel
Poivre du moulin

Cuisson des homards
5 l d'eau
1 carotte
1 oignon
½ fenouil
2 branches de thym
1 feuille de laurier
1 c. à s. de gros sel

Porter l'eau à ébullition pour la cuisson des homards. Ajouter tous les légumes lavés et émincés*, le sel et les herbes. Cuire à petits bouillons pendant 15 minutes. **Plonger** 2 homards dans le court-bouillon, couvrir et laisser cuire 2 minutes à partir de la reprise de l'ébullition. Sortir les homards, débarrasser dans un plat et attendre de nouveau l'ébullition pour plonger les 2 autres homards dans le court-bouillon.

Détacher les pinces et les queues. Remettre les pinces à cuire pendant 4 minutes.

À l'aide d'une paire de ciseaux à bouts pointus, découper la carapace par en-dessous de chaque côté de la queue. Retirer la chair délicatement. Découper en fines tranches. Décortiquer les pinces.

Laver puis tailler les asperges vertes à 10 cm de la pointe, les couper en fines lamelles à la mandoline*. **Prélever** le zeste du citron vert et le hacher. Presser le jus. Dans un bol, mélanger le jus du citron vert et l'huile d'olive, ajouter le zeste haché. Saler et poivrer.

Badigeonner le fond des assiettes de vinaigrette à l'aide d'un pinceau.

Assaisonner les asperges avec la vinaigrette.

Disposer harmonieusement dans les assiettes le homard et les asperges. Napper* du reste de vinaigrette. Ajouter quelques tours de moulin à poivre et des cristaux de fleur de sel. Servir aussitôt.

LANGOUSTE

Civet de langoustes au chocolat

Pour 6 personnes
Préparation 15 minutes **Cuisson** 17 minutes

2 langoustes
de 700 à 800 g chacune
3 c. à s. d'huile d'olive
2 échalotes
2 gousses d'ail
1 bouquet de persil plat
15 cl de banyuls
1 piment de Cayenne
10 g de cacao
100 g de pignons de pin
Sel
Poivre du moulin

Découper les langoustes en morceaux. Réserver l'eau produite par le découpage.

Chauffer l'huile d'olive dans une cocotte et rissoler* les langoustes sur feu vif pendant 2 minutes. Ajouter les échalotes épluchées et finement hachées, l'ail écrasé et le bouquet de persil lavé. Mouiller* avec le banyuls. Saler, poivrer. Mettre le piment de Cayenne. Cuire pendant 10 minutes sur feu doux.

Ôter les morceaux de langouste, les réserver au chaud.
Jeter le piment et l'ail.

Faire réduire* le liquide de cuisson aux deux tiers pendant 5 minutes environ à feu moyen. Ajouter le liquide rendu par les langoustes lors du découpage, le cacao délayé avec un peu d'eau et les pignons de pin.

Répartir les morceaux de langoustes dans les assiettes et servir avec la sauce au chocolat.

Langoustines au curry de légumes

Pour 4 personnes
Préparation 1 heure **Cuisson** 50 minutes

12 langoustines
de 200 g chacune
100 g de carotte
100 g de céleri-rave
100 g de fenouil
100 g de blanc de poireau
4 c. à s. d'huile d'olive
1 yaourt nature
20 g de beurre
1 c. à c. rase de curry
10 feuilles de coriandre
Sel
Poivre du moulin

Cuisson des carapaces
1 carotte
1 oignon
1 branche de céleri
2 branches de thym
1 feuille de laurier
1 c. à c. de concentré
de tomates
2 c. à s. d'huile d'olive
2 c. à s. de cognac

Décortiquer les langoustines, réserver les carapaces. À l'aide d'un petit couteau d'office, inciser le dessus des queues et ôter le boyau. Conserver les queues de langoustines au frais.

Réaliser la cuisson des carapaces. Éplucher et émincer la carotte, l'oignon et le céleri. **Dans une cocotte,** faire revenir dans l'huile d'olive les légumes émincés avec le thym et le laurier pendant 4 à 5 minutes à feu moyen. Ajouter les carapaces. Les écraser à l'aide d'un pilon, les faire revenir durant 5 minutes. Déglacer avec le cognac pendant 2 minutes, flamber. Mouiller* avec 1 l d'eau puis porter à ébullition. Ajouter le concentré de tomates. Saler et poivrer. Cuire à feu doux 30 minutes. Passer le jus de cuisson au chinois. Réserver.

Préparer le curry de légumes. Éplucher et laver tous les légumes. Les tailler en petits dés de 0,5 cm à 1 cm de côté. Dans une casserole, chauffer 2 cuillerées à soupe d'huile d'olive. Faire suer* les légumes pendant 5 minutes sans coloration. Ajouter le curry. Mélanger. Verser dessus le jus de cuisson des langoustines. Saler et poivrer. Porter à ébullition, et cuire 10 minutes sur feu doux. Égoutter les légumes et les réserver au chaud. **Faire réduire*** la cuisson de moitié pendant 5 minutes environ sur feu moyen. Monter* au beurre. Rectifier l'assaisonnement. **Mélanger** la coriandre ciselée avec le yaourt. Saler, poivrer. **Saisir** les langoustines dans une poêle avec 2 cuillerées à soupe d'huile d'olive pendant 2 minutes de chaque côté. Saler et poivrer.

Dans chaque assiette, dresser une quenelle de légumes au curry, poser dessus 1 cuillerée de yaourt à la coriandre. Napper* de quelques traits de sauce et déposer 3 langoustines.

On peut accompagner de chapatis.

Tourteau, pomme, céleri, sauce rose au jus de truffe

Pour 15 personnes
Préparation 45 minutes **Cuisson** 15 minutes

1 tourteau de 1,8 à 2 kg
1 cube de court-bouillon de poisson
1 pomme granny-smith
200 g de céleri branche
1 c. à s. de jus de citron
200 g de mayonnaise
20 g de mâche
10 g de jus de truffe
10 g de concentré de tomates
Quelques brins de ciboulette
Sel
Poivre du moulin

Porter à ébullition un grand volume d'eau dans un faitout. Ajouter le cube de court-bouillon, saler. Cuire le tourteau 15 minutes sur feu moyen après la reprise de l'ébullition. Égoutter le tourteau et réserver 3 cuillerées à soupe de jus de cuisson. Décortiquer et trier avec précaution la chair afin d'enlever tous les petits morceaux de cartilage.

Éplucher la pomme et le céleri. À l'aide d'un économe*, tailler des bandes sur toute la longueur du céleri, puis les émincer* en fine julienne*. Les réserver dans un bol d'eau glacée. Ôter les pépins de la pomme et la tailler en fine julienne. L'arroser de jus de citron.

Dans un récipient, mélanger la chair du tourteau, les trois quarts du céleri égoutté, la julienne de pomme et la moitié de la mayonnaise. Saler et poivrer.

Chemiser* 4 ramequins avec du film alimentaire et les remplir du mélange. Bien tasser et réserver au frais jusqu'au moment de servir.

Trier et laver la mâche.

Mélanger au reste de la mayonnaise le concentré de tomates, le jus de truffe et 2 à 3 cuillerées à soupe de jus de cuisson du tourteau. Saler et poivrer cette sauce rose.

Ciseler* finement la ciboulette.

Sur le fond de chaque assiette, dresser une rosace de mâche plus large que le diamètre des ramequins. Démouler le tourteau sur la mâche. **Napper*** les assiettes de quelques traits de sauce rose. Poser le reste du céleri égoutté sur le tourteau, puis parsemer de ciboulette.

TOURTEAU

Tarte tatin à l'aubergine et aux calamars

Pour 4 personnes
Préparation 30 minutes **Cuisson** 40 minutes

600 g de calamars
800 g d'aubergines
10 cl d'huile d'olive
3 brins de basilic
250 g de pâte brisée
Sel
Poivre du moulin

Demander au poissonnier de préparer les calamars.

Laver les aubergines, ôter les pédoncules, les découper en rondelles de 3 à 4 mm d'épaisseur sans les éplucher. Dans une poêle, colorer les rondelles d'aubergine de chaque côté dans 8 cl d'huile d'olive, sur feu moyen pendant environ 2 minutes. Saler et poivrer. Les égoutter sur du papier absorbant. Procéder en plusieurs fois. Les rondelles ne doivent pas se chevaucher pour être bien dorées.

Couper les corps des calamars en 3 ou 4 morceaux selon la grosseur, et les tentacules en 2. Les saisir 2 minutes à feu vif dans 2 cl d'huile d'olive. Saler et poivrer.

Laver, ciseler* finement le basilic.

Couvrir le fond d'un moule à manqué d'une feuille de papier sulfurisé de la même taille. Ranger la moitié des aubergines en rosace dans le moule. Éparpiller la moitié du basilic, puis répartir les calamars. Former une autre couche en rosace avec le reste des aubergines et le reste du basilic. **Étaler** la pâte à l'aide d'un rouleau à pâtisserie sur 3 mm d'épaisseur. Découper un cercle de 2 cm plus large que le moule. Piquer la pâte avec une fourchette. Recouvrir les aubergines avec la pâte et glisser le surplus de pâte sur les côtés en vous aidant du dos d'une cuillère.

Enfourner à 180 °C pendant 25 minutes. **En fin de cuisson,** retourner la tarte sur une grille pour laisser s'égoutter l'huile d'olive et l'eau de végétation* des aubergines. **Servir** chaud ou tiède.

CALAMAR

Encornets farcis

Pour 6 personnes
Préparation 25 minutes **Cuisson** 1 heure 10

1 kg d'encornets
750 g d'épinards
4 c. à s. d'huile d'olive
1 gousse d'ail
2 oignons doux
8 tomates
10 cl de vin blanc
ou de Noilly Prat
100 g de pignons de pin
2 feuilles de laurier
1 c. à s. de riz
Sel
Poivre du moulin

Nettoyer les encornets sans fendre la poche.

Faire fondre* les épinards lavés et équeutés 2 minutes dans une casserole sur feu moyen avec 2 cuillerées à soupe d'huile d'olive et la gousse d'ail épluchée. Saler, poivrer. Égoutter, hacher au couteau.

Éplucher les oignons. **Monder,** épépiner et couper en 4 les tomates.

Hacher au couteau les tentacules des encornets, les rissoler* sur feu moyen dans 2 cuillerées à soupe d'huile d'olive avec un oignon ciselé durant 2 minutes. Ajouter un tiers des tomates, le vin blanc ou le Noilly Prat. Saler, poivrer. Faire réduire* à sec : compter environ 5 minutes.

Dorer les pignons dans une poêle sans matière grasse, à feu moyen pendant 2 minutes. Les ajouter avec les épinards aux tentacules. Mélanger.

Mettre 5 grains de riz dans chaque poche d'encornet. Remplir avec la farce et fermer avec une pique en bois. **Poser** les encornets dans un plat huilé avec le reste des tomates, les feuilles de laurier et le second oignon coupé en fines rondelles. Saler, poivrer.

Enfourner 1 heure à 150 °C, en arrosant souvent avec le jus de cuisson. **Servir** bien chaud.

Poulpe en daube aux morilles

Pour 4 personnes
Préparation 35 minutes **Cuisson** 1 heure 20

1 poulpe de 2 kg
400 g de morilles fraîches
1 échalote
20 g de beurre
40 cl de crème fleurette*
8 feuilles de céleri branche
Sel
Poivre du moulin

Cuisson du poulpe
4 l d'eau
200 g d'oignons
300 g de carottes
150 g de poireau
1 brin de thym
2 feuilles de laurier
3 baies de genièvre
2 clous de girofle
1 c. à s. de gros sel
10 grains de poivre blanc

Demander au poissonnier de vous préparer le poulpe pour qu'il soit prêt à cuire.

Dans une marmite, verser l'eau, ajouter les légumes épluchés et émincés*, les herbes, les épices. Saler avec le gros sel. Porter à ébullition. Plonger le poulpe et cuire à petits bouillons 1 heure.

Pendant ce temps, couper les pieds des morilles, les ouvrir en 2 si elles sont trop grosses, les nettoyer soigneusement sous un filet d'eau en les brossant avec une brosse à dents. Égoutter sur du papier absorbant.

Éplucher et ciseler* l'échalote finement.

Dans une sauteuse, faire suer* l'échalote dans le beurre fondu, pendant 2 minutes sans coloration à feu moyen. Ajouter les morilles, saler et poivrer. Les cuire durant 5 minutes pour qu'elles rendent leur eau de végétation*. Verser la crème, et laisser cuire à petits bouillons encore 10 minutes sur feu doux. Réserver au chaud.

Égoutter le poulpe. Détacher les tentacules avec un couteau. Enlever la peau à chaud en grattant avec un couteau, les rincer sous l'eau. Couper le poulpe (corps et tentacules) en lamelles de 2 à 3 mm d'épaisseur et les ajouter aux morilles. Réchauffer pendant 5 minutes sur feu doux. Rectifier l'assaisonnement.

Ajouter au dernier moment les feuilles de céleri finement ciselées. Servir aussitôt.

Bouillon de laitue de mer

Pour 4 personnes
Préparation 15 minutes **Cuisson** 10 minutes

10 g de laitue de mer fraîche
250 g de carottes
120 g d'oignons
150 g de courgettes
1 c. à s. d'huile d'olive
2 c. à s. de sauce soja
1 c. à c. rase de gros sel gris

Couper les laitues de mer en petits tronçons de 1 cm. **Éplucher** les carottes et les oignons. **Laver** les courgettes. Les couper en 4 dans le sens de la longueur. Les émincer* finement.

Dans une casserole, chauffer l'huile d'olive, y faire revenir* les oignons en leur donnant une légère coloration à feu moyen pendant 3 minutes. Ajouter les carottes, mouiller* avec 1 l d'eau. Porter à ébullition, saler. Compter 5 minutes de cuisson. Ajouter les courgettes et la laitue de mer. Laisser cuire encore pendant 5 minutes.

Verser la sauce soja, rectifier l'assaisonnement. **Servir** le bouillon dans une soupière.

Foie gras au wakamé en papillote

Pour 4 personnes
Préparation 15 minutes **Cuisson** 8 minutes

4 escalopes de foie gras cru
de 80 g chacune
160 g de wakamé frais
Fleur de sel
Poivre du moulin

Tailler 4 rectangles de papier sulfurisé de 30 × 20 cm.

Saler, poivrer les escalopes de foie gras.

Répartir au centre de chaque feuille la moitié des algues. Poser dessus les escalopes de foie gras. Plier les papillotes, maintenir les extrémités avec des agrafes pour bien les fermer.

Cuire les papillotes à la vapeur* dans un couscoussier pendant 8 minutes.

Ouvrir les papillotes. Parsemer de fleur de sel.
Servir aussitôt.

VIAN

IDES

BLANQUETTE

Blanquette d'agneau

Pour 6 personnes
Préparation 15 minutes **Cuisson** 1 heure 20 **Trempage** 1 heure

1,5 kg d'agneau
(poitrine, épaule)
2 oignons
2 clous de girofle
2 carottes
70 g de beurre
15 cl de vin blanc
1 bouquet garni*
40 g de farine
20 cl de crème fraîche
Sel
Poivre du moulin

Couper les morceaux de viande en gros cubes réguliers, les mettre dans une bassine remplie d'eau froide, laisser tremper pendant 1 heure.

Éplucher et couper en 4 les oignons. Piquer deux d'entre eux d'1 clou de girofle. **Éplucher** les carottes, les couper en grosses rondelles.

Égoutter et essuyer soigneusement les morceaux de viande. Les mettre dans une marmite avec 20 g de beurre, le vin blanc, les carottes et les oignons. Saler, poivrer, ajouter le bouquet garni* et couvrir d'eau à niveau. Cuire pendant 1 heure sur feu moyen. Égoutter les morceaux de viande, les carottes et les oignons. Filtrer le bouillon. Réserver.

Faire fondre à feu moyen 50 g de beurre dans une cocotte. Verser la farine, tourner quelques instants et délayer avec le bouillon. Mélanger au fouet jusqu'à la reprise de l'ébullition. Mettre les morceaux de viande, les carottes et les oignons et laisser mijoter pendant 15 minutes. Ajouter la crème fraîche, laisser cuire sur feu vif durant 5 minutes. **Servir** avec un riz blanc.

On peut éventuellement lier la sauce hors du feu avec 2 jaunes d'œufs et parsemer d'herbes ciselées comme de l'estragon, du cerfeuil ou de l'oseille.

Carré d'agneau pané au paprika, purée d'avocat

Pour 2 personnes
Préparation 25 minutes **Cuisson** 10 minutes

1 carré d'agneau de 600 g
1 c. à c. bombée de paprika
150 g de tomates
1 oignon
½ poivron rouge
½ gousse d'ail
3 c. à s. d'huile d'olive
2 avocats
1 citron vert
3 à 4 gouttes de Tabasco
Sel
Fleur de sel
Poivre du moulin

Demander au boucher de préparer le carré.
Saler et poivrer la viande, puis paner toute sa surface bombée avec le paprika. Réserver à température ambiante.

Monder* et épépiner les tomates. **Éplucher** l'oignon, le poivron rouge et l'ail. **Tailler** les tomates, l'oignon et le poivron rouge en petits dés. Ajouter 2 cuillerées à soupe d'huile d'olive. Saler, poivrer.

Ôter la peau et les noyaux des avocats. Passer la chair d'avocat au mixeur avec l'ail, le jus de citron vert et le Tabasco. Saler et poivrer. Garder au frais.

Dans une poêle, chauffer 1 cuillerée à soupe d'huile d'olive, colorer le côté pané du carré pendant 3 minutes à feu moyen. Redresser le carré pour qu'il tienne debout, puis l'enfourner 5 minutes à 180 °C. À la sortie du four, le couvrir d'un papier d'aluminium, le laisser reposer pendant 5 minutes au chaud, porte du four entrouverte.

Couper le carré en tranches. Dresser les légumes au centre de l'assiette à l'aide d'un cercle. Poser dessus les côtelettes. Ajouter 2 belles quenelles de purée d'avocat, confectionnées à l'aide de deux cuillères à soupe. **Saupoudrer** les côtelettes de fleur de sel.

Ramequins d'épaule d'agneau confite aux courgettes

Pour 4 personnes
Préparation 45 minutes **Cuisson** 2 heures 15

1 épaule d'agneau de 1,2 kg
100 g de carottes
100 g d'oignons
1 branche de céleri
600 g de tomates
5 c. à s. d'huile d'olive
50 cl de bouillon de légumes
1 feuille de laurier
2 branches de thym
2 branches de romarin
1 c. à s. de gros sel
4 courgettes de 160 g chacune
Sel
Poivre du moulin

Dégraisser l'épaule. Saler et poivrer.

Éplucher les carottes et l'oignon. **Laver** le céleri. **Émincer*** les carottes, l'oignon et le céleri. **Laver,** couper les tomates en 8.

Dans une cocotte, chauffer 3 cuillerées à soupe d'huile d'olive et colorer l'épaule à feu moyen pendant 2 minutes de chaque côté. Retirer l'épaule. Ajouter les carottes, le céleri, l'oignon et les tomates et leur donner une légère coloration pendant 5 minutes.

Mouiller* avec le bouillon, ajouter le laurier, 1 branche de thym et de romarin et le gros sel. Porter à ébullition, puis ajouter l'épaule. Couvrir et laisser cuire à feu doux pendant 2 heures en la retournant 2 fois en cours de cuisson.

Laver les courgettes et les tailler en rondelles de 5 mm d'épaisseur. Dans une poêle, chauffer le reste d'huile d'olive avec 1 brin de thym et de romarin. Ajouter les courgettes. Saler et poivrer. Laisser cuire 2 à 3 minutes sur feu moyen en les remuant et les égoutter sur du papier absorbant.

Chemiser* 4 ramequins, de 10 cm de diamètre sur 5 cm de haut, avec la moitié des rondelles de courgettes. **Décortiquer** l'épaule et l'effilocher.

Faire réduire* le jus de cuisson sur feu vif pendant 8 minutes environ. Il doit en rester 10 cl. Filtrer. Mélanger le jus avec la viande effilochée. Rectifier l'assaisonnement.

Remplir les ramequins, bien tasser, couvrir de rondelles de courgette. Démouler sur une assiette. **Servir** chaud, tiède ou froid. Dans ce cas, réserver pendant 3 à 4 heures au frais.

Gigot de sept heures

Pour 8 personnes
Préparation 7 minutes **Cuisson** 7 heures

1 gros gigot de 2,5 kg minimum
3 carottes
10 échalotes longues
1 branche de céleri
1 bulbe de fenouil
2 c. à s. d'huile d'olive
2 c. à s. de rhum brun
1 bouquet garni*
3 lamelles d'écorce d'orange
1 bouteille de vin blanc corsé
1 c. à s. rase de sucre
Gros sel
Poivres mélangés en grains

Demander au boucher de raccourcir le gigot pour pouvoir le cuire dans une cocotte en fonte de sa taille.

Éplucher et couper les carottes en gros dés. **Éplucher** les échalotes. **Laver,** éplucher et couper en lamelles le céleri et le fenouil.

Porter à ébullition une marmite d'eau salée, y plonger le gigot pendant 5 minutes. Égoutter et sécher parfaitement avec du papier absorbant, puis avec un torchon.

Chauffer 1 cuillerée à soupe d'huile dans la cocotte, ajouter le gigot et le faire rissoler* à feu moyen environ 3 minutes de chaque côté. Verser le rhum brun, flamber*. **Ajouter** 1 cuillerée à soupe d'huile dans la cocotte, les légumes, le bouquet garni* et 2 écorces d'orange. Saler au gros sel, et mettre 1 cuillerée à soupe de poivres en grains. Mouiller avec 1 litre d'eau chaude. Couvrir et laisser cuire à feu doux pendant 30 minutes. **Tourner** le gigot et vérifier le mouillement, ajouter si nécessaire 1 verre d'eau chaude. Répéter cette opération toutes les demi-heures. La troisième fois, ne pas tourner le gigot. Faire cuire en tout pendant 7 heures. ›

Cette première cuisson peut être faite un jour à l'avance, en laissant le gigot dans la cocotte ; dans ce cas ne faire cuire que 5 heures. 2 heures avant de servir, réchauffer le contenu de la cocotte pendant 1 heure à feu doux.

Gigot de sept heures suite

› **Avant de servir,** dans une casserole large, faire réduire* le vin sur feu moyen pendant 15 minutes environ jusqu'à obtention d'une consistance sirupeuse. Ajouter le sucre.

Couper la troisième écorce d'orange en filaments. **Sortir** le gigot de la cocotte en le soulevant délicatement avec deux écumoires. Le poser dans un plat de service avec les légumes. Parsemer de filaments d'orange.

Passer le jus dans un chinois* fin. Rassembler dans une casserole le jus filtré et la réduction de vin. Donner une ébullition. Servir avec le gigot. **Pour une sauce** plus onctueuse, on peut la monter au beurre. •

GIGOT DE SEPT HEURES

NAVARIN

Navarin

Pour 6 à 8 personnes
Préparation 30 minutes **Cuisson** 1 heure 05

1,5 kg d'épaule d'agneau désossée
1 c. à s. d'huile neutre*
20 g de beurre
2 gousses d'ail
1 branche de thym
Sel
Poivre du moulin

Légumes (liste non exhaustive)
8 petits oignons
1 kg de petits pois
1,5 kg de fèves
8 carottes
8 petits navets
8 petites pommes de terre rondes

Découper l'épaule en cubes réguliers de taille moyenne. Chauffer l'huile dans une cocotte, faire rissoler* à feu vif pendant 5 minutes les cubes de viande sur toutes leurs faces. Réserver les cubes d'agneau sur un plat.

Laver et essuyer soigneusement la cocotte. **Chauffer** sur feu moyen le beurre, y mettre les cubes d'agneau, les gousses d'ail juste écrasées, et mouiller* avec 50 cl d'eau tiède. Saler, poivrer et laisser mijoter à couvert, sur feu doux, durant 40 minutes.

Éplucher les petits oignons et les blanchir* 1 minute dans de l'eau bouillante. **Écosser** les petits pois, garder 4 cosses. **Écosser** les fèves, les blanchir 1 minute dans de l'eau bouillante, ôter leur première peau. **Éplucher** les carottes, les navets et les pommes de terre.

Ajouter dans la cocotte les 4 cosses de petits pois lavées, les pommes de terre, les carottes coupées en morceaux si nécessaire, les petits navets et la branche de thym. Laisser cuire pendant 10 minutes à couvert à feu doux. Ajouter enfin les oignons, les fèves et les petits pois, cuire encore 10 minutes. **Servir.**

On peut alors ajouter un gros morceau de beurre salé dans le jus, il donnera du liant à la sauce.

POITRINE

Poitrine d'agneau roulée aux anchois

Pour 4 personnes
Préparation 45 minutes **Cuisson** 1 heure 20

1 poivron jaune
1 poivron rouge
200 g d'aubergines
4 c. à s. d'huile d'olive
2 poitrines d'agneau désossées
6 filets d'anchois
30 g de crépine*

1 tomate
3 gousses d'ail
50 g de céleri branche
2 branches de thym
2 feuilles de laurier
Sel
Poivre du moulin

Vinaigrette
100 g de noix de cajou nature
½ botte de cerfeuil
6 c. à s. d'huile d'olive
3 c. à s. de jus de citron
Sel
Poivre du moulin

Laver, couper les poivrons en 2, les épépiner.

Laver, couper l'aubergine en rondelles de 5 mm d'épaisseur. Mettre ces légumes dans un plat, les arroser avec 2 cuillerées à soupe d'huile d'olive. Saler et poivrer. Les faire griller quelques minutes sur la flamme du gaz ou au chalumeau. **Retirer** la peau des poivrons et les tailler en lanières.

Étaler à plat les poitrines, les faire se chevaucher légèrement. Saler et poivrer. **Disposer** les légumes grillés sur toute la surface, et les anchois en une ligne sur la longueur. Rouler la poitrine sur elle-même, puis l'entourer de crépine*. La ficeler avec de la ficelle de cuisine.

Laver et couper en 4 la tomate. **Éplucher** et couper en 2 l'ail. **Laver** et émincer le céleri.

Dans une cocotte, faire colorer la poitrine de tous les côtés à feu vif pendant 5 minutes dans 2 cuillerées à soupe d'huile d'olive. Ajouter l'ail, la tomate, le céleri, le thym et le laurier. Mouiller* avec 10 cl d'eau. Porter à ébullition, couvrir et laisser cuire à feu doux durant 1 heure 15.

Confectionner la vinaigrette. Griller les noix de cajou à sec dans une poêle pendant 2 minutes à feu moyen, les concasser*. **Laver** et ciseler le cerfeuil. Dans un bol, mélanger le cerfeuil, les noix de cajou, l'huile d'olive et le jus de citron. Saler et poivrer.

En fin de cuisson, retirer la poitrine et la placer sur une grille. Piquer la poitrine avec une aiguille afin d'évacuer le surplus de graisse. Couvrir d'une feuille de papier d'aluminium, réserver 10 minutes au chaud. **Dresser** dans un plat de service accompagné de la vinaigrette.

Tranches de selle d'agneau aux pois chiches, à la menthe et sésame

Pour 4 personnes
Préparation 20 minutes **Cuisson** 2 heures 10 **Trempage** 12 heures
À préparer la veille

1 selle d'agneau de 1,2 kg
1 carotte
1 oignon
1 branche de céleri
200 g de pois chiches
1 clou de girofle
1 brin de thym
1 feuille de laurier
5 c. à s. d'huile de sésame
1 c. à s. de jus de citron
12 feuilles de menthe
16 g de graines de sésame blanc
Sel
Poivre du moulin

La veille
Faire tremper les pois chiches dans un bol d'eau froide.

Le jour même
Demander à votre boucher de préparer la selle. La couper en 4.

Éplucher la carotte et l'oignon, les couper en 2.
Laver et émincer le céleri.

Dans une casserole, mettre les pois chiches égouttés, la carotte, l'oignon piqué du clou de girofle, le céleri, le thym et le laurier. Laisser cuire à petits bouillons pendant 2 heures, saler à mi-cuisson. Égoutter les pois chiches, retirer la garniture aromatique, les assaisonner avec 3 cuillerées à soupe d'huile de sésame, le jus de citron, la menthe lavée et finement hachée. Saler et poivrer. Couvrir d'un papier d'aluminium. Réserver au chaud.

Saler et poivrer les tranches de selle, les paner avec les graines de sésame blanc. Chauffer le reste d'huile de sésame dans une poêle. Saisir* à feu moyen les tranches d'un côté pendant 5 minutes, puis les retourner et les laisser cuire 5 minutes de l'autre côté.

Dresser les tranches de selle sur un plat de service avec les pois chiches. Servir aussitôt.

Macreuse en blanquette, citron au sel et girolles

Pour 4 personnes
Préparation 1 heure **Cuisson** 2 heures

700 g de macreuse
400 g de girolles
50 g de citron au sel
1 c. à s. d'huile d'olive
1 jaune d'œuf
2 c. à s. de crème épaisse
Sel
Poivre du moulin

Garniture aromatique
2 carottes
1 oignon
1 branche de céleri
1 clou de girofle
1 bouquet garni*
1 c. à c. de gros sel

Roux*
20 g de farine
20 g de beurre

Dégraisser la viande et la couper en cubes de 50 g environ. Les mettre dans une cocotte. Couvrir d'eau à hauteur. Porter à ébullition et écumer*.

Préparer la garniture aromatique. Éplucher les carottes, l'oignon et le céleri. Piquer le clou de girofle dans l'oignon. Mettre les légumes et le bouquet garni dans la cocotte avec la viande. Verser le gros sel. Cuire à petits bouillons pendant 2 heures à couvert.

Confectionner le roux*. Dans une casserole, faire fondre le beurre. Ajouter la farine et mélanger au fouet. Faire cuire sur feu très doux pendant 20 minutes. Réserver à température.

Couper le bout terreux des pieds des girolles. Les plonger rapidement dans l'eau. Renouveler 3 fois l'opération. Les égoutter, les sécher délicatement et les réserver sur du papier absorbant.

Après cuisson, égoutter la viande. Écarter le céleri, les oignons et le bouquet garni. Couper les carottes en 4 dans la longueur, puis les émincer. **Faire réduire*** sur feu vif le jus de cuisson pour obtenir 50 cl de liquide : compter environ 15 minutes. Ajouter le roux*, mélanger au fouet afin d'éviter les grumeaux*. Replacer la viande, les carottes et le citron au sel coupé en petits dés. Rectifier l'assaisonnement et réchauffer la viande et les carottes à feu doux.

Pendant ce temps, dans une poêle, saisir* les girolles pendant 3 à 4 minutes à feu moyen dans l'huile d'olive chaude. Saler et poivrer. Égoutter puis les ajouter à la viande.
Dans un bol, mélanger le jaune d'œuf et la crème.

Au moment de servir, ajouter le mélange œuf et crème dans la blanquette. Bien mélanger sans faire bouillir. Dresser dans un plat.

Fines tranches de bœuf crues roulées

Pour 4 personnes
Préparation 15 minutes **Cuisson** 15 minutes **Réfrigération** 15 minutes

½ botte de coriandre
500 g de poire (pièce de bœuf pour steaks)
1 c. à s. de graines de coriandre
4 c. à s. d'huile d'olive
½ botte de coriandre
Fleur de sel
Sel
Poivre du moulin

Laver, sécher et effeuiller la coriandre.

Couper la viande en fines escalopes de manière à former 4 rectangles. Éparpiller dessus les feuilles de coriandre. Saler et poivrer. Rouler la viande sur les feuilles de coriandre pour former une bûche. **Envelopper** chaque bûche d'une feuille de film alimentaire. Bien serrer en fermant les extrémités du film comme un boudin. **Réserver** au frais au moins pendant 15 minutes.

Réduire en poudre les graines de coriandre et les mélanger à l'huile d'olive.

Au moment de servir, ôter le film alimentaire. Couper les bûches en trois, légèrement en biais. Dresser sur une assiette. Napper* de quelques traits d'huile parfumée à la coriandre. Ajouter des cristaux de fleur de sel et donner un tour de moulin à poivre. Servir aussitôt.

CRU

Brochettes de rumsteck au cinq-épices

Pour 4 personnes
Préparation 30 minutes **Cuisson** 8 minutes **Repos** 1 heure

600 g de rumsteck
1 oignon rouge de 120 g
200 g de poivron jaune
10 g de cinq-épices chinois
6 cl d'huile d'olive
400 g de fenouil
1 orange
Sel
Poivre du moulin

Vinaigrette d'agrumes
½ citron vert
½ orange
20 g de miel d'oranger
3 cl d'huile d'olive
1 brin de thym citron

Tailler la viande en 20 cubes. **Éplucher** l'oignon rouge et le poivron jaune, les couper en 8.

Embrocher la viande et les légumes sur des brochettes en les intercalant. Poser les brochettes dans un plat. Saler, saupoudrer de cinq-épices et verser dessus l'huile d'olive. Réserver au frais pendant 1 heure avant de les cuire.

Confectionner la vinaigrette d'agrumes.
À l'aide d'un économe*, prélever les zestes des agrumes. Les tailler en fine julienne*, puis les ébouillanter 1 minute à l'eau. Presser les agrumes. **Dans une casserole,** cuire le miel au caramel brun sur feu moyen pendant 2 minutes environ. Déglacer* avec le jus des agrumes. Retirer du feu, dissoudre le caramel dans le jus en mélangeant avec un fouet. Ajouter l'huile d'olive, le thym citron effeuillé et les zestes. Saler et poivrer.

Laver et tailler les fenouils en fines tranches dans la longueur. **Peler** à vif l'orange et prélever les suprêmes. Verser dans un bol le fenouil et l'orange. Assaisonner avec la vinaigrette.

Dans une poêle chaude sans matière grasse, cuire les brochettes pendant 6 minutes en les colorant sur toutes les faces. **Servir** les brochettes sur une assiette accompagnées de la salade de fenouil.

Paleron en daube aux cèpes

Pour 4 personnes
Préparation 1 heure **Cuisson** 4 heures

200 g de couenne de porc
400 g de cèpes
200 g de carottes
120 g d'oignons
2 gousses d'ail
400 g de tomates
800 g de paleron
20 cl de vin blanc
1 l de bouillon de légumes
2 brins de thym
1 feuille de laurier
½ c. à s. de gros sel
Sel
Poivre du moulin

Mettre la couenne dans une casserole avec de l'eau froide, porter à ébullition et cuire pendant 5 minutes à feu moyen. Égoutter. Chemiser* le fond d'une cocotte avec les couennes.

Ôter la partie terreuse des pieds des cèpes, les brosser sous un filet d'eau, les essuyer soigneusement, puis les émincer.

Éplucher les carottes, les oignons et l'ail. Tailler les carottes en rondelles. Hacher l'oignon et l'ail. Laver et couper les tomates en gros dés.

Tailler le paleron en cubes de 50 à 60 g environ. Saler et poivrer. Poser les cubes sur les couennes, puis monter en couches carottes, oignon, ail, cèpes et tomates. Mouiller* avec le vin blanc et le bouillon. Ajouter le thym, le laurier et le gros sel. Couvrir la cocotte avec un couvercle et laisser cuire pendant 4 heures dans le four préchauffé à 150 °C. **Servir.**

DAUBE

Filet de bœuf Duché de Savoie

Pour 4 personnes
Préparation 30 minutes **Cuisson** 30 minutes

1 échalote
50 g de beurre
40 g de câpres
+ 10 g pour le décor
50 g de filets d'anchois
à l'huile
2 c. à c.de curry
de Madras
2 citrons
20 cl de fond
de veau corsé
4 beaux artichauts
10 cl d'huile d'olive
50 g de sommités
de chou-fleur
4 tournedos épais
de 180 g chacun
Sel
Poivre du moulin

Éplucher et émincer* finement l'échalote. La faire suer* dans une casserole avec 20 g de beurre sur feu moyen pendant 3 minutes. Lorsqu'elle est bien translucide, ajouter les câpres, les anchois et 1 cuillerée à café de curry de Madras. **Mouiller*** avec le jus d'un demi-citron et le fond de veau. Laisser mijoter 3 minutes sur feu vif. Mixer, passer au chinois* puis remettre à cuire sur feu très doux pendant 10 minutes. **Réserver** au chaud.

Tourner* les artichauts. Citronner les fonds pour éviter qu'ils noircissent et les couper en fines lamelles. Les cuire dans une poêle avec 5 cl d'huile d'olive à feu moyen, environ 5 minutes ; ils doivent rester croquants. Puis ajouter la seconde cuillerée à café de curry de Madras. Saler, poivrer.

Cuire 2 minutes les sommités de chou-fleur dans une casserole d'eau bouillante salée. Égoutter. Garder au chaud.

Dans une poêle, cuire à feu vif les tournedos dans le reste du beurre et l'huile d'olive. Compter environ 3 minutes de chaque côté selon leur épaisseur. Saler, poivrer et retourner à mi-cuisson, sans les piquer, pour ne pas leur faire perdre le jus. Laisser reposer 1 minute hors du feu.

Répartir les lamelles d'artichaut dans les assiettes, puis les sommités de chou-fleur. Poser ensuite les tournedos et les napper* de quelques traits de sauce. Verser le reste en saucière. **Parsemer** de câpres et servir bien chaud.

Bœuf haché façon acras au ras el-hanout

Pour 4 personnes
Préparation 20 minutes **Cuisson** 2 à 3 minutes

70 g de carottes
50 g de céleri-rave
50 g de courgettes
300 g de steak haché

½ c. à c. de ras el-hanout
Sel
Poivre du moulin
Huile de friture

Appareil* à acras
60 g de farine
2 g de levure chimique
1 œuf
10 cl de lait

Éplucher les carottes, le céleri. Laver les courgettes. Tailler les légumes en petits dés. **Mélanger** la viande hachée avec les légumes et le ras el-hanout. Saler et poivrer. Réserver le temps de la préparation.

Préparer l'appareil à acras. **Dans un bol,** mélanger la farine et la levure, ajouter l'œuf et détendre* avec le lait. Assaisonner*. Ajouter cet appareil au mélange viande-légumes.

Chauffer l'huile de la friteuse à 180 °C. Prendre à l'aide d'une cuillère à soupe la valeur d'une grosse noix de l'appareil à acras et la plonger dans la friteuse. Cuire 5 à 6 acras à la fois pendant 2 à 3 minutes. Les égoutter sur un papier absorbant. Saler et poivrer.

Servir bien chaud.

HACHÉ

Bœuf aux carottes

Pour 8 personnes
Préparation 15 minutes **Cuisson** 4 heures

1,6 kg de macreuse
1 queue de bœuf coupée en tronçons
5 cl de cognac
1 pied de veau
3 oignons doux
1 vert de poireau
1 bouquet garni*
1 écorce d'orange
1,5 kg de grosses carottes
3 c. à s. d'huile d'olive
Poivre en grains
Sel
Poivre du moulin

Dans une grande cocotte, faire rissoler* la macreuse et les morceaux de queue à feu moyen pendant 5 minutes dans l'huile d'olive. Flamber* au cognac. **Ajouter** le pied de veau coupé en 2, les oignons doux épluchés et entiers ainsi que la partie verte lavée du poireau. **Couvrir** d'eau, ajouter le bouquet garni*, l'écorce d'orange. Saler, poivrer. Cuire à feu aussi doux que possible pendant 3 heures à couvert.

Éplucher les carottes et les couper en rondelles épaisses régulières, les ajouter dans la cocotte avec 6 grains de poivre. Cuire encore pendant 1 heure jusqu'à la parfaite tendreté des carottes.

Rectifier l'assaisonnement en sel, donner quelques tours de moulin de poivre, ôter le bouquet garni*. Couper les oignons en morceaux, la viande en tranches et remettre dans la cocotte pour servir à bonne température.

Ce plat gagne en saveur le lendemain en le réchauffant.

MACREUSE

Fines tranches d'onglet poêlées minute sur une tartine de tapenade

Pour 4 personnes
Préparation 30 minutes **Cuisson** 1 minute

50 g d'olives noires de Nyons
25 g de carottes
10 g de céleri branche
10 g d'anchois à l'huile
10 g de pignons de pin grillés
1 c. à s. de vinaigre balsamique
560 g d'onglet
6 c. à s. d'huile d'olive
2 tranches de miche de pain de 7 mm d'épaisseur
Sel
Poivre du moulin

Dénoyauter les olives. Éplucher les carottes et le céleri. Mixer avec les anchois et les pignons de pin le plus finement possible.

Mélanger dans un bol le vinaigre balsamique et 2 cuillerées à soupe d'huile d'olive. Saler et poivrer.

Dans une poêle, colorer les tranches de miche, à feu moyen pendant environ 1 minute de chaque côté, dans 3 cuillerées à soupe d'huile d'olive. Les égoutter sur du papier absorbant. Tartiner les tranches de pain de tapenade, puis les couper en 2.

Avec un couteau bien aiguisé, tailler de fines tranches d'onglet dans la largeur. Saler et poivrer.

Dans une poêle, saisir* sur feu vif, dans 1 cuillerée à soupe d'huile d'olive chaude, en un aller-retour les fines tranches d'onglet. Les superposer en écaille sur les tartines. Napper* de quelques traits du mélange huile d'olive au vinaigre balsamique. **Servir** aussitôt.

ONGLET

PARMENTIER

Parmentier de queue de bœuf

Pour 4 personnes
Préparation 45 minutes **Cuisson** 7 heures 40
À préparer la veille

1 queue de bœuf
½ joue de bœuf
400 g de pommes de terre rattes
15 cl de lait entier
60 g de beurre
20 cl de fond de veau
Gros sel de Guérande
Sel
Poivre du moulin

Garniture aromatique
1 carotte
1 oignon
1 branche de céleri
1 poireau
1 clou de girofle
1 baie de genièvre
1 bouquet garni*

La veille

Commencer par préparer la garniture aromatique. Éplucher et couper grossièrement la carotte, l'oignon, le céleri et le poireau. Piquer l'oignon du clou de girofle.

Placer dans une cocotte la queue de bœuf et la joue. Couvrir d'eau froide à hauteur. Monter lentement à ébullition. Écumer, ajouter toute la garniture aromatique. Saler, et laisser cuire pendant 7 heures sur feu doux. Le bouillon doit être frémissant.

Séparer la chair des os, effilocher la viande. Laisser refroidir puis réserver au frais.

Le jour même

Cuire les pommes de terre non épluchées à la vapeur pendant 30 à 35 minutes. Vérifier la cuisson. Les éplucher et les passer au presse-purée. Ajouter le lait chaud et le beurre. Saler. Réserver au chaud.

Faire réduire dans une casserole sur feu vif pendant 5 minutes le jus de cuisson. Ajouter la viande effilochée pour la réchauffer à feu doux. Rectifier l'assaisonnement.

Verser dans une casserole le fond de veau et laisser réduire* 10 minutes sur feu moyen.

Disposer des cercles de 8 cm de diamètre dans des assiettes chaudes. Monter une couche de queue de bœuf, puis la purée. Ôter le cercle*. Répartir le fond de veau réduit avant d'ajouter quelques cristaux de gros sel de Guérande. **Servir** aussitôt.

Poitrine de bœuf à l'indienne

Pour 4 personnes
Préparation 30 minutes **Cuisson** 2 heures 45

800 g de poitrine de bœuf
4 oignons
4 gousses d'ail
20 g de gingembre frais
2 c. à s. d'huile d'olive
8 capsules de cardamome verte
6 clous de girofle
3 feuilles de laurier
8 grains de poivre noir
2 bâtons de cannelle de 5 cm
2 yaourts nature
4 c. à c. de paprika
½ c. à c. de piment de Cayenne
2 c. à c. de graines de coriandre moulues
4 gouttes de Tabasco
2 courgettes de 300 g chacune
Sel
Poivre du moulin

Dégraisser et ôter le cartilage de la poitrine de bœuf. La couper en cubes de 50 à 60 g.

Éplucher les oignons, l'ail et le gingembre. Hacher finement les oignons. Mixer l'ail et le gingembre avec 4 cuillerées à soupe d'eau.

Dans une cocotte, chauffer l'huile d'olive, colorer les cubes de viande sur feu moyen de chaque côté pendant environ 5 minutes. Saler, poivrer. Écarter et réserver sur un papier absorbant dans un plat.

Dans la même cocotte, faire revenir* la cardamome, les clous de girofle, le laurier, le poivre et les bâtons de cannelle 2 minutes sur feu moyen. Ajouter le hachis d'oignon, laisser cuire 2 minutes, puis verser le mélange ail et gingembre. Remettre la viande dans la cocotte. Verser les yaourts, le paprika, le piment de Cayenne et la coriandre. Porter à ébullition, laisser cuire à feu doux et à couvert pendant 2 heures 30.

Ôter la cannelle, la cardamome et le laurier de la cocotte. Ajouter le Tabasco. Garder au chaud.

Cuire les courgettes lavées dans une casserole d'eau bouillante salée pendant 20 minutes. Une fois cuites, les couper en 2 dans la longueur. À l'aide d'une cuillère à soupe, ôter les graines.

Répartir le bœuf dans les courgettes creusées. **Servir** aussitôt.

Pot-au-feu

Pour 8 à 10 personnes
Préparation 25 minutes **Cuisson** 3 heures 30 **Réfrigération** 12 heures
À préparer la veille

2 kg de plat de côtes entrelardé
1 jarret de veau
1 jarret de porc
4 grosses carottes
1 branche de céleri
2 gros oignons
2 clous de girofle
1 bouquet garni* plié dans un vert de poireau
1 c. à s. de poivre noir en grains
2 os à moelle
8 tranches de pain
1 gousse d'ail
Gros sel

Légumes d'accompagnement
1 céleri-rave
8 carottes
8 poireaux
8 navets

La veille
Frotter les 3 pièces de viande au gros sel et les conserver au frais 12 heures.

Le jour même
Rincer abondamment les viandes.

Éplucher les carottes, le céleri et les oignons. Piquer chaque oignon d'un clou de girofle.

Mettre le plat de côtes dans une grande cocotte et couvrir d'eau froide. Porter à ébullition puis écumer. Saler avec le gros sel. Ajouter les jarrets, le bouquet garni*, le céleri, les carottes, les oignons et le poivre en grains. Cuire sur feu doux pendant 2 heures. Retirer le plat de côtes et le conserver dans un peu de bouillon à couvert. Poursuivre la cuisson des jarrets 1 heure.

Préparer les légumes d'accompagnement. Éplucher le céleri-rave, les carottes, les poireaux et les navets. **Couper** le céleri en quartiers. Rassembler les poireaux en botte. Ajouter les légumes dans la cocotte et continuer la cuisson 30 minutes.

Replacer le plat de côtes dans la cocotte pour le réchauffer.

Récupérer la moelle crue des os. Griller 8 tranches de pain, les frotter à l'ail et les recouvrir de moelle. Au dernier moment, passer sous le gril du four durant 6 minutes.

Déposer dans un plat de service les viandes et les légumes. **Servir** avec les tartines grillées à la moelle, de la moutarde, des cornichons et du gros sel.

Steak tartare

Pour 2 personnes
Préparation 15 minutes

300 g de filet de bœuf
2 petites échalotes
1 oignon doux
2 jaunes d'œufs
1 c. à s. de moutarde forte
2 c. à s. d'huile d'olive
2 c. à s. de persil haché
4 cornichons émincés
10 câpres hachées
2 anchois dessalés, pilés et détendus d'un peu d'huile
2 c. à s. de Worcestershire sauce
1 c. à s. de ketchup
Sel
Poivre du moulin

Le steak tartare se prépare au dernier moment.

Couper au couteau le filet, en faisant de fines lanières, puis en les recoupant aussi finement que possible.

Éplucher et ciseler l'échalote et l'oignon. **Mélanger** les jaunes d'œufs, la moutarde et l'huile, incorporer à la viande hachée ainsi que tous les condiments. Saler, poivrer et servir aussitôt avec des frites.

Selon le goût de chacun, on peut augmenter les proportions des condiments et servir le jaune d'œuf sur la viande.

TARTARE

Brochettes de porc au romarin

Pour 8 personnes
Préparation 15 minutes **Cuisson** 6 à 10 minutes **Marinade** 12 heures
À préparer la veille

1,2 kg d'échine de porc
4 gousses d'ail
1 citron conservé à l'huile et au sel
4 c. à s. d'huile d'olive
12 branchettes de romarin
18 fines tranches de lard de poitrine nature
Sel
Fleur de sel
Poivre de Sichuan

La veille
Couper l'échine en cubes réguliers. Verser dans un saladier. Ajouter l'ail épluché et coupé en fines lamelles, le citron détaillé en cubes. Saler, poivrer généreusement au poivre de Sichuan et arroser d'huile d'olive. **Laisser** mariner couvert d'un film alimentaire au frais pendant 12 heures.

Le jour même
Ôter les feuilles du romarin pour ne conserver que les tiges.
Couper les tranches de poitrine en 3 morceaux. Envelopper chaque cube de porc dans un morceau de poitrine. Les enfiler sur les tiges de romarin en ajoutant les cubes de citron.

Faire cuire soit au barbecue, soit sous le gril* du four, entre 6 et 10 minutes selon la puissance du feu en retournant les brochettes. **Lorsque la viande est bien dorée,** servir aussitôt. Parsemer de fleur de sel.

Confit de porc

Pour 6 à 8 personnes
Préparation 10 minutes **Cuisson** 1 heure **Réfrigération** 24 heures
À préparer la veille

1,8 kg de palette de porc ficelée en rôti
2 c. à s. de sucre
8 gousses d'ail
1,5 kg de saindoux
8 cl d'armagnac (facultatif)
Gros sel
Poivre du moulin

La veille
Saupoudrer la palette d'une bonne poignée de gros sel mélangée avec le sucre, masser pour bien l'enrober du mélange. Conserver 24 heures au réfrigérateur couvert d'un film alimentaire.

Le jour même
Rincer la palette sous l'eau fraîche, l'essuyer avec soin. **Éplucher** l'ail. Couper les gousses en 2 dans la longueur, les piquer dans la palette.

Faire fondre 100 g de saindoux dans une cocotte. Mettre à rissoler* la palette sur feu moyen 3 minutes de chaque côté. Éventuellement la flamber* à l'armagnac. Poivrer généreusement. Ôter la palette et faire fondre dans la marmite le reste de saindoux à feu doux. **Lorsqu'il est frémissant,** remettre la palette et maintenir à frémissement pendant 1 heure. La palette doit être recouverte par le saindoux. **Laisser refroidir** dans le saindoux.

Ce confit peut se déguster aussitôt, juste tiède avec une salade verte. Il peut aussi se conserver 2 semaines. Pour cela, il suffit de l'égoutter en fin de cuisson, le placer dans un bocal et verser dessus la graisse encore chaude avec des aromates, comme du thym, du laurier. Conserver le pot au réfrigérateur.

CONFIT

Côtelettes de porc en chemise

Pour 4 personnes
Préparation 20 minutes **Cuisson** 15 minutes **Réfrigération** 12 heures

4 côtelettes d'épaisseur moyenne
2 gousses d'ail
4 c. à s. d'huile d'olive
1 c. à s. de thym effeuillé
200 g de foie de porc
100 g de lard gras
1 crépine* de porc
1 œuf
Chapelure*
Sel
Poivre du moulin

La veille
Mettre à mariner les côtelettes avec 2 cuillerées à soupe d'huile, le thym effeuillé et les gousses d'ail épluchées et coupées en fines lamelles. Poivrer. **Couvrir** d'un film alimentaire et réserver au frais pendant 12 heures.

Le jour même
Chauffer une poêle antiadhésive et colorer sans matière grasse la viande sur feu moyen, 3 minutes de chaque côté. Saler. Laisser refroidir.

Hacher le foie et le lard. Les mélanger dans le plat de la marinade*. Saler, poivrer.

Rincer et couper en 4 la crépine. **Tartiner** les côtelettes de chaque côté avec la farce et les envelopper avec la crépine*. Passer les côtelettes dans l'œuf battu, puis dans la chapelure*.

Chauffer une poêle avec les 2 dernières cuillerées d'huile d'olive. Faire cuire les côtelettes sur feu moyen pendant environ 5 minutes de chaque côté. Elles doivent être bien dorées. **Servir** aussitôt avec une purée de céleri et des endives crues.

Échine de porc aux olives

Pour 6 à 8 personnes
Préparation 15 minutes **Cuisson** 25 minutes

125 g d'olives noires
125 g d'olives vertes
200 g de champignons de Paris
1,5 kg d'échine de porc
20 cl de vin blanc
Sel
Poivre

Roux blond
30 g de farine
1 c. à s. d'huile

Rincer les olives noires à l'eau. **Blanchir*** les olives vertes pendant 5 minutes à l'eau bouillante. Égoutter.

Nettoyer les champignons de Paris, couper le pied terreux et les ébouillanter 2 minutes dans une casserole avec un peu d'eau. Passer l'eau de cuisson des champignons dans un tamis, puis la faire réduire* aux trois quarts sur feu vif : compter 5 minutes environ.

Couper l'échine en cubes réguliers. **Chauffer** une poêle sans matière grasse à feu vif. **Rissoler*** les cubes de viande de chaque côté pendant 3 minutes environ. Les mettre de côté. **Déglacer*** la poêle avec 5 cl de vin blanc.

Faire un roux* blond avec la farine et l'huile dans une cocotte sur feu doux. Ajouter le reste du vin blanc la réduction de la cuisson des champignons, puis les cubes d'échine. **Assaisonner*.** Laisser cuire sur feu très doux pendant 10 minutes. **Ajouter** les olives vertes, les champignons et laisser cuire encore 5 minutes. Ajouter les olives noires. Poursuivre la cuisson 1 minute à feu vif. **Mélanger** bien. **Servir** aussitôt.

GRILLADE

Grillade de porc farcie aux légumes

Pour 2 personnes
Préparation 30 minutes **Cuisson** 40 minutes

1 grillade de porc de 300 g
50 g de carotte
50 g de blanc de poireau
30 g de céleri branche
2 c. à s. d'huile d'argan
50 g de girolles
50 g de trompettes-des-morts
Sel
Poivre du moulin

Garniture aromatique
1 oignon
1 carotte
1 c. à s. d'huile d'argan
1 feuille de laurier
1 brin de thym
10 cl de vin blanc

Demander au boucher d'aplatir la grillade.

Éplucher la carotte, le poireau et le céleri. Les tailler en allumettes.

Dans une casserole, chauffer 1 cuillerée à soupe d'huile d'argan. Faire suer* les légumes pendant 2 minutes sans coloration sur feu moyen. Saler et poivrer. Ajouter 2 cuillerées à soupe d'eau, couvrir et laisser cuire 5 minutes à petits bouillons.

Trier et nettoyer soigneusement les champignons. **Dans une poêle,** faire revenir* les champignons dans la seconde cuillerée d'huile d'argan, 2 minutes à feu vif. Saler et poivrer. Rassembler les légumes et les champignons.

Saler et poivrer la grillade. Déposer les légumes au centre. Replier les bords de la viande sur le dessus pour former une boule. Retourner pour que la fermeture se trouve en dessous. À l'aide de ficelle de cuisine, l'attacher pour lui donner l'allure d'un melon.

Confectionner la garniture aromatique. Éplucher l'oignon et la carotte, les tailler en petits dés. **Dans une cocotte,** chauffer l'huile d'argan, faire revenir* les légumes sans coloration sur feu moyen pendant 3 minutes. Ajouter le thym et le laurier. Saler et poivrer. **Mouiller*** avec le vin blanc, laisser réduire* de moitié sur feu moyen : compter 3 minutes.

Placer le farci sur la garniture. Laisser cuire à feu doux et à couvert durant 25 minutes.

Ôter les ficelles. Déposer le farci sur un plat. Filtrer le jus de cuisson, rectifier l'assaisonnement, le verser en saucière. **Servir** le farci avec la sauce bien chaude et une purée de pomme de terre.

Jarret de porc confit, salade tiède de shiitake

Pour 4 personnes
Préparation 20 minutes **Cuisson** 4 heures 10

1 jarret arrière de porc fermier
2 kg de graisse d'oie
1 tête d'ail
2 brins de thym
2 feuilles de laurier
1 c. à c.de gros sel
12 champignons shiitake
2 c. à s. d'huile de noix
4 c. à s. d'huile d'olive
1 c. à s. de vinaigre de xérès
Sel
Poivre du moulin

Faire fondre à feu doux la graisse d'oie dans une cocotte. En réserver 2 cuillerées à soupe. Ajouter les gousses d'ail non épluchées, ainsi que le thym et le laurier.

Frotter le jarret avec le gros sel et le poivrer. **Dans une poêle,** chauffer les 2 cuillerées à soupe de graisse d'oie réservées. Colorer sur feu moyen le jarret sur toutes ses faces pendant environ 5 minutes, puis le plonger dans la cocotte. La graisse doit recouvrir le jarret. Laisser cuire sur feu doux pendant 4 heures à couvert.

Nettoyer délicatement, puis essuyer les shiitake. Les couper en 4.

Mélanger les huiles et le vinaigre de xérès. Saler et poivrer.

Placer les shiitake dans un plat allant au four. Saler et poivrer. Les arroser avec le mélange d'huiles et de vinaigre. Enfourner 5 minutes à 180 °C.

Sortir le jarret de la graisse, l'égoutter et le poser sur un plat. Le passer sous le gril pour faire croustiller la couenne pendant 3 minutes environ.

Récupérer les gousses d'ail, les éplucher, les écraser à la fourchette pour les réduire en purée. Saler et poivrer.

Dresser le jarret et les shiitake dans un plat. Napper* de vinaigrette aux shiitake.Verser la purée d'ail en saucière. **Servir.**

Palette de porc à la cannelle, salade de carottes à l'orange et à la menthe

Pour 4 personnes
Préparation 45 minutes **Cuisson** 1 heure 30 **Réfrigération** 12 heures
À préparer la veille

1 kg de palette avec os
2 pincées de cannelle en poudre
600 g de carottes
1 orange non traitée
15 feuilles de menthe
4 c. à s. d'huile d'olive
Sel
Poivre du moulin

La veille
Saler, poivrer et saupoudrer de cannelle la palette. L'envelopper dans un film alimentaire. Mettre au réfrigérateur pendant 1 nuit.

Le jour même
Cuire à la vapeur* la palette enveloppée dans le film alimentaire pendant 1 heure 30.

Éplucher les carottes et les râper.

Prélever la moitié du zeste de l'orange à l'aide d'un économe*, l'émincer* finement, puis le blanchir* 1 minute dans une casserole d'eau bouillante. Égoutter. Presser le jus de l'orange.

Laver et ciseler* finement les feuilles de menthe.

Dans un bol, mélanger les carottes avec le jus et les zestes d'orange, la menthe, l'huile d'olive. Saler et poivrer.

Ôter le film alimentaire de la palette cuite. Détacher la viande de l'os à l'aide d'un couteau, puis la trancher en portions régulières.

Servir la viande dans un plat avec la salade de carottes.

PALETTE

Petit salé aux lentilles

Pour 6 à 8 personnes
Préparation 15 minutes **Cuisson** 1 heure 15 **Dessalage** 2 heures

1,5 kg de poitrine
de porc maigre salée
2 gros oignons
2 clous de girofle
1 bouquet garni*
8 carottes

500 g de lentilles
1 c. à s. de moutarde forte
1 pincée de poudre
de curry
Sel
Poivre du moulin

Couper la poitrine de porc en 2 dans la longueur et la mettre à dessaler dans un grand volume d'eau froide pendant 2 heures au frais.

Égoutter, la placer dans une cocotte. Couvrir d'eau froide, monter sur feu moyen à ébullition. Écumer* plusieurs fois, puis ajouter les oignons épluchés et piqués des clous de girofle, ainsi que le bouquet garni*. Laisser cuire pendant 1 heure à petits frémissements. **À mi-cuisson,** ajouter les carottes épluchées et coupées en rondelles.

Pendant la cuisson de la viande, verser les lentilles dans une casserole. Les couvrir d'eau froide, porter à ébullition, arrêter aussitôt la cuisson et attendre 1 heure à couvert. Égoutter les lentilles, les couvrir d'eau chaude et cuire 10 minutes sur feu moyen. Égoutter et ajouter 30 cl du liquide de cuisson de la poitrine. Poivrer largement.

Couper la poitrine en plusieurs morceaux, les ajouter aux lentilles. Vérifier la teneur en sel. **Délayer** la moutarde avec 1 pincée de curry et l'incorporer aux lentilles. **Servir** aussitôt.

On peut ajouter des petits oignons frais coupés en lamelles fines.

Rôti de porc aux anchois, jus crémé au romarin

Pour 4 personnes
Préparation 25 minutes **Cuisson** 40 minutes

20 filets d'anchois au sel
600 g de pointe de porc fermier
1 carotte
1 oignon
1 branche de céleri
1 c. à s. d'huile d'arachide
2 brins de romarin
40 cl de crème liquide
Sel
Poivre du moulin

Dessaler* les anchois sous l'eau froide, puis les sécher.

À l'aide d'un couteau long et bien aiguisé, couper le morceau de viande tout du long sur une épaisseur de 2 cm pour pouvoir le dérouler en une bande. Saler légèrement, poivrer.

Disposer les anchois en 4 lignes parallèles à intervalles réguliers sur la viande. Rouler la viande pour reformer le rôti. Le maintenir avec de la ficelle de cuisine.

Éplucher et émincer* la carotte, l'oignon et le céleri.

Dans une cocotte, faire colorer le rôti dans l'huile d'arachide sur toutes ses faces à feu moyen pendant 5 minutes. Ajouter les légumes et le romarin. **Mouiller*** avec 2 cuillerées à soupe d'eau. **Couvrir** avec le couvercle aux trois quarts. Laisser cuire sur feu doux durant 30 minutes en le retournant à mi-cuisson.

Retirer le rôti de la cocotte, ôter la ficelle. Envelopper le rôti dans un papier d'aluminium. Réserver au chaud. **Verser** la crème dans les légumes. **Réduire*** de moitié sur feu moyen pendant 5 minutes environ. Filtrer et rectifier l'assaisonnement.

Trancher le rôti, le dresser sur un plat de service. Napper* de quelques traits de jus crémé. **Servir** le reste en saucière.

Travers de porc aux crevettes, tomate et gingembre

Pour 4 personnes
Préparation 40 minutes **Cuisson** 2 heures

400 g d'oignons
30 g de gingembre frais
900 g de travers de porc fermier
2 c. à s. d'huile d'olive
600 g de tomates
3 c. à s. de vinaigre de vin
24 crevettes roses cuites
2 c. à s.de nuoc-mâm
Sel
Poivre du moulin

Éplucher les oignons et le gingembre. Émincer* finement les oignons. Hacher le gingembre.

Dans une cocotte, colorer sur feu vif le travers sur toutes ses faces dans l'huile d'olive chaude pendant 5 minutes. Ajouter les oignons et le gingembre. Couvrir. **Laisser cuire** sur feu doux pendant 1 heure 30, en remuant fréquemment les oignons.

Pendant ce temps, laver et enlever le pédoncule des tomates. Les couper en morceaux et les mixer pour obtenir un jus épais.

Verser dans la cocotte le vinaigre de vin et le jus des tomates. Saler et poivrer. Porter à ébullition et laisser cuire 30 minutes sur feu doux.

Décortiquer les crevettes. Dans une poêle bien chaude à feu vif, faire revenir* les crevettes 1 minute de chaque côté, les poivrer et ajouter le nuoc-mâm.

Couper le travers en tranches. **Dresser** dans les assiettes les morceaux de travers, les crevettes. Napper de sauce tomate. Servir aussitôt.

BLANQUETTE

Blanquette de veau

Pour 6 personnes
Préparation 25 minutes **Cuisson** 1 heure 40

750 g de tendrons de veau
750 g d'épaule de veau
20 cl de vin blanc
1 gros oignon doux
2 clous de girofle
3 carottes
1 bouquet garni*
300 g de petits champignons de Paris
Le jus de 1 citron
50 g de beurre
50 g de farine
2 jaunes d'œufs
200 g de crème fraîche épaisse
Sel
Poivre en grains

Couper la viande en morceaux de même taille. Les mettre dans une cocotte, couvrir d'eau froide et porter à ébullition. **Laisser bouillir** quelques minutes pour écumer* parfaitement. Ajouter le vin blanc, l'oignon épluché et piqué des clous de girofle, les carottes épluchées et coupées en rondelles, le bouquet garni*. Saler et cuire à petits frémissements pendant 1 heure.

Couper le pied terreux des champignons, les nettoyer puis les blanchir* dans de l'eau bouillante avec le jus de citron pendant 2 minutes. Égoutter.

Égoutter la viande, la sécher sur du papier absorbant. Filtrer soigneusement le liquide de cuisson et récupérer les carottes.

Chauffer le beurre dans une sauteuse et ajouter les morceaux de viande. Laisser étuver* durant 10 minutes. Saupoudrer de farine, mélanger et verser le bouillon de cuisson chaud. Poursuivre la cuisson 20 minutes sur feu doux.

Avec une écumoire, déposer les morceaux de viande dans un plat, couvrir et garder au chaud.

Faire réduire* la sauce sur feu vif pendant 5 minutes.

Mélanger les jaunes d'œufs avec la crème, délayer un peu de sauce dans cette préparation, puis reverser le tout dans la sauteuse. Ajouter les champignons de Paris, les carottes, puis les morceaux de viande. Réchauffer la sauce 5 minutes à feu doux, sans faire bouillir. **Servir.**

On peut parsemer d'estragon ciselé.

Carpaccio de veau, avocat, fèves et poivre vert

Pour 4 personnes
Préparation 30 minutes

1 tomate de 80 g
60 g de fèves crues décortiquées
2 avocats
½ citron vert
4 gouttes de Tabasco
500 g de sous-noix de veau
1 c. à s. de vinaigre balsamique
4 c. à s. d'huile d'olive
6 grains de poivre vert frais
Fleur de sel
Sel
Poivre du moulin

Monder* et épépiner la tomate, la tailler en petits dés. **Hacher** finement les fèves.

Ôter la peau et les noyaux des avocats. Les mixer avec le jus du citron vert. Saler et poivrer. Ajouter le Tabasco et passer au tamis. **Napper*** le fond de 4 assiettes avec la purée d'avocats.

À l'aide d'un couteau à lame longue et fine, trancher de fines escalopes dans la sous-noix de veau. Les disposer en rosace sur la purée d'avocats.

Mélanger le vinaigre balsamique et l'huile d'olive. Saler. Badigeonner avec un pinceau ce mélange sur le veau. **Parsemer** de dés de tomate, de fèves hachées et de poivre vert concassé finement. Saupoudrer de fleur de sel. **Servir** aussitôt.

CARPACCIO

Carré de veau poché au lait parfumé au tilleul

Pour 10 personnes
Préparation 15 minutes **Cuisson** 2 heures 10 **Marinade** 12 heures

1 carré de veau de 4 kg
2 l de lait
30 g de tilleul séché
Sel
Poivre du moulin

Sauce
80 g de vinaigre de cristal
40 g d'échalotes
10 grains de poivre blanc concassés
4 jaunes d'œufs
250 g de beurre mou
½ c. à c. rase de thé vert en poudre (matcha)

La veille
Demander au boucher de détalonner* le carré. **Placer** la viande dans un grand récipient. Ajouter le lait, le tilleul et 1 l d'eau froide. Couvrir le récipient d'un film alimentaire et laisser mariner* 12 heures au réfrigérateur.

Le jour même
Mettre le carré dans une cocotte avec la marinade*. Porter lentement à ébullition à couvert. Compter 45 à 50 minutes avant que le lait commence à bouillir. Saler, poivrer. Laisser cuire à petits bouillons pendant 1 heure. Réserver au chaud.

Préparer la sauce. Dans une autre casserole, verser le vinaigre, les échalotes ciselées et le poivre concassé. Laisser réduire à sec* sur feu moyen pendant environ 3 minutes. Retirer du feu. Ajouter les jaunes d'œufs, 1 cuillerée à soupe d'eau. Mélanger au fouet.
Sur feu très doux, monter* les jaunes en les fouettant en faisant des 8. Dès qu'ils deviennent mousseux, retirer du feu et incorporer le beurre, toujours en fouettant. Passer la sauce au chinois* fin. Rectifier l'assaisonnement. Ajouter le thé vert.

Présenter le carré entier sur un plat de service avec la sauce en saucière. **Servir** aussitôt.

CARRÉ

Double côte de veau, marrons, jus à la vanille

Pour 2 personnes
Préparation 40 minutes **Cuisson** 1 heure

- 1 double côte de veau de 800 g
- 2 c. à s. d'huile d'arachide
- 100 g de carottes
- 100 g d'oignons
- 1 brin de thym
- 1 feuille de laurier
- 2 gousses de vanille
- 150 g de marrons cuits sous vide
- 10 cl de bouillon de légumes
- 1 c. à c. de cumin en graines
- 1 c. à c. de fenouil en graines
- 50 g de pâte de tamarin
- 1 c. à c. rase de piment en poudre
- 1 c. à c. rase de gingembre en poudre
- 60 g de cassonade
- 200 g de fenouil
- 20 g de beurre
- 2 c. à s. d'huile d'olive
- Sel
- Poivre du moulin

Demander au boucher de détalonner* la côte. Saler et poivrer.

Dans une cocotte, chauffer l'huile d'arachide, colorer la viande sur ses 2 faces sur feu moyen pendant 3 minutes de chaque côté. Réserver dans un plat.

Éplucher et émincer les carottes et les oignons. Les placer dans la cocotte avec le thym, le laurier et les gousses de vanille fendues en 2. Faire revenir* les légumes en leur donnant une légère coloration pendant 3 minutes sur feu moyen.

Poser la côte dessus. **Ajouter** les marrons tout autour. Verser le bouillon. **Cuire** à feu doux pendant 45 minutes à couvert. ›

CÔTE

Double côte de veau, marrons, jus à la vanille suite

› **Torréfier*** les graines de cumin et de fenouil dans une poêle à sec pendant 2 minutes sur feu moyen. Les réduire en poudre.

Dans une casserole, porter à ébullition 15 cl d'eau avec la pâte de tamarin, les épices en poudre (piment, gingembre, cumin et fenouil), laisser cuire 10 minutes à petits bouillons. **Ajouter** la cassonade. **Mélanger** jusqu'à la complète dissolution. Garder au chaud.

Ôter les côtes et le pied du fenouil, le couper en 2, l'émincer* le plus finement possible à la mandoline*.

Ôter la côte de la cocotte, la dresser sur un plat de service avec les marrons autour. Couvrir d'un papier d'aluminium. Réserver au chaud.

Passer le jus de cuisson au chinois* fin. Ajouter le beurre. Rectifier l'assaisonnement.

Chauffer l'huile d'olive dans une poêle, saisir le fenouil sur feu vif pendant 2 minutes. Saler et poivrer. **Cuire** 2 minutes sur feu moyen. Déposer le fenouil dans le plat de service.

Arroser les côtes avec 3 cuillerées à soupe de la sauce au tamarin et aux épices. Napper* d'un peu de jus de cuisson et verser le reste en saucière. **Servir** aussitôt. •

DOUBLE CÔTE DE VEAU MARRONS JUS À LA VANILLE

ESCALOPE

Escalopes de veau farcies au chèvre frais et cresson pané au pain d'épice

Pour 4 personnes
Préparation 30 minutes **Cuisson** 20 minutes **Réfrigération** 15 minutes

4 escalopes de veau de 160 g chacune
200 g de pain d'épice
300 g de cresson
2 œufs
200 g de fromage de chèvre frais (charolais)
2 c. à s. de farine
3 c. à s. d'huile d'arachide
4 c. à s. d'huile d'olive
Sel
Poivre du moulin

Demander au boucher d'aplatir les escalopes de veau.

Couper le pain d'épice en tranches, le faire sécher au four pendant environ 10 minutes à 150 °C. Le réduire en chapelure*.

Effeuiller le cresson, le laver et l'égoutter. En prélever 40 g pour la farce. Porter à ébullition de l'eau salée. **Cuire** à feu moyen pendant 5 minutes le cresson, le rafraîchir*, l'égoutter, puis le mixer.

Hacher les 40 g de cresson réservés, les mélanger avec le fromage de chèvre et 20 g de chapelure de pain d'épice. Saler et poivrer.

Saler et poivrer les escalopes, répartir sur chacune la farce au fromage. Les plier comme un chausson.

Dans un plat, casser les œufs, saler et poivrer, les battre en omelette. Dans 2 autres plats, verser la farine et la chapelure de pain d'épice. Fariner* les chaussons d'escalopes, les tremper dans l'œuf, puis les paner* de chapelure. Secouer très légèrement pour ôter l'excédent. Réserver 15 minutes au frais avant cuisson.

Dans une poêle, chauffer l'huile d'arachide. Cuire sur feu moyen les escalopes 3 minutes de chaque côté. Elles doivent être colorées.

Pendant ce temps, réchauffer le coulis de cresson. Incorporer l'huile d'olive. Saler et poivrer. Dresser les escalopes panées dans les assiettes. Donner quelques tours de moulin à poivre. **Servir** avec le coulis de cresson en saucière.

Estouffade de veau aux figues et aux raisins

Pour 4 personnes
Préparation 20 minutes **Cuisson** 30 minutes

600 g de noix pâtissière
80 g d'échalotes
300 g de figues
2 c. à s. d'huile d'arachide
30 cl de vin rouge
2 feuilles de laurier
3 clous de girofle
20 grains de raisins
1 c. à s. de vinaigre de vin
Sel
Poivre du moulin

Tailler le veau en morceaux de 50 g environ. **Éplucher** et ciseler les échalotes. **Laver** et couper les figues en 4.

Dans une cocotte, chauffer l'huile d'arachide. Faire colorer les morceaux de veau pendant 5 minutes environ sur feu moyen. Saler et poivrer. Enlever les morceaux de veau. Faire suer* l'échalote. Ajouter les figues. **Mouiller*** avec le vin rouge. Porter à ébullition, puis remettre les morceaux de veau, avec le laurier et les clous de girofle. Laisser cuire à petits bouillons pendant 20 minutes.

Pendant ce temps, éplucher les grains de raisin, les couper en 2 et les épépiner.

Retirer les morceaux de viande et les figues de la cocotte, les déposer dans un plat de service. Couvrir de papier d'aluminium et réserver au chaud.

Mixer et passer au chinois* fin le jus de cuisson. Ajouter le vinaigre de vin. Rectifier l'assaisonnement. Ajouter les grains de raisin. **Cuire** 3 minutes sur feu doux. Verser sur la viande. **Servir** aussitôt.

Jarret de veau cuit entier aux kumquats et gingembre

Pour 4 personnes
Préparation 30 minutes **Cuisson** 2 heures 45

130 g d'oignons
130 g de carottes
60 g de gingembre
2 c. à s. d'huile d'arachide
1 jarret de veau de 1,5 kg
550 g de kumquats frais
1 brin de thym
1 feuille de laurier
2 oranges
1 citron
300 g de sucre
250 g de vinaigre de cristal
1 bâton de cannelle de 5 cm
8 clous de girofle
Sel
Poivre du moulin

Éplucher et émincer* les oignons, la carotte et le gingembre. **Dans une cocotte,** faire colorer sur feu moyen dans l'huile d'arachide le jarret sur toutes les faces pendant environ 5 minutes. Le retirer de la cocotte pour y faire revenir 5 minutes les légumes et le gingembre. Ajouter 150 g de kumquats lavés et coupés en 2, le thym et le laurier. Mouiller* avec le jus des oranges et du citron. Remettre le jarret, couvrir et poursuivre la cuisson à feu doux pendant 2 heures.

Pendant ce temps, laver et couper le reste des kumquats en 4 dans la longueur, les épépiner. Les mettre dans une casserole. **Mouiller** avec de l'eau à hauteur. Porter à ébullition. Cuire à feu doux 5 minutes. Égoutter. Réserver l'eau de cuisson. Ajouter dans l'eau de cuisson le sucre, le vinaigre, la cannelle et les clous de girofle. Porter à ébullition. Dès que le sucre est dissous, remettre les kumquats. **Cuire** sur feu doux pendant 30 minutes. Réserver au chaud.

Retirer le jarret cuit de la cocotte. Garder au chaud. Filtrer le jus de cuisson, rectifier l'assaisonnement.

Dresser le jarret dans un plat de service avec un peu de jus de cuisson, les kumquats et leur jus en saucière. **Servir** aussitôt accompagné d'un gratin de pomme de terre et céleri.

JARRET

Osso bucco

Pour 6 personnes
Préparation 20 minutes **Cuisson** 1 heure 10

2 oignons blancs doux
2 côtes de céleri
3 carottes
1 orange non traitée
6 tranches de jarret de veau de 175 g chacune
2 c. à s. d'huile d'olive
4 tomates
½ bouteille de vin blanc
1 c. à s. de moutarde forte
Sel
Poivre du moulin

Éplucher et ciseler finement les oignons doux et le céleri. **Éplucher** et couper en fines rondelles les carottes. **Prélever** le zeste de l'orange. Presser son jus.

Colorer dans une sauteuse sur feu vif les tranches de jarret 2 minutes de chaque côté dans l'huile chaude. Saler, poivrer. Réduire le feu. **Ajouter** les oignons blancs doux, le céleri, les carottes, laisser suer* sur feu doux pendant 5 minutes.

Peler, épépiner et concasser* les tomates, les ajouter dans la cocotte avec le jus d'orange. **Cuire** à découvert 20 minutes, tout en ajoutant le vin blanc par petites quantités et en le laissant réduire* à chaque fois. **Retourner** les tranches de jarret. Saler, poivrer. Poursuivre la cuisson pendant 40 minutes sur feu très doux et à couvert.

Au moment de servir, ajouter 1 cuillerée à soupe de moutarde et le zeste de l'orange.

Accompagner de macaronis ou de céleri-rave en gratin.

Poitrine de veau farcie

Pour 8 à 10 personnes
Préparation 40 minutes **Cuisson** 1 heure 30 **Repos** 15 minutes

1 poitrine de veau à farcir
300 g d'épinards
125 g de riz blanc
2 gousses d'ail
1 gros oignon doux
3 c. à s. d'huile d'olive
250 g de chair à saucisse
2 œufs
4 échalotes
1 branche de céleri
3 carottes
20 cl de vin blanc
50 g de beurre
Sel
Poivre du moulin

Demander au boucher d'ouvrir au milieu la poitrine de veau.

Équeuter, laver, essorer et hacher grossièrement les épinards.

Verser le riz dans une casserole, couvrir d'eau froide. Porter à ébullition, égoutter aussitôt.

Éplucher et hacher les gousses d'ail. Éplucher et hacher l'oignon doux, le faire suer* dans une poêle à feu moyen pendant 3 minutes avec 2 cuillerées à soupe d'huile.

Mélanger dans un saladier la chair à saucisse, les épinards, le riz, l'oignon, l'ail, les œufs. Saler, poivrer. Farcir la poitrine de ce mélange, la recoudre avec soin pour la fermer.

Chauffer dans une cocotte 1 cuillerée à soupe d'huile. Saisir à feu moyen la poitrine farcie sur toutes ses faces pendant environ 5 minutes. **Ajouter** les échalotes épluchées et coupées en 2, le céleri et les carottes épluchés et coupés en tronçons. **Laisser suer*** durant 20 minutes, puis mouiller* avec le vin blanc. Saler, poivrer et laisser cuire 1 heure sur feu doux.

Placer la poitrine farcie dans un plat de service et laisser reposer 15 minutes couvert d'un papier d'aluminium. Passer le jus de cuisson au chinois puis le monter* au beurre. **Servir** aussitôt.

Quasi de veau façon acras au cinq-épices et citron vert

Pour 4 personnes
Préparation 20 minutes **Cuisson** 4 à 5 minutes

320 g de quasi de veau
2 citrons verts non traités
20 g de gingembre
60 g de farine
2 g de levure chimique
½ c. à c. de cinq-épices chinois
1 œuf
100 g de lait
Sel
Poivre du moulin
Huile pour friture

Tailler le quasi de veau en petits dés. **Râper** le zeste des citrons verts. Presser le jus. **Éplucher,** hacher le gingembre.

Mélanger dans un bol le veau, les zestes et le gingembre. Ajouter le cinq-épices. Saler et poivrer.

Dans un autre bol, mélanger la farine et la levure chimique. Ajouter l'œuf, le lait. Saler et poivrer. Mélanger pour avoir une pâte d'une consistance homogène. Incorporer l'appareil* à la viande. Mélanger.

Chauffer l'huile d'une friteuse à 180 °C. À l'aide d'une cuillère à soupe, prendre une grosse noix du mélange, le faire glisser délicatement dans l'huile chaude. Renouveler l'opération. **Laisser colorer** 4 à 5 minutes. Égoutter sur du papier absorbant. Saler.

Servir bien chaud avec le jus de citron.

QUASI

Lapin à l'estragon en cocotte lutée

Pour 6 personnes
Préparation 25 minutes **Cuisson** 45 minutes

1 lapin
600 g de fenouil
2 c. à s. d'huile d'olive
10 cl de vin blanc
1 c. à c. de graines de fenouil
½ botte d'estragon
20 g de beurre
Sel
Poivre du moulin

Pâte à lutage
250 g de farine
100 g d'eau

Demander au volailler de couper le lapin en 12 morceaux.

Laver, retirer la première coque des fenouils, puis les couper en 2 dans la longueur, les émincer* sur 5 à 8 mm d'épaisseur environ. Les cuire à l'eau bouillante salée pendant 10 minutes. Les égoutter. Réserver à température ambiante.

Saler et poivrer les morceaux de lapin.

Dans une cocotte, chauffer l'huile d'olive, colorer le lapin sur toutes ses faces, à feu moyen pendant 5 minutes environ. Ajouter les graines de fenouil fraîchement moulues, puis ajouter le vin blanc. **Remuer** avec une spatule pour décoller les sucs du fond de la cocotte. Mettre dessus les fenouils blanchis*, l'estragon ciselé* et le beurre. **Réserver.**

Préparer la pâte à lutage.
Pétrir la farine et l'eau, jusqu'à obtention d'une pâte souple et élastique. Former un boudin un peu plus grand que le contour de la cocotte. **Appliquer** la pâte sur le bord de la cocotte, poser le couvercle. Souder le couvercle avec la pâte qui dépasse. Appuyer fermement pour qu'elle colle aux parois. **Enfourner** 30 minutes à 180 °C.

Casser la croûte juste avant de servir.

COCOTTE

Fricassée de lapin de garenne au vin jaune et aux coings

Pour 4 personnes
Préparation 20 minutes **Cuisson** 50 minutes

1 lapin
1 carotte
1 oignon
2 coings
2 c. à s. d'huile d'olive
1 brin de thym
1 feuille de laurier
1 grosse pincée de sucre
40 cl de vin jaune
Sel
Poivre du moulin

Demander au boucher de préparer le lapin en réservant les rognons, le foie, et en le coupant en 8 morceaux.

Éplucher la carotte et l'oignon. Les émincer* finement. **Éplucher** les coings, les couper en 2, les épépiner. Tailler chaque demi-coing en 8 quartiers.

Saler et poivrer le lapin.

Dans une large cocotte, colorer à feu moyen dans l'huile chaude les morceaux de lapin sur toutes les faces, avec la carotte, l'oignon, le thym et le laurier pendant 5 minutes environ. Tout enlever, mettre à la place les coings, leur donner une légère coloration durant 2 minutes de chaque côté. Ajouter le sucre, saler et poivrer. **Mouiller*** avec le vin jaune, couvrir et laisser cuire 20 minutes sur feu doux.

Ajouter les morceaux de lapin, le foie, les rognons et les légumes, poursuivre la cuisson pendant 30 minutes à couvert et toujours sur feu doux.

Dresser le lapin et les coings dans un plat de service. Napper du jus de cuisson. **Servir** aussitôt.

Pot-au-feu de lapin

Pour 8 personnes
Préparation 20 minutes **Cuisson** 1 heure 40

500 g de petit salé
8 carottes
4 navets
6 gousses d'ail
4 poireaux
1 oignon
3 clous de girofle
1 petit chou
20 cl de vin blanc
1 lapin
1 bouquet garni*
Gros sel, poivre en grains

Demander au boucher de couper le lapin en morceaux.

Ébouillanter le petit salé dans une casserole d'eau bouillante pendant 2 minutes. Égoutter.

Éplucher les carottes, les navets, l'ail, les poireaux et l'oignon. Piquer ce dernier avec les clous de girofle. Retirer la première feuille du chou, le couper en 4 et enlever le trognon.

Dans une grande cocotte, porter à ébullition une grande quantité d'eau. Y mettre le petit salé. Laisser cuire à petits frémissements pendant 20 minutes. **Écumer*** si nécessaire. **Ajouter** le vin blanc, les légumes, le lapin, le bouquet garni* et le poivre en grains. Saler légèrement avec le gros sel. **Cuire** à petits frémissements pendant 1 heure 15.

Servir avec des tranches de pain grillé badigeonnées à l'huile d'olive, de la moutarde ou de l'aïoli.

POT-AU-FEU

Cailles aux artichauts

Pour 4 personnes
Préparation 20 minutes **Cuisson** 16 minutes

4 cailles
4 artichauts
200 g de champignons de Paris
1 citron jaune
4 gousses d'ail non épluchées
2 c. à s. d'huile d'olive
20 cl de bouillon de poule
1 bouquet garni*
Sel
Poivre du moulin

Demander au volailler de préparer les cailles et de les couper en 2.

Tourner* les artichauts pour ne garder que les fonds, les couper en 8 et les réserver dans un bol d'eau avec le jus du citron.

Couper les pieds des champignons, les laver rapidement, les couper en morceaux.

Faire rissoler* les cailles dans l'huile chaude, sur feu moyen dans une cocotte, pendant 3 minutes de chaque côté. **Ajouter** les fonds d'artichauts égouttés, les gousses d'ail, les champignons et le bouquet garni. Saler. **Verser** le bouillon chaud et cuire 10 minutes sur feu moyen sans couvrir. Vérifier la cuisson des artichauts, ils doivent être tendres. Poivrer. **Servir** aussitôt.

CAILLE

Filet de canette, confit de mangue et ananas

Pour 6 personnes
Préparation 25 minutes **Cuisson** 20 minutes

6 filets de canette de160 g chacun
6 sommités de chou romanesco

Confit de mangue et ananas
200 g de mangue
200 g d'ananas frais
10 g de miel d'acacia
15 g de vinaigre de cidre

Jus de volaille
20 cl de fond de volaille réduit
20 g de beurre
Sel
Poivre du moulin

Inciser la peau des filets de canette. Saler, poivrer. Chauffer une poêle à feu moyen. Colorer les filets côté peau, sans matière grasse pendant 4 minutes environ. Les retourner et les saisir 1 minute de l'autre côté. Terminer la cuisson 7 minutes dans le four préchauffé à 200 °C.

Cuire les sommités de chou romanesco 2 minutes dans une casserole d'eau bouillante salée. Égoutter. Garder au chaud.

Préparer le confit de mangue et ananas. Éplucher et couper l'ananas et la mangue en dés de 5 mm.
Dans une casserole, colorer le miel au caramel brun sur feu moyen pendant 2 minutes. Déglacer avec le vinaigre de cidre. Verser les dés de fruits. Saler, poivrer. Cuire sur feu moyen durant 5 minutes environ. Il ne doit plus y avoir de liquide. Rectifier l'assaisonnement.

Réaliser le jus de volaille.
Porter à ébullition le fond de volaille à feu moyen et le monter au beurre. Rectifier l'assaisonnement.

Dresser dans chaque assiette une quenelle de confit de mangue et ananas. Poser le filet de canette et une sommité de chou romanesco. Napper légèrement de jus de volaille. **Servir** aussitôt.

Coq au lait de coco, banane et piment oiseau

Pour 8 à 10 personnes
Préparation 30 minutes **Cuisson** 2 heures 10 **Réfrigération** 12 heures
À préparer la veille

1 coq de 3,8 kg
70 cl de lait
80 cl de lait de coco
350 g d'oignons
2 gousses d'ail
40 g de gingembre
2 c. à s. d'huile d'arachide
4 cl de rhum brun
100 g de raisins blonds secs
200 g d'ananas frais
1 pomme granny-smith
2 bananes
1 piment oiseau frais
Sel
Poivre du moulin

La veille
Demander au volailler de couper le coq en 16 à 18 morceaux. Les mettre dans un saladier. Verser dessus le lait et le lait de coco. Couvrir d'un film alimentaire. Réserver au frais pendant 12 heures.

Le jour même
Égoutter le coq. Réserver les laits. **Éplucher** et émincer finement les oignons, l'ail et le gingembre.

Dans une cocotte, saisir* les morceaux de coq dans l'huile d'arachide chaude, sur feu vif pendant environ 3 minutes de chaque côté. Saler et poivrer. Débarrasser* dans un plat. **Mettre** à la place l'oignon, l'ail et le gingembre émincés, les faire revenir* durant 2 minutes sur feu moyen en leur donnant une légère coloration. **Déglacer*** au rhum brun. Remettre le coq et mouiller* avec les laits. Porter à ébullition, baisser le feu, laisser cuire à petits bouillons pendant 2 heures à couvert.

Mettre les raisins à tremper dans de l'eau tiède.

Éplucher les fruits. Tailler l'ananas et la pomme en cubes de 1 cm de côté et les bananes en rondelles de 5 mm d'épaisseur. **Laver,** épépiner et émincer le piment oiseau.

Après les 2 heures de cuisson, ôter les morceaux de coq. Mixer et passer le jus de cuisson au chinois*. **Rectifier** l'assaisonnement*. Mettre le coq et la sauce dans la cocotte, ainsi que les fruits et les raisins secs égouttés. Laisser reprendre l'ébullition sur feu moyen. Ajouter le piment oiseau et terminer la cuisson durant 2 minutes. **Dresser** dans un plat de service et servir aussitôt.

Coquelets grillés aux citrons

Pour 4 personnes
Marinade 4 heures **Préparation** 10 minutes **Cuisson** 1 heure 20

2 coquelets
4 citrons jaunes non traités
1 c. à s. d'huile neutre

Marinade*
15 cl d'huile d'olive
10 cl de jus de citron jaune
10 cl de vin blanc
1 brin de thym
1 feuille de laurier
1 c. à s. de moutarde à l'ancienne
Sel
Poivre mignonnette

Demander à votre volailler de préparer et de couper en 2 les coquelets.

Préparer la marinade*. Mélanger l'huile, le jus de citron, le vin blanc, le poivre et le sel. Ajouter le thym et le laurier écrasés et la moutarde.

Mettre les coquelets dans un plat creux, verser dessus la marinade*. Laisser reposer 2 heures au frais recouvert d'un film alimentaire.

Couper 4 carrés de 20 cm de côté de papier d'aluminium. Huiler la face brillante et envelopper hermétiquement 1 citron dans chaque feuille. Enfourner à 180 °C pendant 1 heure.

Égoutter les coquelets et les aplatir. Les cuire sous le gril du four ou sur un barbecue 8 à 10 minutes de chaque côté. **Servir** aussitôt avec les citrons coupés en rondelles.

Blanc de dinde dans une feuille de chou, au calamar et soja

Pour 4 personnes
Préparation 45 minutes **Cuisson** 35 minutes

8 feuilles de chou de Milan
300 g de blancs de dinde
Sel, poivre du moulin

Garniture aromatique
1 carotte
1 oignon
1 branche de céleri
1 brin de thym
1 feuille de laurier
1 c. à s. d'huile d'olive
20 cl de bouillon de volaille
Sel, poivre

Farce
120 g de pousses de soja
80 g de carotte
80 g de courgette
2 c. à s. d'huile d'olive
8 crevettes roses cuites
150 g de blanc de calamar

Blanchir* les feuilles de chou 3 minutes dans une casserole d'eau bouillante salée. Les rafraîchir* et les égoutter sur un torchon propre.

Préparer la farce. Rincer les pousses de soja. Éplucher la carotte. Laver la courgette. Les tailler en bâtonnets de la taille des pousses de soja. **Tailler** les blancs de dinde en lanières de 5 mm de largeur. Saler et poivrer. Chauffer sur feu vif une poêle avec 1 cuillerée à soupe d'huile d'olive, y faire revenir* les lanières de dinde 2 minutes et les débarrasser* dans un saladier. **Dans la même poêle,** chauffer la seconde cuillerée à soupe d'huile d'olive, faire sauter les légumes 2 minutes, les débarrasser avec la viande. **Décortiquer** les crevettes, les couper en 3. **Rincer** et tailler les calamars en rouelles. **Ajouter** les crevettes et les calamars dans le saladier. **Rectifier** l'assaisonnement.

Ôter les côtes des feuilles de chou. Sur un plan de travail, faire chevaucher légèrement 2 feuilles de chou, répartir la farce dessus, plier pour former une boule. Procéder de même en formant 3 autres boules.

Éplucher et émincer* les légumes de la garniture. **Dans une cocotte,** faire revenir la garniture aromatique dans l'huile d'olive chaude, sur feu moyen pendant 3 minutes en lui donnant une légère coloration. Poser dessus les feuilles de chou. **Verser** le bouillon de volaille. Porter à ébullition. **Couvrir** d'une feuille de papier sulfurisé, laisser cuire à petits bouillons pendant 25 minutes.

Dresser les feuilles de chou farcies dans un plat. Garder au chaud. Passer le jus de cuisson au chinois*, rectifier l'assaisonnement. Napper* les feuilles de chou de jus de cuisson. **Servir** avec la garniture aromatique.

Blanc de dinde mariné au citron vert et au sumac

Pour 4 personnes
Préparation 15 minutes **Marinade** 4 heures

2 citrons verts non traités
½ botte de cerfeuil
½ botte d'estragon
15 cl d'huile d'olive
8 g de sumac
500 g de blancs de dinde
Fleur de sel
Sel, fleur de sel
Poivre du moulin

Prélever le zeste d'un citron vert à l'aide d'un économe* et le hacher finement. Presser le jus des citrons. Laver, effeuiller les herbes, puis les hacher. **Mélanger** dans un bol l'huile d'olive, le jus des citrons, le zeste, le sumac et les herbes hachées. Saler et poivrer.

Badigeonner à l'aide d'un pinceau le fond d'un plat creux et large avec la vinaigrette.

Couper dans les blancs de dinde de fines escalopes avec un couteau fin et aiguisé. Les poser bien à plat sur la vinaigrette, puis verser dessus le reste de la sauce. **Garder** au frais pendant 4 heures couvert d'un film alimentaire.

Sortir les escalopes 15 minutes avant de les consommer. Parsemer quelques cristaux de fleur de sel avant de servir.

On peut accompagner ce plat d'une salade d'endives et de poires séchées, assaisonnées avec la vinaigrette des blancs de dinde.

DINDE

Rôti de cuisse de dinde au genièvre et aux olives

Pour 4 personnes
Préparation 15 minutes **Cuisson** 35 minutes

1 cuisse de dinde
6 baies de genièvre
1 carotte
1 oignon
1 c. à s. d'huile d'arachide
1 brin de thym
1 feuille de laurier
10 cl de vin blanc
12 olives noires dénoyautées
Sel
Poivre du moulin

Demander au volailler de désosser la cuisse et d'ôter les nerfs.

À l'aide d'un couteau, trancher la cuisse pour qu'elle soit partout de la même épaisseur.

Hacher finement le genièvre.

Étaler la viande à plat. Saler, poivrer et saupoudrer de genièvre. La rouler comme pour former un rôti. Maintenir avec de la ficelle de cuisine.

Éplucher et émincer* la carotte et l'oignon.

Dans une cocotte, chauffer l'huile d'arachide et colorer le rôti sur toutes ses faces sur feu moyen pendant environ 5 minutes. Ajouter les légumes, le thym et le laurier. Laisser revenir* 1 minute. **Mouiller*** avec le vin blanc. Enfourner à 180 °C pendant 30 minutes ; retourner le rôti 2 ou 3 fois durant la cuisson.

Sortir la cocotte du four, enlever le rôti, le réserver au chaud sur une assiette recouverte d'une feuille de papier d'aluminium.

Filtrer le jus de cuisson, ajouter les olives, rectifier l'assaisonnement. Ôter la ficelle, couper le rôti en tranches. **Les dresser** sur un plat de service, napper* du jus aux olives.

On peut accompagner ce plat d'une salade ou d'un riz basmati.

Pigeon aux poires et poivre de Sichuan

Pour 2 personnes
Préparation 10 minutes **Cuisson** 17 minutes

6 poires à chair ferme
40 g de beurre
1 c. à s. de sucre en poudre
2 petits pigeons
Sel
Poivre de Sichuan

Éplucher les poires, les couper en quartiers.
Chauffer 20 g de beurre dans une poêle, placer les quartiers de poires, saupoudrer de sucre et les faire caraméliser légèrement 3 minutes de chaque côté sur feu moyen. Réserver au chaud.

Dans une cocotte, chauffer 20 g de beurre, faire rissoler* les pigeons sur feu moyen pendant 2 minutes de chaque côté. Saler, poursuivre la cuisson 5 minutes à couvert. **Couper** les pigeons en 2, les replacer dans la cocotte pour rissoler la face interne durant 2 minutes toujours sur feu moyen.

Dresser dans chaque assiette les pigeons et les quartiers de poires. Saupoudrer de poivre de Sichuan fraîchement moulu.

Accompagner d'une salade de céleri branche.

PIGEON

Suprêmes de pintade aux coings

Pour 2 personnes
Préparation 20 minutes **Cuisson** 30 minutes

2 coings
3 c. à s. d'huile d'olive
2 c. à s. de miel d'acacia
2 pistils de safran
50 g d'amandes mondées
1 c. à c. rase de gros sel
2 suprêmes* de pintade avec l'aile
Sel
Poivre à queue (cubèbe)

Éplucher et couper en morceaux les coings. Les cuire dans une casserole d'eau bouillante durant 15 minutes sur feu moyen. Vérifier la cuisson avec la pointe d'un couteau. Ils doivent être tendres.

Chauffer 1 cuillerée à soupe d'huile d'olive dans une casserole. Ajouter le miel d'acacia et laisser brunir légèrement pendant 2 minutes à feu moyen. **Ajouter** les pistils de safran et 1 pincée de poivre à queue fraîchement moulu.

Dorer à sec les amandes dans une petite poêle, sur feu moyen pendant 2 minutes environ. Saler au gros sel, laisser brunir encore 1 minute, puis les écraser grossièrement dans un mortier. **Ajouter** les amandes au mélange miel et huile.

Dans une poêle, cuire les suprêmes* dans la seconde cuillerée à soupe d'huile d'olive sans leur laisser prendre couleur : compter 2 minutes sur feu moyen. Saler. Ensuite, retourner plusieurs fois les suprêmes dans le mélange huile-miel-amandes pour qu'ils s'imprègnent bien. Terminer leur cuisson sous le gril du four pour les faire dorer pendant 3 minutes de chaque côté. **Garder** au chaud.

Chauffer dans une poêle la troisième cuillerée d'huile d'olive. Faire rissoler* les cubes de coing sur feu moyen durant 2 minutes. Saler et poivrer avec du poivre à queue.

Dresser les coings à côté des suprêmes.

Servir accompagné d'un riz aux raisins secs.

Pintade en tourte aux côtes de blettes

Pour 6 personnes
Préparation 1 heure **Cuisson** 45 minutes **Réfrigération** 30 minutes

1 pintade fermière
5 baies de genièvre
1 c. à s. de gin
300 g de blettes
100 g de beurre mou
10 feuilles de coriandre
3 c. à s. d'huile d'argan
3 c. à s. d'huile de pépins de raisin
Sel
Poivre du moulin

Pâte
150 g de beurre mou
300 g de farine
40 g de poudre d'amandes
2 pincées de sel
3 g de graines de céleri
2 œufs

Lever* les cuisses et les blancs de la pintade. **Réserver** le foie et le cœur. **Désosser** les cuisses, ôter la peau. Ôter la peau des blancs. Tailler les blancs en lanières de 5 cm environ de large. **Mettre** les lanières dans un bol avec le genièvre finement haché et le gin. Bien mélanger. **Réserver** au frais couvert d'un film alimentaire pendant 30 minutes.

Préparer la pâte. Mélanger le beurre avec la farine, la poudre d'amandes, le sel et les graines de céleri. Ajouter les œufs. **Pétrir** rapidement pour former une boule. La réserver au frais couvert d'un film alimentaire pendant 30 minutes.

Séparer les côtes du vert des blettes. Laver puis éplucher les côtes, les couper en 2 dans la longueur, les émincer* sur 5 mm de largeur. Laver et émincer* le vert de blette.

Confectionner la farce. Hacher finement au couteau les cuisses avec le foie et le cœur. Les mélanger au beurre. Ajouter les blancs de pintade en lanières, les côtes et le vert des blettes émincés. Saler et poivrer. ›

Pintade en tourte aux côtes de blettes suite

› **Étaler** la pâte sur 5 mm d'épaisseur environ. Chemiser* un moule à cake antiadhésif. Couper la pâte qui dépasse. L'étaler de nouveau aux dimensions du moule pour couvrir le dessus de la tourte.

Remplir le moule de farce, replier les bords de pâte sur le dessus. À l'aide d'un pinceau humide, humecter les bords de pâte repliée. Poser dessus le couvercle de pâte réservé. **Appuyer** avec les doigts pour souder les deux pâtes. **Percer** 2 trous sur le dessus de la tourte. Insérer un petit rouleau de papier sulfurisé dans chaque trou pour former une cheminée. **Enfourner** à 190 °C pendant 45 minutes.

Laver et ciseler les feuilles de coriandre. Les mettre dans un bol avec les 2 huiles. Saler, poivrer.

Démouler la tourte dès la sortie du four. Réaliser des tranches à l'aide d'un couteau-scie. Arroser d'un trait du mélange d'huiles à la coriandre. **Servir** aussitôt. •

PINTADE EN TOURTE AUX CÔTES DE BLETTES

Poularde au vin jaune et aux morilles

Pour 6 personnes
Préparation 15 minutes **Cuisson** 1 heure

1 poularde coupée en morceaux
15 g de farine
50 g de beurre
400 g de morilles fraîches
25 cl de vin jaune
500 g de crème fraîche épaisse
Sel
Poivre

Assaisonner les morceaux de poularde de sel et de poivre, les saupoudrer légèrement de farine.

Dans une cocotte, déposer les morceaux de poularde dans le beurre chaud. **Enfourner** à 180 °C, à couvert, pendant 30 minutes.

Laver rapidement les morilles dans plusieurs eaux pour bien retirer le sable. Les égoutter, sécher sur un linge et les couper éventuellement en 2.

Retirer les morceaux de poularde de la cocotte. Réserver au chaud. **Sur feu vif,** faire réduire le jus de cuisson presque à sec*, déglacer* avec le vin jaune, et porter à ébullition pendant 3 minutes. **Ajouter** la crème et les morilles. Remettre les morceaux de poularde et laisser cuire encore 20 minutes à frémissement, sans couvrir à feu doux. **Rectifier** l'assaisonnement. **Servir.**

Ne pas poivrer des morilles fraîches. On peut les remplacer par des morilles sèches : compter environ 75 g. Les mettre à tremper dans un bol d'eau froide pendant 3 heures avant leur utilisation.

Poule au pot

Pour 6 personnes
Préparation 25 minutes **Cuisson** 1 heure 30

1 poule de 1,5 kg
1 bouquet garni*
1 branche de céleri
10 grains de poivre blanc
1 oignon
2 clous de girofle

300 g de carottes
200 g de navets
3 blancs de poireau
½ chou vert (facultatif)
Gros sel
Sel, poivre

Farce
5 cl de vin blanc
100 g de mie de pain
150 g de jambon cru
1 gousse d'ail
1 œuf

Préparer la farce. Verser le vin blanc sur la mie de pain, l'écraser avec une fourchette. Hacher le jambon cru et la gousse d'ail épluchée. **Dans un bol,** mélanger avec soin la mie de pain, le jambon, l'œuf et l'ail pilé. Saler, poivrer. **Farcir** l'intérieur de la poule puis la fermer en la cousant avec de la ficelle de cuisine.

Mettre dans une marmite remplie d'eau froide le gésier nettoyé, le cou et le bout des ailerons de la poule. **Porter** à ébullition, saler au gros sel, écumer* avec soin. **Ajouter** le bouquet garni* et le céleri branche lavé et épluché. **Plonger** la poule dans le bouillon. Ajouter les grains de poivre blanc, l'oignon épluché et piqué de clous de girofle. **Compter** 1 heure de cuisson, sur feu doux, après la reprise de l'ébullition.

Laver et éplucher les carottes, les navets et les poireaux. **Retirer** les premières feuilles du chou, puis le couper en 4. **Ajouter** les légumes dans la marmite, et laisser cuire encore 30 minutes à feu doux. **Servir** dans des assiettes chaudes avec un peu de bouillon.

POULE

Poulet à l'ail

Pour 4 personnes
Préparation 10 minutes **Cuisson** 1 heure 15

1 poulet fermier
de 1,6 kg et son foie
4 têtes d'ail
2 brins de thym
2 brins de romarin
1 bouquet de sauge
1 bouquet de serpolet
20 cl d'huile d'olive
400 g de farine
Gros sel
Poivre du moulin

Saler l'intérieur du poulet au gros sel. Remettre le foie dans le poulet.

Détacher les gousses d'ail ; ne pas les éplucher.

Mettre dans une cocotte de la dimension du poulet les gousses d'ail. Poser le poulet dessus. **Couvrir** le poulet avec les herbes aromatiques. **Arroser** d'huile d'olive, donner quelques tours de moulin à poivre et poser le couvercle.

Préchauffer le four au maximum.

Verser la farine dans un saladier. Ajouter 1 poignée de gros sel et de l'eau en quantité suffisante pour obtenir une pâte ferme, mais qui colle encore aux mains. **Luter*** le couvercle avec cette pâte.

Enfourner la cocotte à 180 °C pendant 1 heure 15.

À la sortie du four, ouvrir la cocotte, ôter les herbes, mettre le poulet sur un plat de service et tenir au chaud.

Écraser l'ail, le passer au tamis, ajouter 1 cuillerée à soupe du jus de cuisson et servir cette purée avec le poulet.

POULET

Poulet en croûte de sel

Pour 4 à 6 personnes
Préparation 10 minutes **Cuisson** 1 heure 30

5 gousses d'ail
2 branches de thym
1 poulet de 1,8 kg
4 kg de gros sel
Sel
Poivre du moulin

Ne pas éplucher les gousses d'ail, les écraser légèrement puis les placer à l'intérieur du poulet avec le thym. **Saler** légèrement, poivrer et fermer avec soin le poulet.

Garnir une cocotte de papier d'aluminium en le laissant dépasser. Déposer 2 à 3 cm de gros sel au fond. **Placer** le poulet dessus, puis le couvrir complètement de sel. Refermer le papier d'aluminium sur le dessus. **Couvrir** la cocotte et enfourner dans le four préchauffé à 180 °C, pendant 1 heure 30.

À la sortie du four, casser la croûte de sel. **Dégager** le poulet et servir aussitôt.

On peut aussi préparer un mélange à parts égales de farine et de gros sel, en faire une pâte modelable avec de l'eau, en enrober complètement le poulet, le saupoudrer de farine et laisser cuire dans un plat, sans couvrir, pendant 1 heure au four à 180 °C.

POULET

PÂTE
CÉRÉ

S &

ALES

Cannellonis au bruccio et trompettes-des-morts

Pour 4 personnes
Préparation 1 heure **Cuisson** 25 minutes

150 g de trompettes-des-morts
2 c. à s. d'huile d'olive
50 g de jambon blanc
2 brins de sauge
50 g de pourpier
100 g de bruccio
2 jaunes d'œufs
200 g de pâte à pâtes fraîches (voir p. 376)
Sel
Poivre du moulin

Béchamel mornay
25 g de beurre
25 g de farine
50 cl de lait
50 g de beaufort

Préparer la béchamel dans une casserole. Faire fondre le beurre, ajouter la farine et mélanger au fouet. Cuire pendant 10 minutes à petit feu. Verser le lait froid dans le roux tout en fouettant. **Cuire** sur feu doux durant 10 minutes. **Hors du feu,** ajouter le beaufort râpé. Saler, poivrer. Bien mélanger.

Couper le pied terreux des trompettes-des-morts. Bien les laver sans les laisser tremper dans l'eau. Les couper en 2 dans la longueur. Dans une poêle sur feu vif, saisir* les champignons 3 à 4 minutes dans 1 cuillerée à soupe d'huile d'olive chaude. Saler, poivrer et poursuivre la cuisson jusqu'à complète évaporation de l'eau de végétation* : compter environ 10 minutes.

Pendant ce temps, hacher le jambon. **Laver,** effeuiller et ciseler* la sauge. **Dans une poêle,** chauffer la seconde cuillerée à soupe d'huile d'olive, y cuire à feu moyen le pourpier pendant 1 à 2 minutes, en remuant sans arrêt avec une cuillère en bois. Saler et poivrer.

Dans un saladier, mélanger le jambon, les trompettes-des-morts, le bruccio, la sauge, le pourpier et les jaunes d'œufs.

Étaler la pâte le plus finement possible et tailler 8 rectangles de 12 x 10 cm. Porter à ébullition une casserole d'eau salée, y plonger les pâtes quatre par quatre pendant 1 minute, puis les rafraîchir* à l'eau froide. Les égoutter et les sécher sur un linge propre. Répartir la farce en 8 boudins sur la longueur des pâtes. Les rouler pour former des cigares. Les ranger les uns à côté des autres dans un plat à gratin beurré.

Verser sur les cannellonis la béchamel. **Enfourner** à 180 °C pendant 15 minutes. **Servir** aussitôt.

Cappelletis au poulet, mozzarella et cumin

Pour 4 personnes
Préparation 45 minutes **Cuisson** 10 minutes **Réfrigération** 15 minutes

1 blanc de poulet
1 pincée de cumin en poudre
1 c. à s. d'huile d'olive
2 branches de basilic
120 g de mozzarella de bufflonne
1 c. à s. de parmesan râpé
1 jaune d'œuf
400 g de pâte à pâtes fraîches (voir p. 376)
1 l de bouillon de poule
20 g de beurre
Sel, poivre du moulin

Saler et poivrer le blanc de poulet, le saupoudrer de cumin. **Chauffer** l'huile d'olive dans une poêle et faire colorer le blanc de poulet à feu moyen 1 minute de chaque côté. Baisser le feu et laisser cuire encore 5 à 6 minutes à couvert. Le tailler en dés de 2 à 3 mm de côté.

Laver, effeuiller et ciseler* le basilic. **Tailler** la mozzarella en petits cubes. **Dans un saladier,** mélanger les dés de poulet, la mozzarella, le basilic, le parmesan et le jaune d'œuf. Rectifier l'assaisonnement.

Étaler la pâte le plus finement possible. Tailler des carrés de 5 cm de côté. Poser un petit tas de farce au milieu de chaque carré en laissant 0,5 cm de pâte de chaque côté. **Humecter** avec un pinceau et un peu d'eau les bords de la pâte. Replier le carré en triangle. Souder les bords en appuyant fermement avec les doigts autour de la farce. Ramener les deux pointes de la base du triangle l'une sur l'autre pour former un anneau. Pincer pour les coller. **Les réserver** au frais durant 15 minutes.

Porter à ébullition le bouillon de poule. Plonger les pâtes et remuer délicatement. Dès qu'elles remontent à la surface au bout d'environ 3 minutes poursuivre la cuisson 1 minute. À l'aide d'une écumoire, les égoutter, et les répartir dans des assiettes creuses.

Prélever 4 louches de bouillon et monter au beurre* dans une casserole. Verser le jus sur les pâtes. Servir sans attendre.

CAPPELLETIS

Conchiglie aux coquillages et aux crevettes

Pour 4 personnes
Préparation 30 minutes **Cuisson** 20 minutes

1 kg de moules
1 kg de palourdes
1 échalote
1 gousse d'ail
1 c. à c. de graines de céleri
1 brin de thym
10 cl de vin blanc
40 cl de crème fleurette
300 g de conchiglie
100 g de crevettes fraîches décortiquées
1 c. à s. d'huile d'olive
Sel
Poivre du moulin

Gratter et laver les coquillages dans plusieurs eaux, les égoutter. Éplucher et hacher l'échalote et l'ail.

Dans une casserole, faire revenir* sans coloration dans l'huile chaude l'échalote et l'ail durant 3 minutes sur feu moyen. Sur feu vif, ajouter les coquillages et le thym. **Mouiller*** avec le vin blanc, poivrer et couvrir. Poursuivre la cuisson toujours sur feu vif 3 à 4 minutes en remuant de temps en temps. **Égoutter** puis décortiquer les coquillages.

Filtrer le jus de cuisson, ajouter la crème, laisser réduire* 7 à 8 minutes pour obtenir une consistance onctueuse.

Cuire les pâtes dans une casserole d'eau bouillante salée en respectant le temps indiqué sur le paquet.

Mettre les coquillages décortiqués et les crevettes dans la sauce à la crème avec les graines de céleri. Rectifier l'assaisonnement.

Égoutter les pâtes, les mélanger avec la crème et les coquillages. **Servir** aussitôt.

CONCHIGLIE

Nouilles sautées au poulet et au chou chinois

Pour 4 personnes
Préparation 20 minutes **Cuisson** 11 minutes

300 g de nouilles de riz
250 g de blancs de poulet
250 g de chou chinois
25 cl de bouillon de poule
2 c. à s. d'huile d'olive
2 c. à s. de sauce soja
1 c. à s. d'huile de sésame
Sel
Poivre

Cuire les nouilles de riz dans de l'eau bouillante salée pendant 5 minutes, les rafraîchir* à l'eau froide et les égoutter.

Tailler les blancs de poulet en tranches de 5 mm d'épaisseur sur la longueur.

Laver et émincer* finement le chou chinois.

Dans une poêle, faire chauffer l'huile d'olive à feu vif, ajouter le poulet, le saisir* rapidement en mélangeant pendant 2 minutes. Ajouter le chou, saler et laisser cuire toujours sur feu vif, en remuant sans cesse, pendant 2 minutes. Salez, poivrez. Verser le bouillon de poule et attendre l'ébullition. **Ajouter** les nouilles, mélanger et poursuivre la cuisson toujours sur feu vif, pendant 3 minutes. **Verser** la sauce soja et l'huile de sésame. Mélanger. **Servir** aussitôt.

NOUILLES

Pâte à pâtes fraîches aux épinards

Pour 4 personnes
Préparation 10 minutes **Cuisson** 5 minutes **Réfrigération** 30 minutes

Pour 450 g de pâte
100 g d'épinards frais
225 g de farine
de blé dur, type 45
75 g de semoule
de blé fine
1 pincée de sel
3 œufs
1 c. à s. d'huile d'olive

Laver et équeuter les épinards, les cuire 5 minutes dans une casserole d'eau bouillante salée. Les rafraîchir* et les égoutter. Les presser entre les mains afin d'extraire l'eau de végétation, puis les mixer pour obtenir une purée.

Mélanger la farine, la semoule et le sel dans un saladier. Ajouter les œufs, la purée d'épinards et l'huile d'olive. Mélanger afin d'obtenir une boule. **Placer** cette boule sur le plan de travail, l'aplatir avec la paume de la main. La remettre en boule, puis recommencer l'opération plusieurs fois pendant 5 minutes. **Poser** la boule sur une assiette, couvrir d'un linge propre et laisser reposer 30 minutes au frais.

Étaler la pâte au rouleau à pâtisserie sur le plan de travail fariné, tailler les pâtes à la taille et à la forme de votre choix au couteau ou à la roulette à pâtisserie. **On peut aussi utiliser** une machine à pâtes avec son laminoir à manivelle et ses accessoires pour différentes découpes.

Cuire selon la recette choisie. **On peut aromatiser la pâte** avec d'autres légumes, comme la tomate, la carotte, mais aussi des épices telles que le curcuma, le curry ou le fenouil.

Penne aux petits pois

Pour 4 personnes
Préparation 15 minutes **Cuisson** 20 minutes

150 g d'oignons émincés
150 g de poitrine fumée
1 c. à s. d'huile d'olive
50 cl de crème épaisse
50 g de parmesan
180 g de petits pois écossés
400 g de penne
Sel
Poivre du moulin

Éplucher et émincer* finement les oignons. **Tailler** la poitrine fumée en bâtonnets de 2 à 3 mm de côté. Si elle est un peu salée, l'ébouillanter pendant 1 à 2 minutes.

Dans une cocotte, faire revenir* à feu moyen la poitrine dans l'huile d'olive en lui donnant une légère coloration : compter 3 à 4 minutes. **Ajouter** les oignons, laisser cuire 3 minutes. Ajouter la crème, porter à ébullition, poursuivre la cuisson 10 minutes à petits bouillons.

À l'aide d'un économe*, tailler quelques copeaux dans le parmesan et râper le reste.

Cuire les petits pois pendant 5 minutes dans de l'eau bouillante salée. Égoutter. Ajouter les petits pois à la crème et rectifier l'assaisonnement.

Cuire les pâtes à l'eau bouillante salée en respectant le temps indiqué sur le paquet. Les égoutter avant de les incorporer à la crème avec le parmesan râpé. **Dresser** dans un plat de service, poivrer et parsemer de copeaux de parmesan. **Servir** aussitôt.

PENNE

Raviolis frits à la ricotta et sarriette

Pour 4 personnes
Préparation 30 minutes **Cuisson** 15 minutes

2 brins de sarriette
200 g de ricotta
2 œufs
1 c. à s. d'huile de noix
300 g de pâte à pâtes fraîches (voir p. 376)
Huile pour friture
Sel
Poivre du moulin

Laver, effeuiller la sarriette. **Dans un saladier,** mélanger la ricotta, les œufs, la sarriette et l'huile de noix. Saler et poivrer.

Étaler la pâte à pâtes fraîches le plus finement possible, en 2 bandes de 4 cm de largeur. Placer une bande bien à plat sur le plan de travail, l'humecter légèrement à l'aide d'un pinceau trempé dans l'eau. **Poser** tous les 4 cm une noix de la préparation à la ricotta et couvrir de l'autre bande de pâte. **Appuyer** avec les doigts autour de la farce pour coller les pâtes entre elles. **Avec une roulette,** découper les raviolis dans les intervalles pour former des carrés de 4 cm de côté.

Faire chauffer une friteuse à 180 °C, y plonger les raviolis par petites quantités. Ils doivent flotter librement. Les faire frire des deux côtés 3 à 4 minutes. Les égoutter et les poser délicatement sur du papier absorbant. Saler. Renouveler rapidement l'opération avec les raviolis restants. **Entre deux fournées,** poser les raviolis frits dans un plat au four à 90 °C pour les garder très chauds. **Servir** aussitôt.

RAVIOLIS

Tagliatelles vertes, crème de curry et saumon fumé

Pour 4 personnes
Préparation 30 minutes **Cuisson** 10 minutes **Repos** 30 minutes

100 g d'épinards
225 g de farine de blé dur, type 45
75 g de semoule de blé fine
1 pincée de sel
2 œufs
1 c. à s. d'huile d'olive
200 g de saumon fumé

Crème de curry
1 échalote
1 c. à s. d'huile d'olive
10 cl de bouillon de poule
10 cl de crème épaisse
½ c. à c. de curry de Madras
Sel
Poivre du moulin

Laver et équeuter les épinards, les cuire 5 minutes dans une casserole d'eau bouillante salée. Les rafraîchir* et les égoutter. Les presser entre les mains afin d'extraire l'eau de végétation, puis les mixer pour obtenir une purée.

Dans un récipient, mélanger la farine, la semoule et le sel. Ajouter les œufs, la purée d'épinards et l'huile d'olive. Mélanger afin d'obtenir une boule. **Placer** cette boule sur le plan de travail, l'aplatir avec la paume de la main. La remettre en boule, puis recommencer l'opération plusieurs fois pendant 5 minutes. Poser la boule sur une assiette, couvrir d'un linge propre et laisser reposer 30 minutes au frais. **Partager** la pâte en 4. L'étaler à l'aide d'une machine à pâte sur une épaisseur de 2 mm. Passer la pâte dans l'accessoire à tailler les tagliatelles ou la couper au couteau.

Éplucher et ciseler* l'échalote. La faire suer* dans l'huile d'olive sans coloration pendant 3 minutes sur feu moyen. **Ajouter** le bouillon de poule et la crème, laisser réduire* pour obtenir une consistance onctueuse pendant environ 5 minutes. Ajouter le curry de Madras. Rectifier l'assaisonnement.

Tailler le saumon fumé en lamelles dans la longueur des tranches.

Cuire les pâtes 2 minutes dans de l'eau bouillante salée. Les égoutter et les mélanger à la crème au curry. **Ajouter** les lamelles de saumon fumé. **Servir** aussitôt.

TAGLIATELLES

Polenta croustillante aux crevettes et ras el-hanout

Pour 4 personnes
Préparation 30 minutes **Cuisson** 10 minutes **Réfrigération** 1 heure

20 crevettes roses cuites
1 c. à s. d'huile d'olive
1 pincée de ras el-hanout
250 g de polenta fine précuite
60 g de beurre
Sel
Poivre du moulin

Décortiquer les crevettes. **Dans une poêle,** chauffer l'huile d'olive, y faire revenir* les crevettes 2 minutes à feu moyen. Saler, poivrer. Ajouter le ras el-hanout. Débarrasser* sur une assiette.

Chemiser* de film alimentaire un petit plat à gratin.

Dans une casserole, faire bouillir 1 l d'eau salée, verser en pluie la polenta tout en mélangeant avec une spatule en bois. **Cuire** sur feu doux en remuant fréquemment en suivant le temps de cuisson indiqué sur le paquet. Retirer du feu, ajouter 40 g de beurre et mélanger. **Verser** la moitié de la polenta dans le fond du plat à gratin, déposer 20 crevettes les unes à côté des autres, recouvrir avec l'autre moitié de la polenta. **Réserver** au frais pendant 1 heure.

Diviser la polenta en 4 pavés. **Chauffer** dans une poêle les 20 g de beurre restant jusqu'à une coloration noisette. Colorer les pavés de polenta 2 minutes environ de chaque côté à feu vif. Éponger sur du papier absorbant avant de servir.

On peut ajouter des crevettes pour le décor et accompagner ce plat d'une salade verte.

MAÏS

Risotto au lait de coco, citronnelle, patate douce et fèves

Pour 4 personnes
Préparation 25 minutes **Cuisson** 25 minutes

1 bâton de citronnelle
200 g de lait de coco non sucré
1 patate douce
30 g d'échalote ciselée
500 g de riz arborio
1 l de bouillon de volaille
100 g de fèves décortiquées
50 g de beurre
1 c. à s. de graines de sésame noir
2 c. à s. d'huile d'olive
Sel
Poivre

Couper le bâton de citronnelle en petits morceaux et le mixer le plus finement possible dans le lait de coco. Filtrer.

Éplucher et tailler la patate douce en cubes de 5 mm de côté. **Faire revenir** à l'huile d'olive sans coloration l'échalote et les cubes de patate douce pendant 5 minutes. Ajouter le riz, bien le mélanger aux légumes. **Verser** le lait de coco, saler, poivrer. Mouiller au fur et à mesure avec le bouillon de volaille. Cuire à petits bouillons 18 à 20 minutes. 5 minutes avant la fin de cuisson ajouter les fèves. **En fin de cuisson,** il ne doit pratiquement plus y avoir de liquide.

Hors du feu, incorporer le beurre et parsemer de graines de sésame. **Servir** très chaud.

RIZ

Riz au poulet et aux épices

Pour 4 personnes
Préparation 20 minutes **Cuisson** 30 minutes

2 blancs de poulet
2 carottes moyennes
1 c. à s. d'amandes effilées
4 capsules de cardamome verte
2 grains de poivre noir
1 feuille de laurier
1 c. à s. d'huile d'olive
250 g de riz thaï
5 pistils de safran
4 c. à s. de petits pois écossés
1 c. à s. de raisins blonds secs
Sel
Poivre du moulin

Trancher les blancs de poulet en lanières de 5 mm de côté dans le sens de la largeur. **Éplucher** et couper les carottes en dés de 5 mm de côté environ. **Faire griller** les amandes à la poêle sans matière grasse pendant 2 minutes en remuant souvent. **Prélever** les graines de cardamome des capsules.

Dans une sauteuse, faire revenir sur feu doux les graines de cardamome, le poivre et le laurier dans l'huile d'olive durant 2 minutes. **Ajouter** les carottes, cuire sur feu doux 5 minutes. Ajouter les lanières de poulet et leur donner une légère coloration pendant 2 minutes environ. Saler et poivrer. **Incorporer** le riz, bien mélanger. Verser 60 cl d'eau froide. Ajouter le safran, les petits pois, les raisins blonds et les amandes grillées. Saler, poivrer. **Couvrir** et cuire à petits bouillons pendant 18 minutes.

Ôter la feuille de laurier et les grains de poivre. **Servir** sans attendre.

RIZ

Riz parfumé au nori, sardine et ciboulette

Pour 4 personnes
Préparation 15 minutes **Cuisson** 15 minutes **Repos** 1 heure 05

200 g de riz pour sushis ou riz rond
3 c. à s. de mayonnaise
1 c. à s. de sauce soja
2 boîtes de sardines à l'huile
1 c. à c. rase de nori en paillettes
1 c. à s. de ciboulette ciselée

Placer le riz dans une passoire et poser le tout dans un récipient rempli d'eau froide. Rincer plusieurs fois jusqu'à ce que l'eau soit claire. Mettre le riz égoutté dans une cocotte, en fonte de préférence, avec 24 cl d'eau froide. Couvrir et laisser reposer pendant 1 heure. **Amener à ébullition,** cuire sur feu moyen pendant 6 minutes. Retirer du feu et laisser reposer sans soulever le couvercle durant 5 minutes.

Pendant ce temps, mélanger la mayonnaise avec la sauce soja. Éponger les sardines sur du papier absorbant. Placer les sardines les unes à côté des autres dans un plat allant au four. **Les napper** avec la mayonnaise au soja sur toute la surface en une couche uniforme. Enfourner sous le gril pour leur donner une belle coloration.

Mélanger les paillettes de nori avec le riz. **Répartir** le mélange sur les assiettes, poser par-dessus les sardines et parsemer de ciboulette.

RIZ

Seigle aux figues et curry, copeaux de jambon

Pour 4 personnes
Préparation 20 minutes **Cuisson** 1 heure 30 **Trempage** 12 heures
À préparer la veille

150 g de seigle complet
4 figues fraîches
de 80 g chacune
½ c. à c. de curry
20 g de beurre
100 g de copeaux
de jambon San Daniele
Sel
Poivre du moulin

La veille
Mettre à tremper le seigle pendant une nuit.

Le jour même
Rincer le seigle et le verser dans une casserole avec 3 fois son volume d'eau salée. Porter à ébullition, puis cuire à feu doux pendant 1 heure 30 à couvert.

Laver et couper les figues en 2 dans le sens de la hauteur. Saler, poivrer et saupoudrer de curry. **Chauffer** le beurre dans une poêle à feu vif, poser les figues côté chair sur le fond. **Cuire** pendant 2 minutes avant de les retourner. Éteindre le feu et laisser les figues dans la poêle.

Égoutter le seigle, rectifier l'assaisonnement. Répartir le seigle dans les assiettes creuses, poser par-dessus les demi-figues. **Parsemer** de copeaux de jambon. **Servir** aussitôt.

SEIGLE

LÉGU

UMES

Artichauts à la barigoule

Pour 6 personnes
Préparation 20 minutes **Cuisson** 1 heure

12 artichauts poivrade
1 jus de citron jaune
2 oignons
300 g de champignons de Paris
2 gousses d'ail
6 c. à s. d'huile d'olive
Sel
Fleur de sel
Poivre du moulin

Couper la pointe des feuilles des artichauts et leur queue en leur laissant 3 cm. Ôter les premières feuilles. Tourner* les fonds des artichauts. Les placer au fur et à mesure dans un bol d'eau froide avec le jus du citron pour éviter leur oxydation.

Éplucher et ciseler finement les oignons. **Nettoyer** et couper en morceaux les champignons. **Éplucher** et couper en lamelles les gousses d'ail.

Chauffer 3 cuillerées à soupe d'huile d'olive dans une cocotte. Mettre les oignons et les champignons et faire suer* 3 minutes sur feu moyen. Poser dessus les fonds d'artichauts égouttés, et dans chacun 1 lamelle d'ail. Couvrir d'eau à hauteur. Saler. **Porter à ébullition** et laisser cuire à découvert jusqu'à évaporation complète de l'eau : compter 1 heure à feu doux.

Dresser dans un plat de service. Donner quelques tours de moulin à poivre, saupoudrer de fleur de sel. Arroser d'un filet d'huile d'olive. **Servir** aussitôt.

Asperges blanches au jus d'agrumes

Pour 4 personnes
Préparation 30 minutes **Cuisson** 30 minutes

1 kg d'asperges blanches
1 orange à jus non traitée
½ pomélo non traité
3 jaunes d'œufs
250 g de beurre mou
100 g de crème montée*
Le jus de ½ citron jaune
Sel
Poivre du moulin

Éplucher les asperges avec un économe*, en commençant à 2 cm de la pointe et jusqu'au bout de la tige. Casser le bout de la tige. Porter à ébullition de l'eau salée dans une casserole assez large pour y mettre les asperges. Les cuire 15 à 20 minutes à feu moyen. Les piquer avec la pointe d'un couteau pour vérifier leur cuisson. Elles doivent être tendres. Égoutter sur un linge. Réserver.

Prélever les zestes d'une demi-orange et du demi-pomélo à l'aide d'un économe. Presser les jus, les filtrer, les mettre dans une casserole et les faire réduire* aux trois quarts à feu vif : compter environ 5 minutes. Laisser tiédir. **Hacher** finement les zestes.

Ajouter les jaunes d'œufs au jus d'agrumes réduit. Saler et poivrer. Remettre la casserole sur feu doux et mélanger vivement avec un fouet en formant des 8. La préparation doit mousser en cuisant, mais ne jamais bouillir : cuire 7 à 8 minutes. **Incorporer** petit à petit le beurre en continuant à fouetter. La sauce doit prendre une consistance un peu épaisse. **Hors du feu,** incorporer les zestes hachés. Rectifier l'assaisonnement, et réserver au chaud au bain-marie*.

Au moment de servir, incorporer à la sauce aux agrumes la crème montée* comme une chantilly et le jus de citron. **Servir** aussitôt les asperges avec la sauce.

ASPERGE

Tarte aux asperges vertes

Pour 6 personnes
Préparation 20 minutes **Cuisson** 45 minutes

350 g de pâte brisée salée
1 kg d'asperges vertes
4 œufs
20 cl de crème fleurette*
20 cl de lait entier
10 g de beurre pour le moule
Sel
Poivre du moulin

Étaler la pâte, foncer* le moule à tarte beurré au préalable, piquer le fond. Garnir l'intérieur du moule d'un papier d'aluminium et remplir de légumes secs ou de billes de cuisson. Enfourner dans le four préchauffé à 180 °C pendant 15 minutes.

Peler les asperges, couper les pointes à 8 cm, les réserver. Trancher le reste de la tige en fines rondelles.

Mélanger les œufs, la crème et le lait. Saler et poivrer.

Retirer la tarte du four, enlever avec soin le papier d'aluminium et son contenu. Remplir le fond de tarte de rondelles d'asperge, puis verser le mélange. Enfourner durant 15 minutes.

Sortir la tarte du four et ajouter les pointes d'asperges en étoile, les enfoncer légèrement dans la crème et terminer la cuisson au four pendant 10 minutes. **Servir** chaud.

On peut réaliser des tartelettes, les décorer avec une demi-tomate cerise et accompagner d'une salade verte.

ASPERGE

Avocat au caillé de brebis et crème de sésame, chapatis aux graines de nigelle

Pour 4 personnes
Préparation 25 minutes **Cuisson** 10 minutes **Réfrigération** 1 heure

3 avocats
100 g de caillé de brebis
20 g de crème de sésame (tahina)

2 c. à s. de jus de citron
1 pincée de ras el-hanout
Sel
Poivre du moulin

Pâte à chapatis
175 g de farine
1/2 c. à c. de graines de nigelle
1 bonne pincée de sel
12 cl d'eau

Préparer la pâte à chapatis.
Dans un récipient, mélanger la farine avec le sel et les graines de nigelle. Incorporer l'eau au fur et à mesure. Former une boule, la laisser reposer pendant 1 heure au frais emballée dans un film alimentaire.

Ôter la peau et les noyaux des avocats. Mixer la chair avec le caillé de brebis, la crème de sésame, le jus de citron et le ras el-hanout. Saler et poivrer. Réserver au frais.

Étaler la pâte à chapatis au rouleau à pâtisserie sur 3 mm d'épaisseur environ. Découper des cercles de 5 cm de diamètre. **Chauffer** sur feu moyen une poêle antiadhésive sans matière grasse, poser les cercles sur le fond de la poêle côte à côte. Dès qu'ils commencent à gonfler, au bout de 2 minutes environ, les retourner et les laisser cuire encore 1 à 2 minutes pour les sécher. Renouveler l'opération jusqu'à épuisement des ingrédients.

Servir la purée d'avocat dans un bol accompagnée des chapatis.

AVOCAT

BETTERAVE

Purée de betterave

Pour 4 personnes
Préparation 20 minutes **Cuisson** 25 minutes

1 orange non traitée
6 gousses d'ail
1 betterave de 300 g cuite au four
1 pomme de terre cuite
2 c. à s. d'huile d'olive
Huile pour friture
Sel
Poivre du moulin

Prélever 2 bandes du zeste de l'orange, les couper en fine julienne*. Presser le jus de l'orange.

Éplucher l'ail, l'ébouillanter à trois reprises dans une casserole sur feu vif pendant 1 minute, puis le couper en lamelles fines.

Éplucher et couper la betterave en dés.

Faire rissoler* la betterave à l'huile d'olive dans une cocotte sur feu moyen pendant 3 minutes. Arroser avec le jus d'orange, saler et faire cuire 15 minutes à couvert et sur feu doux. Ôter le couvercle, et à feu vif réduire à sec la betterave : compter environ 2 minutes. Saler, poivrer. **Ajouter** la pomme de terre épluchée et coupée en morceaux. Mixer en fine purée. Réserver au chaud.

Frire les lamelles d'ail pendant 1 minute dans l'huile de friture à 180 °C. Les piquer dans la purée. **Servir** aussitôt.

On peut dresser cette purée avec une purée de céleri-rave, pour obtenir un bel effet.

Verts de blette farcis au haddock

Pour 4 personnes
Préparation 20 minutes **Cuisson** 15 minutes

300 g de feuilles vertes de blette
200 g de haddock
5 grains de poivre de Sichuan
5 grains de piment de la Jamaïque
30 cl de crème liquide
Sel
Poivre du moulin

Blanchir* pendant 3 minutes à feu moyen les feuilles vertes de blette dans une casserole d'eau bouillante salée. Les rafraîchir* dans un bol d'eau glacée, puis les égoutter délicatement. Les étaler sur du papier absorbant, bien à plat. Les couper en 2 dans le sens de la longueur.

Avec un couteau, détailler de fines tranches dans le haddock. Les poser sur les verts de blettes. Donner un tour de moulin à poivre. Former des rouleaux avec les feuilles de blette. Couper leurs extrémités.

Écraser au mortier les épices et les mettre dans une casserole avec la crème. Porter à ébullition, faire réduire* sur feu moyen pendant 5 minutes environ, filtrer. **Rectifier** l'assaisonnement.

Placer les rouleaux dans un plat creux, les arroser avec la crème. Enfourner à 180 °C pendant 5 minutes. **Servir** aussitôt.

BLETTE

Céleri-rave en cocotte à la pancetta

Pour 4 personnes
Préparation 20 minutes **Cuisson** 1 heure

600 g de céleri-rave
200 g de carottes
200 g de pancetta
12 oignons grelots
20 cl de bouillon de volaille
1 brin de thym
1 feuille de laurier
2 c. à s. d'huile d'olive
Sel
Poivre du moulin

Éplucher le céleri-rave et le tailler en 4 morceaux de taille égale. Éplucher les carottes et les oignons grelots. Émincer* les carottes. Couper la pancetta en bâtonnets de 0,5 à 1 cm de côté.

Dans une cocotte, faire revenir* dans l'huile d'olive les céleris sur chaque face à feu moyen pendant environ 2 minutes. Retirer les céleris, mettre les carottes, les oignons grelots et la pancetta à la place. Colorer légèrement durant 3 minutes. **Replacer** les céleris sur la garniture carottes, oignons, pancetta. Ajouter le thym, le laurier. Saler et poivrer.

Mouiller avec le bouillon de volaille chaud. Porter à ébullition et cuire sur feu doux, à couvert, pendant 1 heure en retournant 2 fois le céleri.

Servir bien chaud.

CÉLERI

Gratin de cèpes

Pour 6 personnes
Préparation 20 minutes **Cuisson** 1 heure 05

600 g de pommes de terre
25 cl de lait
800 g de cèpes
30 g de beurre
1 c. à s. de madère
25 cl de crème fleurette*
125 g de crème épaisse
Sel
Poivre du moulin

Éplucher et couper en tranches les pommes de terre. Chauffer le lait dans une casserole sur feu moyen et pocher* les pommes de terre environ 10 minutes. Elles doivent rester très fermes. Sécher sur un papier absorbant.

Couper le bout terreux des cèpes. Les nettoyer avec une éponge humide. Couper les pieds et les chapeaux en lamelles.
Chauffer le beurre dans une poêle. **Rissoler*** les cèpes à feu moyen pendant 5 minutes. Ajouter le madère, faire réduire à sec* 2 minutes puis ajouter la crème fleurette*.

Monter le gratin dans un plat beurré en alternant les pommes de terre et les cèpes, saler au fur et à mesure. Finir par une couche de cèpes. Lisser la crème épaisse sur le dessus. **Enfourner** à 180 °C pendant 40 minutes. **Servir** aussitôt.

CÈPE

CHAMPIGNON

Champignons de Paris grillés au beurre de raifort

Pour 4 personnes
Préparation 20 minutes **Cuisson** 15 minutes **Repos** 2 heures

50 g de beurre mou
30 g de raifort râpé
12 champignons de Paris bruns de 5 cm de diamètre
2 c. à s. d'huile de pépins de raisin
Fleur de sel
Sel
Poivre du moulin

Travailler* le beurre au fouet pour lui donner la consistance d'une pommade. Ajouter le raifort, saler et poivrer. Former avec le beurre de raifort un boudin de 2 cm de diamètre. L'envelopper dans un film alimentaire. Le placer au frais 2 heures.

Couper les pieds des champignons. Laver les têtes avec soin, les essuyer. Parsemer les champignons de quelques cristaux de fleur de sel et de quelques tours de moulin à poivre. Arroser avec l'huile de pépins de raisin. Laisser mariner 15 à 20 minutes à température ambiante.

Chauffer à feu vif sans matière grasse un gril en fonte. Poser les champignons tête en bas. Au bout d'1 minute, les tourner d'un quart de tour pour faire un quadrillage, les laisser encore 1 minute. Procéder de même pour l'autre côté. Les enlever et les poser sur un plat sans matière grasse. Terminer la cuisson 10 minutes dans le four préchauffé à 180 °C.

Couper des rondelles de 3 à 4 mm d'épaisseur dans le boudin de beurre de raifort. Poser une rondelle sur chaque tête de champignons de Paris. **Dresser** dans un plat et servir aussitôt.

Chou farci

Pour 8 personnes
Préparation 30 minutes **Cuisson** 1 heure **Repos** 15 minutes

300 g de feuilles d'épinards
2 c. à s. d'huile d'olive
200 g de viande froide (agneau de préférence)
200 g de lard de poitrine salé + 2 tranches
2 gousses d'ail
1 bouquet de persil
2 œufs
1 chou vert
6 petits oignons
2 l de bouillon de viande
Sel
Poivre du moulin

Laver et équeuter les feuilles d'épinards. Chauffer 1 cuillerée à soupe d'huile d'olive dans une casserole. Cuire les épinards pendant 3 minutes environ à feu moyen en remuant.

Hacher finement la viande froide et le lard salé. Poivrer. **Éplucher** et hacher les gousses d'ail. **Laver** et hacher le persil.
Dans un bol, mélanger les viandes hachées, les œufs, puis l'ail et le persil hachés. Saler, poivrer.

Retirer les premières feuilles du chou. Le blanchir entier dans une marmite d'eau bouillante salée, pendant 8 minutes. Égoutter. L'ouvrir délicatement en écartant les feuilles. Enlever les petites feuilles du cœur, les hacher grossièrement et les ajouter à la farce. **Mettre** une boule de farce au centre du chou puis rabattre les feuilles en y incorporant au fur et à mesure la farce restante. Ficeler le chou avec de la ficelle de cuisine pour le maintenir.

Éplucher les petits oignons. **Placer** les tranches de lard de poitrine au fond d'une cocotte huilée avec la seconde cuillerée d'huile d'olive. Poser délicatement le chou, l'entourer des petits oignons, et verser le bouillon chaud. Couvrir et cuire pendant 45 minutes à feu doux à partir de l'ébullition. Laisser reposer 15 minutes dans le bouillon avant de servir.

CHOU

Chou rouge farci aux marrons

Pour 4 personnes
Préparation 45 minutes **Cuisson** 1 heure 30

1 chou rouge de 800 g
1 gros oignon jaune
2 c. à s. de graisse de canard
2 baies de genièvre
1 brin de thym
1 feuille de laurier
5 cl de vin blanc
250 g de marrons cuits
4 tranches fines de poitrine fumée
½ botte de persil plat
10 cl de bouillon de volaille
Sel
Poivre du moulin

Prélever sur le chou les 8 plus grosses feuilles et les mettre de côté. Couper le reste du chou en 4, ôter le cœur et émincer* finement.

Éplucher l'oignon jaune et le hacher.

Dans une casserole, chauffer la graisse de canard. Faire suer* l'oignon sans coloration à feu moyen pendant 3 minutes. Ajouter le chou émincé avec le genièvre écrasé, le thym, le laurier. Saler et poivrer. Mouiller* avec le vin blanc. **Cuire** à feu doux pendant 1 heure à couvert en remuant régulièrement. 15 minutes avant la fin de cuisson, ajouter les marrons.

Plonger les 8 feuilles de chou réservées dans une casserole d'eau bouillante salée. Les cuire pendant 10 minutes, les rafraîchir*. Bien les égoutter puis les étaler à plat. Désépaissir les côtes des feuilles à l'aide d'un couteau fin. Superposer les feuilles deux à deux par les pointes. Poser 1 tranche de poitrine fumée sur chacune.

Effeuiller et laver le persil, le hacher grossièrement, puis l'incorporer au chou émincé aux marrons. Ôter le thym et le laurier.

Répartir en quantités égales le chou aux marrons sur les feuilles de chou. Les replier pour former une boule.

Placer les 4 boules de chou dans une cocotte. Verser le bouillon de volaille. Porter à ébullition sur feu moyen puis enfourner dans le four préchauffé à 180 °C pendant 15 minutes, couvert d'une feuille de papier d'aluminium.

Dresser sur un plat de service. Arroser du jus de cuisson. **Servir** aussitôt.

Tortillas au chou blanc et morue

Pour 4 personnes
Préparation 20 minutes **Cuisson** 20 minutes **Dessalage** 12 heures
À préparer la veille

200 g de filet de morue
1 citron vert non traité
600 g de chou blanc
2 c. à s. d'huile d'olive
4 tortillas
Sel
Poivre du moulin

Dessaler* la morue dans un bol d'eau claire pendant 12 heures, en changeant l'eau 3 ou 4 fois. Égoutter. Sécher sur du papier absorbant.

Prélever le zeste du citron vert à l'aide d'un économe*. L'émincer* finement, le blanchir* 1 minute dans une casserole d'eau bouillante. Égoutter et réserver.

Retirer les premières feuilles du chou, le couper en 4, lui ôter le cœur, le laver, l'égoutter, puis l'émincer finement.

Tailler la morue en petits dés.

Dans une cocotte, chauffer à feu vif l'huile d'olive. Mettre le chou, saler et poivrer. Cuire sur feu moyen en remuant de temps à autre pendant 15 minutes.

Réchauffer les tortillas.

Ajouter les dés de morue dans la cocotte. Poursuivre la cuisson 3 minutes. Incorporer le zeste du citron en mélangeant bien.

Servir le chou dans les tortillas chaudes.

CHOU

Flan de chou-fleur au curry

Pour 4 personnes
Préparation 15 minutes **Cuisson** 20 minutes **Repos** 5 minutes

250 g de chou-fleur
2 œufs
2 jaunes d'œufs
25 cl de crème liquide
1 pointe de curry de Madras
20 g de beurre pour les ramequins
Sel
Poivre du moulin

Défaire le chou-fleur en petits bouquets. Les cuire pendant 10 minutes dans une casserole d'eau bouillante salée ou à la vapeur*. Égoutter, mixer.

Dans un bol, mélanger les œufs, les jaunes et la crème. Ajouter le curry de Madras. Saler et poivrer. Ajouter la purée de chou-fleur. Verser dans 4 ramequins de 8 cm de diamètre beurrés.

Placer les ramequins dans le panier d'un cuiseur-vapeur ou au four à 180 °C, sur une plaque creuse dont le fond est recouvert d'eau. Cuire 20 minutes. Laisser reposer 5 minutes et servir.

On peut accompagner d'une salade de cresson aux tomates cerises.

Concombre en omelette aux gommes de menthe

Pour 2 personnes
Préparation 15 minutes **Cuisson** 5 minutes **Repos** 1 heure

1 concombre de 500 g
2 brins d'estragon
4 gommes de menthe
5 œufs
15 g de beurre
Sel
Poivre du moulin

Éplucher le concombre, le fendre en 2 dans le sens de la longueur, enlever les graines, puis l'émincer*. Dans une passoire, mettre une couche de concombre, un peu de sel, du concombre, et ainsi de suite. Laisser dégorger le concombre durant 1 heure, puis le rincer à l'eau claire. Le presser pour en extraire le maximum d'eau. Égoutter sur du papier absorbant.

Laver, effeuiller et ciseler* l'estragon. **Couper** les gommes de menthe en 2.

Dans un bol, battre légèrement les œufs à la fourchette. Saler et poivrer. Ajouter les concombres, l'estragon et les gommes de menthe.

Chauffer une poêle antiadhésive avec le beurre. Verser les œufs dans la poêle et cuire à feu vif pendant 5 minutes. Mélanger avec une cuillère en bois. Ramener les œufs du bord vers le centre pour une cuisson homogène.

Glisser l'omelette sur une assiette. La couper en cubes, les glisser sur des piques en bois. **Servir** à l'apéritif, chaud, tiède ou froid.

Galettes fines de courgettes

Pour 4 personnes
Préparation 15 minutes **Cuisson** 15 minutes

200 g de pâte à pain
4 petites courgettes avec leurs fleurs
100 g de mozzarella
1 c. à c. de thym émietté
1 c. à s. d'huile d'olive
Sel
Poivre du moulin

Retravailler* la pâte à pain avec l'huile d'olive, la partager en 4 morceaux, l'étaler très finement en forme de galettes rondes.

Laver et couper en fines rondelles les courgettes, en réservant les fleurs. Les disposer sur la pâte. Répartir les deux tiers de mozzarella émiettée, le thym. Saler et poivrer. **Enfourner** à 200 °C pendant 10 minutes environ.

Ouvrir les fleurs en deux, en ôter le pistil et les garnir avec le reste de la mozzarella. Les poser sur les galettes pour 2 minutes de cuisson au four. **Servir** aussitôt.

On peut décorer ces galettes de fleurs de courgette huilées passées 30 secondes au four à micro-ondes entre 2 films alimentaires.

Cresson alénois et penne à la mimolette

Pour 4 personnes
Préparation 15 minutes **Cuisson** 12 minutes

800 g de cresson alénois
4 c. à s. d'huile d'olive
200 g de penne
12 tomates cerises
50 g de mimolette vieille
Sel
Poivre du moulin

Trier et laver avec soin le cresson alénois, l'essorer.

Porter à ébullition 3 l d'eau salée avec 2 cuillerées à soupe d'huile d'olive. Verser les penne et les cuire *al dente* environ 12 minutes selon les indications données sur le paquet.

Pendant ce temps, laver et couper les tomates cerises en 4.
1 minute avant la fin de cuisson des penne, ajouter le cresson alénois dans les pâtes.

Chauffer à feu moyen le reste de l'huile d'olive dans une sauteuse, y mettre les tomates. **Égoutter** les pâtes et les verser sur les tomates. Saler et poivrer.

Dresser dans un plat de service. Parsemer de mimolette râpée.
Servir aussitôt.

CRESSON

Fricassée de fenouil au chorizo

Pour 4 personnes
Préparation 15 minutes **Cuisson** 30 minutes

4 fenouils de 200 g chacun
1 carotte
1 oignon
2 c. à s. d'huile d'olive
1 brin de thym
1 feuille de laurier
150 g de chorizo
20 cl de crème liquide
Sel
Poivre du moulin

Laver les fenouils après avoir tranché les pieds et les extrémités des tiges. Les couper en 4 dans le sens de la longueur.

Éplucher la carotte et l'oignon, les couper en 2 et les émincer* finement.

Dans une casserole, chauffer l'huile d'olive, saisir* les fenouils sans trop les colorer à feu moyen, 2 minutes de chaque côté. Saler, poivrer. Les déposer sur une assiette. Mettre à la place les légumes émincés, le thym, le laurier et le chorizo coupé en morceaux.
Faire suer* en donnant une légère coloration sur feu moyen pendant environ 5 minutes. **Saler.** Verser la crème, poser les fenouils sur les légumes, couvrir la casserole avec une feuille de papier sulfurisé.
Cuire sur feu doux pendant 20 minutes. Retirer les fenouils, les disposer sur un plat de service et garder au chaud.

Mixer la cuisson, passer au chinois* fin. Rectifier l'assaisonnement et verser sur les fenouils. **Servir** aussitôt.

FENOUIL

Chutney de girolles et granny-smith

Pour 4 personnes
Préparation 25 minutes **Cuisson** 1 heure **Réfrigération** 48 heures

400 g de petites girolles
120 g d'oignons
150 g de pomme granny-smith
1 c. à s. d'huile d'arachide
3 baies de poivre à queue
60 g de sucre
15 cl de vinaigre de xérès
Sel
Poivre du moulin

Avec la pointe d'un couteau, gratter la terre des pieds de girolles. Les laver avec le plus grand soin dans plusieurs eaux sans les laisser tremper. Égoutter et sécher sur un linge.

Éplucher et ciseler* finement les oignons. **Éplucher** la pomme, l'épépiner et la tailler en petits dés.

Dans une casserole, chauffer l'huile d'arachide, et faire suer* les oignons sans coloration sur feu moyen pendant 3 minutes. Ajouter les girolles, le poivre à queue concassé, les dés de pomme, le sucre et le vinaigre de xérès. Porter à ébullition. Cuire sur feu doux pendant 1 heure à couvert. Saler et poivrer en fin de cuisson. Laisser refroidir.

Verser dans un bocal, réserver au froid pendant 2 à 3 jours avant de consommer. Réchauffer au fur et à mesure selon vos besoins.

Servir tiède ou froid, avec du fromage ou simplement avec des tranches de pain toastées.

GIROLLE

HARICOTS

Haricots cocos aux œufs de caille

Pour 4 personnes
Préparation 25 minutes **Cuisson** 2 heures **Trempage** 12 heures
À préparer la veille

200 g de haricots cocos
2 oignons
2 clous de girofle
1 carotte
2 brins de thym
2 feuilles de laurier
1 c. à s.d'huile d'arachide
1 gousse d'ail
75 cl de vin blanc
20 g de beurre
12 œufs de caille
3 c. à s.de vinaigre d'alcool blanc
Sel
Poivre du moulin

La veille

Faire tremper les haricots cocos dans de l'eau froide pendant 12 heures.

Le jour même

Mettre les haricots égouttés à cuire dans une casserole avec 1,5 l d'eau. **Ajouter** 1 oignon épluché, coupé en 2 et piqué d'1 clou de girofle, la carotte épluchée, 1 brin de thym, 1 feuille de laurier. Cuire à petits bouillons pendant 1 heure 30. Saler 10 minutes avant la fin de cuisson.

Éplucher et émincer* l'ail et l'oignon restant.
Dans une casserole, chauffer l'huile d'arachide. Faire suer* l'oignon et l'ail en leur donnant une légère coloration à feu moyen pendant 3 minutes. Mouiller* avec le vin blanc. Ajouter le second brin de thym, la seconde feuille de laurier et le clou de girofle restant. Saler et poivrer. Porter à ébullition, cuire sur feu doux durant 20 minutes.

Filtrer la sauce au vin. Rectifier l'assaisonnement. Ajouter le beurre coupé en lamelles. Garder au chaud.

Égoutter les cocos, les mettre dans la sauce. Réserver au chaud.

Au moment de servir, porter à ébullition 1 l d'eau. Casser les œufs de caille dans un bol sans percer les jaunes. Ajouter le vinaigre d'alcool dans l'eau. À l'aide d'une écumoire, faire tourner l'eau. Verser délicatement et à la surface les œufs de caille dans l'eau en mouvement. Cuire à petits frémissements 1 minute. Sortir les œufs avec une écumoire, les éponger sur du papier absorbant.

Dresser les cocos avec la sauce dans un plat. Poser dessus les œufs de caille pochés*. **Servir** aussitôt.

HARICOTS

Haricots de Paimpol, hareng fumé et paprika

Pour 4 personnes
Préparation 25 minutes **Cuisson** 35 minutes

1 kg de haricots de Paimpol frais
100 g d'oignon
100 g de carotte
1 gousse d'ail
20 g de beurre
1 brin de thym
1 feuille de laurier
200 g de hareng fumé
1 c. à c.de paprika
1 cuillerée à soupe rase de gros sel
Sel
Poivre du moulin

Écosser les haricots. **Éplucher** l'oignon, la carotte et l'ail. Les émincer* finement.

Dans une cocotte, faire revenir* dans le beurre fondu la carotte, l'oignon et l'ail sans coloration à feu moyen pendant 3 minutes. Mouiller* avec 1 l d'eau. Ajouter le thym et le laurier, puis les haricots. Saler avec le gros sel et porter à ébullition. **Cuire** 20 minutes à petits bouillons. Ajouter le hareng fumé coupé en tronçons. Poursuivre la cuisson encore 10 minutes.

Sortir de la cocotte les harengs, le thym et le laurier. Égoutter les haricots et les légumes. Conserver le jus de cuisson. **Réserver** les haricots cuits. Mixer la garniture, passer la purée obtenue au tamis.

Replacer les haricots dans la cocotte avec un peu du jus de cuisson réservé. Mettre la purée. Rectifier l'assaisonnement. **Réchauffer** 2 minutes à feu doux. Ajouter les tronçons de hareng. Saupoudrer de paprika. Bien mélanger. **Servir** aussitôt.

Lentilles parfumées à la rose dans un bouillon de châtaignes

Pour 4 personnes
Préparation 15 minutes **Cuisson** 25 minutes

1 carotte
1 petit oignon
1 clou de girofle
200 g de lentilles vertes
1 brin de thym
1 feuille de laurier
10 g de boutons de roses séchés
125 g de marrons cuits
40 cl de lait
Sel
Poivre du moulin

Éplucher la carotte et l'oignon. Les couper en 2. Piquer l'oignon du clou de girofle.

Mettre les lentilles dans une casserole avec 4 fois leur volume d'eau froide. Ajouter la carotte et l'oignon, le thym, le laurier. Saler.

Enfermer les boutons de roses dans une gaze et les ajouter aux lentilles. Porter à ébullition, cuire à feu doux pendant 25 minutes. Saler 5 minutes avant la fin de la cuisson.

Dans une casserole, chauffer environ 5 minutes les marrons dans le lait sur feu doux. Mixer, passer au chinois*. Saler et poivrer. Maintenir au chaud.

Ôter la garniture aromatique des lentilles. Bien presser la gaze avec les boutons de roses pour en extraire le maximum de parfum. Réserver les lentilles sur le feu.

Couper les demi-carottes en 3 dans le sens de la longueur, les émincer* finement et les remettre dans les lentilles. Rectifier l'assaisonnement. Égoutter les lentilles. Verser le bouillon de châtaignes dans des assiettes creuses et répartir les lentilles au centre. **Servir** aussitôt.

LENTILLES

Oignons rouges confits au beaufort

Pour 4 personnes
Préparation 20 minutes **Cuisson** 1 heure 40

500 g de graisse de canard
4 oignons rouges de 100 g chacun
1 brin de thym
1 feuille de laurier
150 g de beaufort
4 fines tranches de poitrine fumée
1 c. à s. de ciboulette ciselée
Sel
Poivre du moulin

Faire fondre la graisse de canard dans une cocotte, avec les oignons rouges non épluchés, le thym et le laurier. Porter à ébullition, puis cuire à feu doux pendant 1 heure 30.

Tailler le beaufort en cubes de 0,5 cm de côté et la poitrine fumée en petits lardons. **Saisir*** les lardons dans une poêle chaude sans matière grasse durant 2 à 3 minutes, les égoutter sur du papier absorbant.

Égoutter les oignons cuits. Couper des chapeaux dans la partie supérieure. **Évider** délicatement les oignons en prenant soin de ne pas abîmer la peau.

Hacher la pulpe d'oignon au couteau, la mélanger avec le beaufort, les lardons et la ciboulette. Saler légèrement, poivrer. Farcir les oignons, remettre les chapeaux. Passer dans un four préchauffé à 180 °C pendant 10 minutes. **Servir** aussitôt.

OIGNON

PETITS POIS

Petits pois à l'étuvée, pourpier et beurre de gingembre

Pour 4 personnes
Préparation 25 minutes **Cuisson** 15 minutes

10 g de gingembre frais
30 g de beurre mou
1,2 kg de petits pois
2 carottes nouvelles en botte
50 g de pourpier
10 cl de bouillon de poule
Sel
Poivre du moulin

Éplucher le gingembre, le hacher au couteau le plus finement possible et le mélanger à 20 g de beurre mou. Saler et poivrer. Réserver au frais.

Écosser les petits pois. **Trier,** laver et effeuiller le pourpier. **Éplucher** les carottes, les couper en 2 dans le sens de la longueur, puis les émincer* finement.

Dans une cocotte, faire suer* les carottes sans coloration avec les 10 g de beurre restants à feu moyen pendant 3 minutes. Ajouter les petits pois. Verser le bouillon de poule. Saler et poivrer. **Cuire** à couvert pendant 10 minutes à petits frémissements.

Enlever les petits pois. Réserver au chaud. **Faire réduire*** le bouillon à feu vif pendant 3 minutes pour obtenir une consistance onctueuse.

Remettre les petits pois, à feu doux incorporer le beurre de gingembre. Mélanger. Rectifier l'assaisonnement. **Au dernier moment,** ajouter le pourpier. Mélanger. Servir aussitôt.

Cake aux poivrons rouges et jaunes

Pour 8 personnes
Préparation 30 minutes **Cuisson** 50 minutes **Réfrigération** 48 heures
À préparer 2 jours à l'avance

2 poivrons rouges
1 poivron jaune
10 cl d'huile d'olive
1 brin de thym
1 brin de romarin
1 feuille de laurier
2 gousses d'ail
Sel
Poivre du moulin

Pâte a cake
180 g de beurre mou
3 œufs
175 g de farine
20 g de sucre
2 g de levure chimique
1 pincée de sel
1 pincée de ras el-hanout

Éplucher les poivrons avec un économe*, les couper en 2, ôter la queue, les graines et les membranes blanches. Les tailler en bandes de 1 cm de large. **Dans une poêle,** chauffer 2 cl d'huile d'olive avec les herbes et l'ail épluché et coupé en 2. Ajouter les poivrons. Saler et poivrer. Faire revenir* sans coloration pendant 3 à 4 minutes sur feu moyen. Les débarrasser* dans un plat et les recouvrir avec l'huile d'olive restante. Laisser refroidir puis conserver au frais sous un film alimentaire pendant 48 heures avant de confectionner le cake.

Le jour même
Avant de préparer la pâte à cake, égoutter les poivrons sur du papier absorbant.

Dans un bol, mélanger à l'aide d'un fouet électrique le beurre avec les œufs ajoutés 1 par 1. Incorporer le reste des ingrédients. Bien mélanger. Ajouter les poivrons égouttés.

Graisser le moule à cake avec un peu d'huile des poivrons. Verser la pâte dans le moule. Enfourner à 180 °C pendant 45 minutes. **Piquer** une lame de couteau au cœur du cake. Si la lame ressort chaude et propre, le cake est cuit, sinon prolonger la cuisson de quelques minutes. **Servir** chaud, tiède ou froid.

POIVRON

Beignets de pommes de terre à l'anguille fumée

Pour 4 personnes
Préparation 30 minutes **Cuisson** 1 heure 10 **Réfrigération** 1 heure

500 g de pommes de terre
150 g d'anguille fumée
2 jaunes d'œufs
Gros sel
Huile neutre*
pour friture

Sel
Poivre du moulin

Pâte à beignets
50 g de farine
50 g de fécule
de pomme de terre
8 g de levure chimique
10 cl de lait
Sel
Poivre du moulin

Préparer la pâte à beignets.
Dans un récipient, mélanger la farine, la fécule et la levure délayée doucement avec le lait. Saler et poivrer. La pâte doit avoir la consistance d'une pâte à crêpes légèrement épaisse. Réserver au frais.

Laver les pommes de terre sans les éplucher. **Tapisser** le fond d'un grand plat de gros sel sur 1 cm d'épaisseur. Placer les pommes de terre les unes à côté des autres. Les cuire dans le four préchauffé à 180 °C pendant 1 heure.

Tailler l'anguille en 24 bâtonnets.

Couper les pommes de terre cuites en 2. À l'aide d'une cuillère à soupe, enlever la pulpe, la verser dans un bol, l'écraser à la fourchette. Ajouter les jaunes d'œufs. Saler et poivrer.

Rouler chaque bâtonnet d'anguille dans la pomme de terre en lui donnant la forme d'un petit bouchon. Réserver 1 heure au frais.

Chauffer l'huile de friture à 180 °C. Tremper les petits bouchons dans la pâte à beignets (si celle-ci est trop épaisse, la détendre* avec 1 cuillerée à soupe d'eau froide) et les frire pendant 2 minutes environ. Ils doivent être bien dorés. Les égoutter sur du papier absorbant. Saler. **Servir** aussitôt, bien chaud.

Quiche au potimarron

Pour 6 personnes
Préparation 30 minutes **Cuisson** 55 minutes

300 g de pâte brisée
150 g de lard de poitrine
1 potimarron
2 échalotes
20 g de beurre
2 œufs
150 g de crème fleurette*
50 g d'emmental râpé
Sel
Poivre du moulin

Foncer* un moule à tarte avec la pâte brisée, piquer le fond, conserver au réfrigérateur.

Couper le lard de poitrine en petits lardons, les mettre dans une poêle avec de l'eau à hauteur. Cuire à feu moyen pendant environ 5 minutes en remuant de temps à autre. Ils doivent être dorés.

Éplucher et couper la chair du potimarron en cubes. Les cuire à la vapeur* pendant 10 minutes. Vérifier la cuisson avec la pointe d'un couteau ; ils doivent être tendres. Sécher sur du papier absorbant.

Éplucher et hacher les échalotes, les faire fondre* dans une casserole avec le beurre à feu moyen pendant 3 minutes.

Dans un bol, battre les œufs avec la crème fleurette*. Saler et poivrer. Ajouter les échalotes.

Répartir sur le fond de tarte les cubes de potimarron et les lardons. Ajouter le mélange crème-œufs. Enfourner à 200 °C pendant 20 minutes.

Sortir la tarte du four, ajouter le fromage râpé et poursuivre la cuisson pendant 15 minutes. Servir chaud ou tiède avec une salade verte.

POTIMARRON

Gratin de pourpier

Pour 4 personnes
Préparation 15 minutes **Cuisson** 30 minutes

750 g de pourpier
2 c. à s. d'huile d'olive
150 g de riz rond
1 gousse d'ail
75 g de fromage râpé
(emmental ou parmesan)
Sel
Poivre du moulin

Laver et effeuiller* le pourpier. **Chauffer** 1 cuillerée à soupe d'huile d'olive dans une poêle. Ajouter le pourpier et le faire fondre* à feu doux pendant 3 minutes environ.

Dans une cocotte en fonte, chauffer à feu moyen 1 cuillerée à soupe d'huile. Ajouter le riz, remuer pour bien enrober d'huile les grains de riz. **Ajouter** l'ail écrasé. Mouiller* avec 20 cl d'eau chaude et remuer avec une cuillère en bois jusqu'à absorption complète de l'eau : compter environ 5 minutes. Saler et poivrer. Ajouter le pourpier avec son jus de cuisson. Mélanger.

Verser dans un plat à four huilé et ajouter de l'eau chaude à hauteur. **Cuire** pendant 20 minutes dans le four préchauffé à 180 °C. Saupoudrer de fromage râpé, passer sous le gril du four et faire gratiner 3 minutes environ. **Servir** aussitôt.

POURPIER

Marinade de radis roses et cerises à la moutarde fraîche

Pour 4 personnes
Préparation 15 minutes **Cuisson** 5 minutes **Réfrigération** 48 heures

500 g de radis roses
200 g de cerises burlat
100 g de sucre
100 g de moutarde
fraîche

Couper les fanes*, laver et fendre les radis en 2.

Laver, dénoyauter et couper les cerises en 2.

Dans une casserole, porter à ébullition 40 cl d'eau avec le sucre et la moutarde. Ajouter les radis, les cuire 4 à 5 minutes sur feu doux. Ajouter les cerises. Retirer du feu et laisser refroidir à couvert et à température ambiante.

Verser les radis et les cerises avec le jus de cuisson dans un bocal.
Conserver au réfrigérateur 48 heures avant de les consommer en accompagnement de viandes froides ou pour assaisonner une salade de roquette aux tomates cerises.

RADIS

ROQUETTE

Tarte de roquette aux piments

Pour 6 personnes
Préparation 25 minutes **Cuisson** 40 minutes **Réfrigération** 30 minutes

500 g de roquette
1 c. à s. d'huile d'olive
½ piment rouge
4 œufs
50 cl de crème liquide

Sel
Poivre du moulin
Gros sel

Pâte
250 g de farine
10 cl d'eau
125 g de beurre mou
5 g de sel

Préparer la pâte. Dans un grand bol, mettre la farine, y faire un puits. Verser l'eau, le beurre ramolli et le sel. Mélanger en rabattant la farine au fur et à mesure vers le centre. Pétrir quelques instants. Former une boule et réserver au frais 30 minutes dans un film alimentaire.

Trier et laver la roquette. **Dans une poêle,** mettre la roquette dans l'huile d'olive chaude sur feu moyen. Saler et poivrer. Mélanger pour que toutes les feuilles soient cuites en 2 minutes. Débarrasser* sur une assiette.

Étaler la pâte au rouleau à pâtisserie sur 3 à 4 mm d'épaisseur. Foncer* un moule à tarte antiadhésif de 24 cm de diamètre. Piquer le fond avec une fourchette. Couvrir la pâte avec une feuille de papier d'aluminium, verser du gros sel et cuire le fond de pâte pendant 10 minutes dans le four préchauffé à 180 °C.

Retirer le papier aluminium et le gros sel. Répartir sur le fond de pâte la roquette cuite.

Laver et émincer* finement le piment rouge.

Dans un bol, casser les œufs, verser la crème, le piment émincé. Saler et poivrer. Mélanger avec un fouet pour obtenir une texture homogène. Verser sur la roquette. **Enfourner** 30 minutes à 180 °C. **Servir** aussitôt.

Tarte aux tomates

Pour 4 à 6 personnes
Préparation 15 minutes **Cuisson** 30 minutes **Repos de la pâte** 20 minutes

250 g de pâte sablée ou feuilletée
2 c. à s.de moutarde forte
500 g de tomates de même taille
½ bouquet de basilic ou menthe fraîche
100 g de fromage râpé (mélange parmesan et emmental)
Sel
Poivre du moulin

Garnir un moule à tarte de pâte, piquer le fond, mettre le moule pendant 20 minutes au réfrigérateur.

Badigeonner le fond de tarte de moutarde forte.

Laver, retirer le pédoncule des tomates et les couper en rondelles régulières. **Laver,** effeuiller et ciseler* le basilic ou la menthe.

Répartir les rondelles de tomate sur la tarte. Parsemer de basilic ou de menthe. Couvrir de fromage. Enfourner à 180 °C pendant 30 minutes. Saler et poivrer.

TOMATE

Tomates vertes en consommé froid

Pour 4 personnes
Préparation 30 minutes **Cuisson** 10 à 12 minutes

Consommé de tomates
1,2 kg de tomates vertes
1 pincée de piment d'Espelette
2 c. à s. d'huile d'olive
2 tranches fines de jambon cru
1 c. à c.de graines de fenouil
100 g de talon de jambon cru
150 g de bruccio
Sel
Poivre du moulin

Préparer le consommé de tomates.

Laver les tomates, les couper en 4 puis les passer à la centrifugeuse. Assaisonner le jus de tomate avec du sel, du poivre, le piment d'Espelette. Ajouter l'huile d'olive. **Réserver** au frais.

Couper les tranches de jambon cru en 2 dans le sens de la longueur, les étaler entre 2 feuilles de papier sulfurisé, puis les placer entre 2 plaques à pâtisserie. **Cuire** dans le four préchauffé à 150 °C pendant 10 à 12 minutes. Elles doivent être sèches.

Torréfier* les graines de fenouil dans une poêle sans matière grasse à feu moyen pendant 2 minutes en les remuant souvent. Les réduire en poudre.

Mixer le talon de jambon cru avec le bruccio. Assaisonner avec du sel, du poivre et la poudre de fenouil. Former des quenelles à l'aide de 2 cuillères à café. En prévoir 3 par personne. **Dresser** les quenelles dans des assiettes creuses, les piquer du jambon séché. Verser le consommé de tomates. **Servir** aussitôt.

TOMATE

Trévises en gratin au beaufort et poivre noir

Pour 4 personnes
Préparation 15 minutes **Cuisson** 25 minutes

8 trévises
de 150 g chacune
40 cl de crème fleurette*
40 g de beaufort
Sel
Poivre noir Sarawak

Couper le pied des trévises en veillant à ce que les feuilles restent attachées. Laver et sécher sur du papier absorbant. Porter à ébullition une casserole d'eau salée. Plonger les trévises dans l'eau et les cuire pendant 3 minutes. Les rafraîchir* dans de l'eau glacée, puis les presser entre les mains sans les écraser pour en extraire le maximum d'eau.

Dans une casserole, porter la crème à ébullition. Saler et poivrer. Placer les trévises les unes à côté des autres. **Couvrir** avec un papier sulfurisé et cuire sur feu doux pendant 20 minutes. Retirer les trévises de la casserole et les mettre dans un plat allant au four.

Fouetter la crème dans la casserole pour la lier. Rectifier l'assaisonnement. Verser sur les trévises. **Couvrir** de lamelles de beaufort. Passer sous le gril 2 minutes pour faire fondre le beaufort. **Donner** un bon tour de moulin à poivre sur chaque trévise et servir.

TRÉVISE

PÂTIS
& DES

SERIE
SERTS

Cake au citron

Pour 6 personnes
Préparation 15 minutes **Cuisson** 40 minutes

2 citrons non traités
250 g de farine
1 c. à c. bombée de levure chimique
150 g de beurre mou + 10 g pour le moule
150 g de sucre en poudre
3 gros œufs
10 g de chapelure*

Râper le zeste des citrons. Presser leur jus.

Mélanger intimement la farine et la levure.

Beurrer largement un moule à cake.

Dans un grand bol, fouetter le beurre et le sucre pour obtenir une crème. Ajouter les œufs un par un. Incorporer ensuite le zeste des citrons, puis la farine en alternance avec le jus de citron.

Saupoudrer le moule de chapelure*. Verser la préparation.

Enfourner dans le four préchauffé à 200 °C. Au bout de 2 minutes, baisser la température à 175 °C. Poursuivre la cuisson pendant 30 à 40 minutes. Vérifier la cuisson avec la lame d'un couteau : elle doit ressortir sèche.

Démouler à la sortie du four et laisser refroidir sur une grille.

CAKE

Charlotte aux marrons

Pour 6 à 8 personnes
Préparation 30 minutes **Réfrigération** 12 heures
À préparer la veille

4 feuilles de gélatine
300 g de crème de marrons
3 cl de rhum
5 œufs très frais
30 cl de crème fleurette*
30 biscuits à la cuillère

La veille
Chemiser* un moule à charlotte d'un film alimentaire afin de faciliter le démoulagc. **Mettre** à ramollir les feuilles de gélatine dans un bol d'eau froide.

Dans un bol, mélanger la crème de marrons, le rhum et 3 jaunes d'œufs.

Dans une casserole, chauffer à feu moyen la crème fleurette*. Ajouter la gélatine bien essorée, mélanger jusqu'à complète dissolution. Incorporer à la crème de marrons. Laisser refroidir.

Battre les 5 blancs d'œufs en neige, les incorporer délicatement à la crème de marrons.

Garnir le fond du moule de biscuits à la cuillère en faisant une rosace, puis tapisser les bords du moule, bien les serrer. Remplir le moule avec la crème. Lisser le dessus et placer 12 heures au réfrigérateur.

Au moment de servir, démouler la charlotte. On peut l'accompagner d'une crème anglaise ou d'une purée d'ananas frais.

Crème brûlée

Pour 4 à 6 personnes
Préparation 5 minutes **Cuisson** 1 heure

2 gousses de vanille
25 g de sucre en poudre
5 jaunes d'œufs
50 cl de crème fleurette*
100 g de sucre roux
ou muscovado

Couper les gousses de vanille en 2 dans la longueur. Avec un petit couteau, récupérer les graines. Mélanger ces graines au sucre en poudre et aux jaunes d'œufs. Détendre* avec la crème fleurette*. **Répartir** dans des petits moules.

Cuire au bain-marie dans un four préchauffé à 100 °C pendant 1 heure. Vérifier la cuisson avec une aiguille. Laisser refroidir à température.

Au moment de servir, saupoudrer de sucre roux et passer sous le gril du four 2 à 3 minutes pour caraméliser la crème.

CRÈME
BRÛLÉE

Croissants aux pignons

Pour environ 30 croissants
Préparation 10 minutes **Cuisson** 10 à 12 minutes

200 g d'amandes
en poudre
100 g de sucre glace
100 g de sucre en poudre
1 œuf entier + 3 blancs
100 g de pignons de pin

Mélanger la poudre d'amandes et les sucres. Ajouter les blancs d'œufs et mélanger pour obtenir une pâte à la fois compacte et malléable.

Faire des boules de la taille d'une noix. Les rouler dans les pignons de pin en appuyant pour les faire adhérer. Former de petits croissants. Les poser sur une plaque recouverte de papier sulfurisé, dorer* au pinceau avec le jaune d'œuf.

Enfourner à 180 °C pendant 10 à 12 minutes. **Laisser refroidir** sur la plaque.

Ces croissants se conservent très bien dans une boîte en fer.

Financiers aux framboises

Pour 4 personnes
Préparation 15 minutes **Cuisson** 15 minutes

125 g de framboises
125 g de poudre d'amandes
100 g de sucre
3 blancs d'œufs
10 g de fécule de pomme de terre
25 g de miel de citronnier
75 g de beurre

Rincer rapidement les framboises. Les égoutter sur du papier absorbant.

Dans un bol, mélanger la poudre d'amandes et le sucre. Incorporer les blancs d'œufs un à un. Bien mélanger. Ajouter la fécule et le miel de citronnier. Si le miel n'est pas assez liquide, le chauffer à feu doux préalablement.

Dans une casserole, faire fondre le beurre à feu moyen, lui donner une couleur blond doré. Le verser ensuite sur l'appareil* à financier. Bien mélanger.

Verser dans des moules à financiers individuels. Répartir les framboises sur le dessus sans trop les enfoncer. Enfourner à 180 °C pendant 15 minutes

Sortir du four. Laisser refroidir avant de démouler.

FINANCIERS

GÂTEAU

Gâteau aux noix

Pour 6 à 8 personnes
Préparation 15 minutes **Cuisson** 30 minutes

200 g de cerneaux de noix
100 g de beurre mou
+ 20 g pour le moule
125 g de sucre en poudre
4 œufs
125 g de farine
Confiture

Moudre finement les cerneaux de noix.

Fouetter le beurre et le sucre pour obtenir un mélange crémeux. Ajouter la poudre de noix, les jaunes d'œufs, la farine. Bien mélanger.

Monter les blancs en neige. Les incorporer délicatement à l'appareil*. Verser dans un moule beurré. Enfourner à 180 °C pendant environ 30 minutes. Vérifier la cuisson avec la lame d'un couteau : elle doit ressortir sèche.

Démouler et badigeonner de la confiture de votre choix : orange, abricot, mirabelle…

Gâteau de Savoie

Pour 8 personnes
Préparation 15 minutes **Cuisson** 45 minutes **Repos** 10 minutes

6 œufs
200 g de sucre en poudre
100 g de farine
100 g de fécule
20 g de beurre
50 g de sucre cristallisé

Dans un bol, fouetter les jaunes d'œufs avec le sucre en poudre pour obtenir un mélange blanc et mousseux.

Tamiser ensemble la farine et la fécule.

Beurrer un moule à gâteau de Savoie (à défaut, un autre moule), le saupoudrer de sucre cristallisé.

Monter* les blancs en neige ferme. Incorporer 1 grosse cuillerée à soupe de blancs en neige dans l'appareil*, tourner vivement. Ajouter ensuite en alternance et délicatement un peu de farine et de fécule, en les tamisant, et les blancs en neige, cuillerée par cuillerée à soupe, sans tourner, mais en soulevant chaque fois la pâte avec une spatule. Finir par des blancs d'œufs.

Verser dans le moule et mettre dans le four préchauffé à 200 °C 3 minutes, puis baisser la température à 180 °C. Laisser cuire pendant 40 minutes. Vérifier la cuisson avec la lame d'un couteau : elle doit ressortir sèche. **Laisser reposer** 10 minutes avant de démouler.

On peut aromatiser ce gâteau avec un zeste de citron vert et une pincée de gingembre râpé.

Gâteau de riz aux fruits confits

Pour 8 personnes
Préparation 20 minutes **Cuisson** 1 heure

125 g de fruits confits
200 g de riz rond (type arborio)
75 cl de lait
125 g de sucre
2 gousses de vanille
5 œufs
20 g de beurre pour le moule

Couper les fruits confits en petits dés.

Mettre le riz dans une casserole, le couvrir d'eau froide, porter à ébullition, égoutter aussitôt.

Dans une casserole, faire bouillir le lait avec le sucre. Ajouter les gousses de vanille fendues en 2 dans la longueur, le riz égoutté, laisser cuire 10 minutes à feu doux.

Mélanger le riz au lait avec les jaunes d'œufs et les fruits confits.

Battre les blancs en neige et les incorporer délicatement au riz. Verser dans un moule beurré avec les gousses de vanille, et cuire 1 heure dans le four préchauffé à 150 °C.

Laisser refroidir. **Servir** avec une confiture de fruits rouges ou un trait de caramel.

Crème glacée aux speculoos

Pour 4 personnes
Préparation 10 minutes

40 cl de lait
80 g de sucre
175 g de spéculoos
12 cl de crème fleurette*

Chauffer le lait avec le sucre pour le dissoudre, puis le laisser refroidir.

Réduire les spéculoos en poudre. Les mélanger avec le lait sucré et la crème.

Mettre dans une sorbetière ou une turbine à glace. Suivre les instructions pour la réfrigération.

On peut saupoudrer avant de servir les boules de glace de quelques miettes de spéculoos.

GLACE

Glace à la vanille

Pour 1 l de glace
Préparation 20 minutes **Infusion** 1 heure

75 cl de lait
2 gousses de vanille
8 jaunes d'œufs
250 g de sucre
25 cl de crème fleurette*

Porter le lait à ébullition, le retirer du feu, ajouter les gousses de vanille fendues en 2 dans la longueur et grattées. Les laisser infuser pendant 1 heure à couvert et à température ambiante.

Battre les jaunes d'œufs et le sucre jusqu'à obtention d'un mélange blanc et mousseux.

Retirer les gousses de vanille du lait. L'incorporer petit à petit au mélange œufs-sucre. Verser dans la casserole et, sur feu doux, laisser épaissir en tournant sans arrêt pendant environ 5 minutes. Si vous avez un thermomètre, cuire jusqu'à 75 °C. Surtout ne pas laisser bouillir la préparation.

Hors du feu, ajouter la crème fleurette* en tournant toujours, puis laisser refroidir à température ambiante.

Mettre en sorbetière ou en turbine, et suivre le mode d'emploi pour la réfrigération.

Macarons aux zestes de citron

Pour 25 à 30 macarons
Préparation 20 minutes **Cuisson** 10 à 12 minutes **Repos** 10 minutes

1 citron vert non traité
250 g de sucre
150 g de poudre d'amandes
3 blancs d'œufs

Hacher finement le zeste du citron vert.

Dans un bol, mélanger le sucre, la poudre d'amandes et le zeste du citron. Incorporer les blancs d'œufs. Bien mélanger pour dissoudre le sucre.

Couvrir la plaque du four d'une feuille de papier sulfurisé.

Placer l'appareil* à macarons dans une poche à pâtisserie munie d'une douille unie de 1 cm de diamètre. Dresser des petits tas de 3 à 4 cm de diamètre, en les espaçant de 3 cm. Badigeonner avec un pinceau la surface des macarons avec un peu d'eau, les laisser reposer 10 minutes.

Enfourner 10 à 12 minutes à 180 °C. Sortir la plaque du four, verser 10 cl d'eau froide entre le papier sulfurisé et la plaque du four. Attendre 5 minutes. Retirer la feuille de papier de la plaque. Décoller délicatement les macarons du papier.

Déguster.

MACARONS

Mille-feuille aux fraises des bois, crème au serpolet

Pour 4 personnes
Préparation 45 minutes **Cuisson** 30 minutes **Infusion** 15 minutes

500 g de pâte feuilletée
Sucre glace
250 g de fraises des bois

Crème au serpolet
10 cl de lait
3 brins de serpolet frais
1 jaune d'œuf
30 g de sucre
25 g de farine
25 g de beurre
6 cl de crème fleurette*

Confectionner la crème au serpolet. Porter à ébullition le lait avec le serpolet lavé et séché. Mixer. Laisser infuser hors du feu à couvert pendant 15 minutes et filtrer.

Dans un bol, mélanger au fouet le jaune d'œuf, le sucre et la farine. Verser le lait infusé sur le mélange. Cuire à feu moyen tout en fouettant pendant environ 3 minutes, jusqu'à ce que le mélange épaississe.

Hors du feu, ajouter le beurre en petits morceaux. Fouetter jusqu'à refroidissement.

Monter* la crème en chantilly, puis l'incorporer à la crème au serpolet froide. Réserver au réfrigérateur.

Étaler la pâte feuilletée en un rectangle de 3 mm d'épaisseur environ. Placer une feuille de papier sulfurisé sur une plaque de four et y poser la pâte. Couvrir d'une autre feuille de papier sulfurisé et d'une autre plaque. Cuire 25 à 30 minutes dans le four préchauffé à 180 °C.

Retirer le feuilletage et le placer sur une grille. Le saupoudrer de sucre glace et le colorer jusqu'à ce qu'il caramélise sous le gril.

Tailler le feuilletage en 12 rectangles de 12 cm x 3 cm avec un couteau-scie et laisser refroidir.

Laver et sécher les fraises des bois.

Étaler la crème au serpolet sur 8 rectangles. Déposer les fraises des bois les unes à côté des autres sur la crème. Monter le mille-feuille en 3 couches : 2 avec la crème et les fraises, et la dernière nature.

Il est préférable de faire le montage au dernier moment pour garder tout le croustillant du feuilletage. Servir aussitôt.

Nougat glacé

Pour 6 à 8 personnes
Préparation 25 minutes **Prise** 8 heures

200 g de fruits confits assortis
10 cl de liqueur de citron
100 g de noisettes (ou d'amandes)
100 g de sucre semoule
5 blancs d'œufs
50 cl de crème fleurette*

Chemiser* un moule à cake d'un film alimentaire. **Couper** en petits dés les fruits confits, les mettre à tremper 15 minutes dans la liqueur de citron.

Torréfier les noisettes pendant 2 minutes sur feu moyen dans une poêle à sec.

Dans une casserole, cuire le sucre en poudre avec 3 cuillerées à soupe d'eau pendant 5 minutes à feu moyen pour obtenir un sirop. Pour vérifier la cuisson, faire tomber une goutte de sirop dans un verre d'eau froide : on doit pouvoir former une petite boule.

Battre les blancs en neige ferme dans un grand bol. Verser sur le bord du bol petit à petit le sirop bouillant en continuant à fouetter. **Diminuer** la vitesse et fouetter encore jusqu'à complet refroidissement.

Battre la crème fleurette* en chantilly. **Mélanger** délicatement les blancs d'œufs, la chantilly, les fruits confits égouttés et les noisettes ou amandes. Verser dans le moule à cake. Placer au congélateur pendant au moins 8 heures.

Démouler le nougat glacé au moment de servir. **Décorer** avec quelques fruits confits.

On peut plus simplement battre les blancs en neige et les incorporer tels quels, il faut alors leur ajouter 4 feuilles de gélatine fondues au bain-marie*. On peut tremper les fruits confits dans la liqueur de son choix.

PAIN PERDU

Pain perdu à la brioche au romarin

Pour 4 personnes
Préparation 15 minutes **Cuisson** 8 minutes

1 brin de romarin
100 g de sucre
10 cl de lait
30 g de miel de romarin
4 tranches de brioche légèrement rassise de 1,5 cm d'épaisseur
2 œufs
20 g de beurre
1 pincée de sel

Hacher finement le romarin et le mélanger au sucre.

Chauffer sur feu moyen le lait avec le miel jusqu'à ce qu'il soit dissous. Laisser refroidir.

Placer les tranches de brioche côte à côte dans un plat creux. Les imbiber de lait au miel.

Dans une assiette creuse, battre les œufs en omelette avec le sel.

Chauffer une poêle à feu moyen avec la moitié du beurre qui doit être moussant. Tremper 2 tranches de brioche dans les œufs battus des deux côtés. Les placer dans la poêle et colorer 2 minutes environ sur chaque face. Écarter.

Nettoyer la poêle et procéder de même avec les 2 autres tranches. Dresser dans les assiettes. Saupoudrer de sucre au romarin.
Servir tiède.

Rochers de lait frits à la cardamome et lait d'amandes

Pour 4 personnes
Préparation 25 minutes **Cuisson** 2 minutes **Infusion** 15 minutes

Rochers
100 g de lait en poudre
30 g de farine
5 g de Maïzena
2 cl de lait entier
Huile neutre*
pour friture

Sirop
125 g de sucre
10 capsules
de cardamome verte

Lait d'amandes
20 cl de lait entier
50 g de lait d'amandes
25 g de poudre d'amandes

Préparer les rochers. Dans un bol, mélanger le lait en poudre, la farine et la Maïzena. Délayer avec le lait. Mélanger jusqu'à obtention d'une pâte homogène. Diviser la pâte en 20 boulettes égales.

Chauffer l'huile de friture à 180 °C. Plonger les boulettes, les faire cuire pendant 1 minute 30 à 2 minutes environ. Elles doivent être gonflées et colorées. Les égoutter sur du papier absorbant.

Faire le sirop. Porter à ébullition 35 cl d'eau avec le sucre et la cardamome écrasée.

Mettre les rochers dans un récipient et verser le sirop chaud dessus. Laisser refroidir à température ambiante.

Réaliser le lait d'amandes. Mixer tous les ingrédients. Laisser infuser 15 minutes, puis passer au chinois* fin. Réserver au réfrigérateur.

Au moment de servir, égoutter les rochers. Les dresser dans un plat. **Verser** le lait d'amandes dans un bol. Tremper les rochers à l'aide d'une pique en bois dans le lait d'amandes. **Déguster.**

ROCHERS

Savarin à la chartreuse, poires et chantilly

Pour 6 personnes
Préparation 45 minutes **Cuisson** 40 minutes **Repos** 2 heures 15

Pâte a savarin
100 g de beurre
+ 10 g pour le moule
250 g de farine
+ 1 c. à s. pour le moule
15 g de levure fraîche de boulanger
5 cl de lait
5 g de sel
20 g de sucre
3 œufs

Sirop
250 g de sucre
7 cl de chartreuse verte

Chantilly
20 cl de crème fleurette*
25 g de sucre glace
2 poires comices bien mûres

Préparer la pâte à savarin. Beurrer et fariner* un moule à savarin. Délayer la levure dans du lait tiède.
Dans un bol, verser la farine, creuser un puits et y ajouter le sel, le sucre, les œufs et la levure délayée. Mélanger ces ingrédients avec une spatule en incorporant petit à petit la farine. Mélanger jusqu'à ce que la pâte se décolle des parois.

Dans une casserole, faire tiédir le beurre sur feu doux. L'incorporer petit à petit dans la pâte. Couvrir le bol d'un linge propre, laisser gonfler la pâte pendant 2 heures à température de la cuisine.

Travailler* 1 minute la pâte avec une spatule pour qu'elle retombe, la verser dans le moule beurré, laisser de nouveau gonfler jusqu'à ce qu'elle atteigne le bord du moule. **Cuire** 30 à 35 minutes dans le four préchauffé à 200 °C. Démouler le savarin à la sortie du four.

Faire le sirop. Porter à ébullition 50 cl d'eau avec le sucre et laisser cuire à petits bouillons 5 minutes. Retirer du feu, verser la chartreuse verte.
Placer le savarin sur un plat de présentation légèrement creux, l'arroser avec le sirop chaud. De temps en temps, l'arroser de nouveau avec le sirop qui se trouve au fond du plat. Dès qu'il est entièrement imbibé, le réserver au réfrigérateur.

Monter* la crème en chantilly avec le sucre glace.

Éplucher les poires, les couper en 2, ôter les pépins. Les tailler en petits dés. Incorporer les dés de poires à la chantilly.

Sortir le savarin du réfrigérateur, enlever le surplus de sirop au fond du plat avec une cuillère. Garnir le centre du savarin de crème chantilly.
Servir aussitôt.

Tarte au nougat

Pour 8 personnes
Préparation 15 minutes **Cuisson** 25 minutes

350 g de pâte sucrée
250 g de miel blond
100 g d'amandes hachées
150 g de cerneaux de noix grossièrement hachés
1 jaune d'œuf
50 g de pignons de pin
Poivre du moulin (facultatif)

Foncer* un moule à tarte de 28 cm de diamètre avec 280 g de pâte. Réserver le reste.

Dans une casserole sur feu vif, chauffer le miel, les amandes et les cerneaux de noix. On peut poivrer légèrement. Verser ce mélange sur la tarte.

Étaler le reste de pâte, la découper en lanières pour réaliser des croisillons sur la tarte. **Dorer*** au jaune d'œuf légèrement détendu avec un peu de lait.

Répartir les pignons dans les espaces vides.

Enfourner 25 minutes à 200 °C. **Servir** froid.

TARTE

Tarte aux pommes

Pour 6 personnes
Préparation 20 minutes **Cuisson** 30 minutes

300 g de pâte brisée
1 blanc d'œuf
3 pommes granny-smith
50 g de beurre fondu
50 g de sucre

Foncer* un moule à tarte de 26 cm de diamètre, le piquer avec une fourchette, le badigeonner de blanc d'œuf.

Éplucher, épépiner les pommes, les couper en quartiers, puis chaque quartier en tranches fines. Les disposer en rosace sur la tarte. Badigeonner au pinceau de beurre fondu. Saupoudrer de sucre.

Cuire pendant 25 minutes dans le four préchauffé à 180 °C.

Déguster chaud, tiède ou froid.

TARTE

Tartelettes aux radis roses

Pour 6 personnes
Préparation 25 minutes **Cuisson** 25 minutes

1 botte de radis roses
400 g de pâte sucrée
20 g de beurre
80 g de sucre
20 g de poudre d'amandes
3 œufs
80 g de crème fleurette*

Sirop
15 cl d'eau
150 g de sucre

Couper les fanes et les racines des radis, les laver, les sécher.

Dans une casserole, porter à ébullition l'eau avec le sucre du sirop. Ajouter les radis et les cuire pendant 10 minutes à petits bouillons. Retirer la casserole du feu et laisser les radis refroidir dans le sirop.

Étaler la pâte sur 3 mm d'épaisseur. Foncer* les moules à tartelette avec la pâte. Les piquer avec une fourchette. Chemiser* le fond de pâte avec une feuille de papier sulfurisé. Verser dedans des haricots secs pour maintenir le papier. Cuire 10 minutes dans le four préchauffé à 180 °C.

Dans un bol, faire ramollir le beurre pour lui donner la texture d'une pommade*. Verser le sucre, fouetter jusqu'à ce que les grains de sucre soient dissous. Ajouter la poudre d'amandes, puis les œufs et pour finir la crème fleurette*.

Ôter le papier sulfurisé et les haricots secs du fond des tartelettes. **Répartir** les radis égouttés. Verser l'appareil*. **Enfourner** 25 minutes à 180 °C.

Laisser refroidir les tartelettes avant de démouler.

Tuiles dentelle aux amandes et sésame noir

Pour 20 à 25 tuiles
Préparation 15 minutes **Cuisson** 3 à 5 minutes **Réfrigération** 30 minutes

40 g de beurre
40 g de farine
120 g de sucre
30 g d'amandes effilées
½ c. à c. de sésame noir

Faire fondre le beurre à feu doux dans une casserole.

Dans un bol, mélanger la farine, le sucre, les amandes effilées et le sésame noir. Ajouter le beurre fondu et 50 cl d'eau. Bien mélanger et réserver au réfrigérateur pendant 30 minutes.

Étaler la pâte à tuiles sur une plaque antiadhésive en cercles fins de 5 cm de diamètre et en les espaçant de 2 cm. **Enfourner** 3 à 5 minutes à 200 °C. Sortir la plaque du four. Attendre 1 à 2 minutes avant de décoller les tuiles, les poser sur un rouleau à pâtisserie pour leur donner une forme.

Si une fournée ne suffit pas, refroidir la plaque avant d'étaler de nouveau de la pâte.

TUILES

Gâteau chocolat à l'orange

Pour 8 personnes
Préparation 40 minutes **Cuisson** 45 minutes

- 6 oranges non traitées
- 200 g de farine
- 1 pincée de sel
- 200 g de sucre
- 5 œufs
- 100 g de Maïzena
- 20 g de beurre pour le moule

Sirop

- 150 g de sucre
- 50 g de cacao en poudre non sucré
- 15 cl de Cointreau

Ganache

- 300 g de chocolat noir
- 200 g de crème fraîche épaisse

Râper le zeste de 2 oranges, presser leur jus.

Dans un bol, mélanger la farine, 1 pincée de sel et la Maïzena. Ajouter le zeste râpé des oranges.

Dans un bol, fouetter 200 g de sucre et les jaunes d'œufs jusqu'à ce que le mélange blanchisse. Incorporer en alternant la farine et le jus des 2 oranges.

Battre les blancs d'œufs en neige ferme, les mélanger délicatement à la préparation. Verser dans un moule à manqué beurré. Enfourner 45 minutes à 180 °C.

Préparer le sirop. Porter à ébullition 150 g de sucre avec 10 cl d'eau.

Râper légèrement le zeste des 4 autres oranges. Couper les oranges en quartiers, ôter les pépins, les compoter à feu doux pendant 30 minutes dans le sirop. Mixer. Remettre dans la casserole pour dessécher* cette purée d'oranges sur feu doux pendant 3 minutes environ. Ôter du feu. Incorporer le cacao.

Sortir le gâteau du four, le laisser refroidir avant de le démouler et de couper en 2 dans l'épaisseur.

Détendre* le Cointreau avec 5 cl d'eau, arroser les deux moitiés du gâteau de ce mélange. Tartiner l'une des deux moitiés de la purée d'oranges au cacao. Couvrir avec l'autre moitié. Poser le gâteau sur une grille.

Préparer la ganache. Râper grossièrement le chocolat. Dans une casserole, porter la crème à ébullition, la fouetter, retirer du feu. Ajouter le chocolat, mélanger pour obtenir une préparation lisse, laisser tiédir. **Verser** sur le gâteau quand la ganache commence à se solidifier pour le recouvrir complètement. Lisser avec une spatule. **Servir.**

Marbré au chocolat aux graines de nigelle

Pour 6 personnes
Préparation 20 minutes **Cuisson** 40 minutes

250 g de beurre mou
+ 10 g pour le moule
250 g de sucre
6 œufs
250 g de farine
+ 1 c. à c. pour le moule
5 g de levure chimique
40 g de poudre
de cacao amer
4 g de graines de nigelle

Travailler* le beurre au fouet pour lui donner la texture d'une pommade*. Ajouter le sucre et mélanger jusqu'à ce que les grains de sucre soient dissous. Ajouter les œufs deux par deux, battre vigoureusement pour les incorporer.

Mélanger la levure avec la farine. Incorporer au fur et à mesure la farine au mélange. Une fois que la pâte est bien homogène, la diviser en 2 parties égales dans 2 bols. Dans la première, ajouter le cacao en poudre et dans la seconde les graines de nigelle.

Beurrer et fariner* un moule à cake. Le remplir par couches en alternant la pâte à la nigelle et la pâte au cacao.

Enfourner 40 minutes à 200 °C. Vérifier la cuisson en piquant la lame d'un couteau : elle doit ressortir sèche. Laisser tiédir le marbré avant de le démouler. **Savourer** froid.

MARBRÉ

Mousse aux chocolats blanc et noir

Pour 6 personnes
Préparation 30 minutes **Réfrigération** 6 heures

Mousse au chocolat noir
125 g de chocolat noir amer
70 g de beurre mou
2 œufs
1 c. à c. de sucre glace

Mousse au chocolat blanc
1 feuille de gélatine (2 g)
125 g de chocolat blanc
½ citron vert non traité
2 œufs
1 c. à c. de sucre glace

Préparer la mousse au chocolat noir. Concasser le chocolat noir, le faire fondre au bain-marie* à feu doux. Ajouter le beurre en petits morceaux, le mélanger au chocolat. Retirer du feu. **Séparer** les blancs des jaunes d'œufs. Ajouter les jaunes au mélange chocolat-beurre.

Monter* les blancs en neige ferme. Verser le sucre glace à la fin, fouetter vivement. À l'aide d'une spatule, incorporer délicatement les blancs en neige au chocolat, jusqu'à ce que le mélange soit homogène. Réserver.

Confectionner la mousse au chocolat blanc. Mettre la gélatine à ramollir dans un bol d'eau froide. **Concasser** le chocolat blanc, le faire fondre au bain-marie* sur feu doux. **Hacher** finement le zeste du citron vert.

Séparer les blancs des jaunes d'œufs. **Retirer** le chocolat du bain-marie*. Égoutter et essorer la gélatine, l'incorporer au chocolat. **Ajouter** les jaunes d'œufs et le zeste du citron vert.

Monter* les blancs en neige ferme, ajouter le sucre glace à la fin, fouetter vivement. À l'aide d'une spatule, incorporer les blancs en neige dans le chocolat jusqu'à ce que le mélange soit homogène.

Verser dans 6 petits bols en même temps la mousse au chocolat blanc et la mousse au chocolat noir.

Couvrir d'un film alimentaire et réserver pendant 6 heures au réfrigérateur avant de déguster.

On peut décorer les bols avec un zeste de citron ou des copeaux de chocolat.

Moelleux au chocolat

Pour 6 personnes
Préparation 15 minutes **Cuisson** 10 minutes

180 g de chocolat à cuire
180 g de beurre
+ 20 g pour le moule
4 œufs
150 g de sucre en poudre
150 g de farine

Concasser le chocolat en morceaux. **Couper** le beurre en dés. **Faire** fondre au bain-marie le chocolat avec le beurre.

Dans un bol, fouetter les œufs avec le sucre jusqu'à ce que le mélange mousse et blanchisse. Incorporer la farine tamisée. Verser le chocolat et le beurre fondu. Bien mélanger. Verser dans un moule à manqué beurré.

Enfourner dans le four préchauffé à 180 °C durant 8 à 10 minutes. **Laisser refroidir** avant de démouler.

Servir accompagné de framboises ou de cerises ou d'abricots.

Pain aux épices et chocolat

Pour 6 personnes
Préparation 30 minutes **Cuisson** 40 minutes

50 g de zestes d'orange confits
250 g de noisettes décortiquées
2 clous de girofle
6 capsules de cardamome verte
75 g de chocolat noir à cuire
3 œufs
200 g de sucre
120 g de farine
1 pincée de sel
1 c. à c. de cannelle en poudre
10 g de beurre pour le moule

Glaçage
1 blanc d'œuf
2 c. à s. de cacao en poudre
100 g de sucre glace

Couper les zestes d'orange confits en dés de 2 à 3 mm de côté. **Griller** les noisettes 2 minutes dans une poêle à sec sur feu moyen et les concasser. **Hacher** finement au couteau les clous de girofle et la cardamome. **Concasser** en petits morceaux le chocolat.

Dans un bol, fouetter les œufs avec le sucre jusqu'à ce que le mélange blanchisse. Ajouter la farine, 1 pincée de sel. Mélanger à l'aide d'une spatule, puis incorporer le reste des ingrédients.

Beurrer 1 plat rectangulaire de 25 cm x 20 cm. Placer au fond une feuille de papier sulfurisé. Verser la pâte dans le plat et enfourner 30 à 35 minutes à 180 °C.

Réaliser le glaçage. Mélanger le blanc d'œuf, le cacao et le sucre glace. Verser sur toute la surface du gâteau, puis remettre au four pendant 5 minutes.

Laisser refroidir le pain d'épice avant de le découper en portions.

PAIN D'ÉPICE

Soupe au chocolat, café aux graines de paradis

Pour 4 personnes
Préparation 20 minutes **Cuisson** 4 à 5 minutes

150 g de chocolat
à cuire à 70 %
½ c. à c. de graines
de paradis
35 cl de lait
15 cl de crème fleurette*
3 jaunes d'œufs
20 g de sucre
1 expresso

Concasser le chocolat à cuire en petits morceaux. **Broyer** les graines de paradis.

Dans une casserole, porter à ébullition le lait, la crème et les graines de paradis. Filtrer.

Fouetter les jaunes d'œufs avec le sucre jusqu'à ce que le mélange blanchisse. Incorporer petit à petit la moitié du lait puis reverser tout dans la casserole. **Cuire** sur feu doux, tout en remuant avec une spatule en bois, en dessinant des 8 pendant environ 5 minutes. Dès que la préparation nappe la spatule, retirer du feu. La crème ne doit jamais bouillir. **Fouetter.** Ajouter le chocolat concassé, mélanger jusqu'à ce qu'il soit fondu, puis verser l'expresso. **Mélanger.**

Servir aussitôt dans des tasses ou des verres.

SOUPE

Truffes au chocolat

Pour 12 personnes
Préparation 20 minutes **Réfrigération** 12 heures

500 g de chocolat noir + 250 g pour la couverture
375 g de crème fraîche
20 g de sucre vanillé
2 c. à s. de whisky (ou autre alcool)
Cacao en poudre

Première étape
Couper le chocolat noir en petits morceaux. **Dans une casserole,** porter à ébullition la crème. Hors du feu, ajouter le chocolat. Tourner avec une spatule jusqu'à ce qu'il fonde. Incorporer le sucre vanillé, mélanger longuement. Verser l'alcool choisi. Mélanger de nouveau.

Mettre dans un bol et réserver au réfrigérateur pendant 12 heures.

Deuxième étape
Recouvrir une plaque de papier d'aluminium, la placer 10 minutes au congélateur. **Avec l'appareil*** au chocolat, façonner des boules régulières, les mettre au fur et à mesure sur la plaque. Réserver au réfrigérateur.

Troisième étape
Faire fondre 250 g de chocolat de couverture au bain-marie* pour le rendre parfaitement lisse. Le laisser un peu refroidir. **Tremper** les boules une à une dans ce chocolat, les remettre aussitôt sur la plaque.

Verser du cacao sur une assiette. Rouler les truffes dans le cacao.

On peut parfumer les truffes avec 2 gouttes d'huile essentielle de noisettes, d'orange…

TRUFFES

Mousse au citron

Pour 6 personnes
Préparation 15 minutes **Cuisson** 3 minutes **Réfrigération** 3 heures

2 beaux citrons non traités
3 œufs
200 g de sucre
1 c. à s. de Maïzena

Râper le zeste d'1 citron. Presser le jus des 2 citrons.

Fouetter les jaunes d'œufs et le sucre pendant 10 minutes afin d'obtenir un mélange mousseux. Ajouter le zeste râpé et la Maïzena délayée avec 1 cuillerée à soupe d'eau. Verser dans une casserole et cuire sur feu doux en tournant pendant environ 3 minutes jusqu'à ce que le mélange épaississe.

Hors du feu, ajouter le jus des citrons et laisser refroidir.

Monter les blancs en neige ferme, les incorporer délicatement. **Verser** dans des coupes individuelles et réserver au réfrigérateur au moins 3 heures avant de servir.

CITRON

Figues pochées au vin de miel et thym citron

Pour 4 personnes
Préparation 10 minutes **Cuisson** 5 à 6 minutes **Réfrigération** 1 heure

12 figues violettes
50 cl de vin rouge
4 c. à s. de miel d'acacia
1 brin de thym citron
1 graine de poivre long

Rincer et essuyer les figues.

Porter à ébullition le vin rouge avec le miel d'acacia, le thym citron et le poivre écrasé. Retirer du feu, placer les figues dans le vin les unes à côté des autres. Porter à ébullition de nouveau. Laisser cuire à petits bouillons pendant 5 à 6 minutes.

Retirer les figues du vin rouge avec une écumoire, les dresser dans un plat.

Réduire* le jus de cuisson sur feu vif jusqu'à obtention d'une consistance sirupeuse pendant environ 5 minutes. Passer au chinois* puis verser sur les figues. Laisser refroidir à température ambiante. Les couvrir d'un film alimentaire et réserver au réfrigérateur pendant au moins 1 heure.

Servir très frais.

FIGUE

Portugaise

Pour 8 personnes
Préparation 30 minutes **Cuisson** 1 heure 20

200 g de fruits confits
1 citron
1 ananas Victoria
500 g de pommes
500 g de poires
100 g de sucre
1 gousse de vanille

Crème
4 œufs
50 cl de lait
1 gousse de vanille
150 g de sucre

Caramel
40 g de sucre
1 c. à s. d'eau

Couper les fruits confits en petits dés. **Presser** le jus du citron. **Éplucher** et couper l'ananas en petits morceaux.

Éplucher les pommes et les poires, les couper en morceaux, les mettre dans une casserole avec le jus de citron et le sucre. Ajouter la gousse de vanille fendue en 2 dans la longueur et 3 cuillerées à soupe d'eau. **Cuire** sur feu très doux jusqu'à ce que les fruits soient transparents : compter environ 20 minutes. Augmenter éventuellement le feu pour dessécher cette marmelade.

Mélanger la marmelade, les fruits confits et l'ananas.

Préparer la crème. Mélanger 3 jaunes et 1 œuf entier avec le lait, la gousse de vanille fendue et grattée et le sucre.

Faire le caramel. Chauffer dans une casserole sur feu doux le sucre et l'eau. Verser le caramel dans le fond d'un moule à charlotte. Verser un peu de crème, puis en alternance la marmelade de fruits et de la crème.

Cuire au bain-marie* pendant 1 heure dans un four préchauffé à 180 °C.

Laisser refroidir avant de démouler. **Servir** très frais.

Taboulé aux fruits

Pour 4 personnes
Préparation 20 minutes **Réfrigération** 30 minutes

2 citrons verts non traités
1 orange non traitée
1 c. à s. de miel d'oranger
1 pomme granny-smith
150 g de mangue
4 feuilles de menthe
150 g de fraises
300 g de semoule de blé moyenne pour couscous
1 c. à s. d'huile d'olive

À l'aide d'un économe*, prélever la moitié du zeste d'1 citron vert, le hacher finement.

Presser l'orange et les 2 citrons verts. Dans un bol, mélanger les jus et le miel d'oranger. Si le miel n'est pas liquide, le chauffer légèrement.

Éplucher et tailler la mangue et la pomme en petits cubes. Ciseler* finement la menthe. Laver et couper et petits cubes les fraises.

Dans un bol, mélanger la semoule avec les jus d'agrumes au miel et l'huile d'olive. Ajouter les fruits en cubes et la menthe ciselée. Mélanger le tout délicatement pour ne pas trop écraser les fruits. Laisser la semoule gonfler pendant 30 minutes en remuant 1 à 2 fois. **Réserver** au réfrigérateur couvert d'un film alimentaire pendant au moins 30 minutes.

Mouler le taboulé dans 4 ramequins de 6 cm de diamètre huilés à l'huile d'olive. Tasser légèrement, puis démouler au centre d'une assiette. **Servir** avec un coulis de fraise ou un lait d'amandes.

Clafoutis légers aux griottes

Pour 4 à 6 personnes
Préparation 15 minutes **Cuisson** 30 minutes **Réfrigération** 30 minutes

250 g de pâte sucrée
3 œufs
25 cl de crème fleurette*
300 g de griottes
75 g de sucre en poudre

Foncer* des moules individuels de pâte sucrée, piquer le fond et placer au réfrigérateur pendant au moins 30 minutes.

Battre les œufs et la crème fleurette*.

Laver et dénoyauter les cerises. Garnir les moules des cerises et verser dessus le mélange œufs-crème. **Enfourner** 25 minutes à 180 °C. Sortir les moules du four, saupoudrer de sucre. Placer sous le gril du four pendant 2 à 3 minutes. **Servir** tiède.

Gratin de mangue et fraises au wasabi

Pour 4 personnes
Préparation 15 minutes **Cuisson** 2 minutes

1 mangue
250 g de fraises
15 cl de crème fleurette*
½ gousse de vanille
1 jaune d'œuf
½ c. à c. de wasabi

Éplucher la mangue, la couper en 2 morceaux dans la longueur le long du noyau. L'émincer* en tranches de 5 mm d'épaisseur.

Laver, équeuter les fraises, les couper en 4 dans la hauteur.

Sur des assiettes, dresser les fruits en écailles en les intercalant.

Mettre la crème dans un récipient avec les graines de la ½ gousse de vanille. La monter* en chantilly, ajouter le jaune d'œuf et le wasabi. Étaler en fine couche sur les fruits.

Faire gratiner sous le gril jusqu'à coloration pendant 2 minutes. **Servir** aussitôt.

MANGUE

Pêche Melba

Pour 4 personnes
Préparation 10 minutes **Cuisson** 5 minutes

50 g de sucre
4 pêches blanches
200 g de framboises
2 c. à s. de sucre glace
4 boules de glace
à la vanille

Dans une casserole, verser 1,5 l d'eau et 50 g de sucre. Porter à ébullition. Garder au chaud.

Éplucher les pêches, les pocher* dans le sirop de sucre sur feu moyen pendant 5 minutes. Les laisser refroidir dans le sirop.

Mixer les framboises avec le sucre glace. Passer au tamis le coulis obtenu.

Au moment de servir, dresser dans chaque assiette 1 pêche avec le coulis de framboises et 1 boule de glace à la vanille.

PÊCHE

Poires au vin

Pour 6 personnes
Préparation 10 minutes **Cuisson** 40 minutes **Réfrigération** 1 heure

8 poires fermes
2 clous de girofle
6 grains de poivre Sarawak
½ citron
1 gousse de vanille
50 cl de vin rouge
175 g de sucre
10 cl de crème de cassis

Éplucher les poires en laissant leur queue. Les mettre dans une casserole avec les épices, le jus du citron, la vanille, le vin rouge et le sucre.

Porter à ébullition, couvrir et laisser cuire 30 minutes à feu doux. Elles doivent rester fermes, mais être faciles à transpercer. Ôter les poires de la casserole, les dresser dans un plat.

Réduire* le jus de cuisson sur feu vif pendant 10 minutes environ afin d'obtenir un sirop bien épais. Retirer du feu, ajouter la crème de cassis. Bien mélanger et verser sur les poires. Laisser refroidir.

Réserver au frais au moins 1 heure avant de servir.

POIRE

EN CUISINE

SOMMAIRE

Les ustensiles indispensables, *539*

Les produits essentiels, *542*

Les cuissons, *546*

À la vapeur, *548*
Cuisson à l'eau, *549*
Rôtir, *550*
Sauter, *551*
Griller, *552*
Braiser, *553*
Frire, *554*
En papillote, *555*
En croûte, *556*
Au bain-marie, *557*

La cuisson des œufs, *558*
Œufs à la coque, *558*
Œufs mollets, *558*
Œufs au plat, *558*
Œufs brouillés, *559*
Œufs pochés, *559*
Œufs durs, *559*

SOMMAIRE

Les recettes de pâtes, *560*

Pâte à choux, *561*
Pâte feuilletée, *561*
Pâte brisée, *562*
Pâte sablée, *562*
Pâte sucrée, *563*
Pâte à beignets, *563*
Pâte à crêpes, *564*
Pâte à gaufres, *564*
Pâte à pain, *565*
Pâte à tempura, *565*

Les recettes de sauces, *566*

Les fonds, *568*
Fond de veau brun, *568*
Fond de volaille et d'agneau, *568*
Fond de gibier, *568*
Fond blanc de volaille, *568*
Cuisson des champignons, *568*
Cuisson des coquillages, *569*
Fumet de poisson, *569*
Fumet de crustacés, *569*

Les sauces chaudes classiques, *570*
Sauce béchamel, *570*
Sauce béarnaise, *570*
Sauce normande, *571*
Sauce tomate, *571*

Les sauces chaudes de légumes, *572*
Jus miel et agrumes, *572*
Jus de fenouil au chorizo, *572*

Les sauces chaudes inclassables, *573*
Émulsion d'huile d'olive, *573*
Lait de coco, citronnelle et cardamome, *573*

Les sauces froides classiques, *574*
Mayonnaise, *574*
Aïoli, *574*
Pesto, *575*
Tapenade, *575*

Les vinaigrettes, *576*
Sauce vinaigrette, *576*
Vinaigrette à l'orange et thym citron, *576*
Vinaigrette au yaourt, *577*
Sauce au fromage de chèvre frais et ciboulette, *577*

Réussir les desserts, *578*

Les crèmes & les sauces, *579*
Coulis de fruits frais, *579*
Crème anglaise, *579*
Crème chantilly, *580*
Crème pâtissière, *580*
Lait d'amandes, *581*
Sabayon, *581*
Sauce au chocolat, *582*
Sauce au caramel, *582*

Confitures & desserts, *583*
Confiture d'abricots, *583*
Confiture de fraises, *583*
Gelée aux agrumes et à la fleur de lavande, *584*
Madeleines, *584*
Meringues, *585*
Mousse au chocolat, *585*

RIZ
LIQUIDE
1/2 LIT
40 Cl
35 Cl
1/4 LIT
10 Cl
5 Cl

LES USTENSILES INDISPENSABLES

CHASSEUR
CHASSEUR
CHASSEUR
CHASSEUR

Le plaisir de cuisiner et la réussite d'une recette tiennent beaucoup aux ustensiles.

Un bon couteau, un bon économe et la découpe et l'épluchage des légumes n'est plus une corvée. Choisissez-les de qualité. Même s'ils sont plus chers, la différence se fera vraiment au quotidien dans votre cuisine.

La planche est indispensable pour découper. Elle vous servira aussi de plan de travail ou de dessous-de-plat. Prenez-en une plutôt légère qui vous permettra de la soulever facilement pour débarrasser ce que vous venez de couper directement dans le plat ou la casserole.

Le fouet se décline en plusieurs tailles et plusieurs formes. Préférez ceux en inox. Essentiel, il aère les préparations et empêche la formation de grumeaux.

Le chinois est une passoire de forme conique qui permet de filtrer les sauces, les soupes. Il en existe deux types et plusieurs tailles. Le chinois fin : sa partie filtrante est percée de petits trous. Le chinois étamine : sa partie filtrante est une toile métallique très fine. Il permet un filtrage plus fin. Les particules s'accrochant aux mailles, pensez à le nettoyer consciencieusement. Pour filtrer une sauce ou une soupe, il suffit de la verser dans le chinois placé au-dessus d'un récipient et, avec le dos d'une cuillère, d'écraser la matière sur les parois. À défaut utilisez une passoire.

Un doseur, pour mesurer les quantités soit au poids soit en volume. Ou une balance.

Un presse-agrume, très pratique pour obtenir sans effort et sans pépin du jus d'orange ou de citron.

Un mixer, appareil électrique indispensable pour broyer les aliments. Il y en a de plusieurs types. Le plongeant est le plus pratique. Il permet de mixer directement dans la casserole sans transvaser la préparation. Ce qui évite de la vaisselle !

Un bain-marie, appareil qui permet de maintenir la chaleur d'une préparation ou la cuisson douce d'un produit grâce à sa cuve remplie d'eau chaude. À défaut, on peut utiliser deux casseroles, la plus grande contenant de l'eau chaude et la seconde, plus petite, contenant la préparation.

La batterie de cuisine. Choisissez-en une de qualité pour ne pas prendre le risque de rater vos plats. Le fond doit être épais, parfaitement plat pour une répartition optimale de la chaleur et une cuisson homogène. Attention aux poignées non isolées qui chauffent !

Les papiers de cuisson, film, sulfurisé ou aluminium, ils sont un peu plus que des accessoires. Chacun a son utilité ou sa spécificité en fonction de la cuisson choisie. Soyez vigilant malgré tout avec l'aluminium et évitez que l'aliment chaud ne soit en contact direct avec lui.

Une écumoire, large cuillère plate percée de trous et pourvue d'un long manche, pour éliminer les impuretés, l'écume d'une préparation ou pour prélever des aliments dans un bouillon ou une friture.

Des spatules en bois, des ciseaux, de la ficelle et une maryse pour racler les préparations.

huile de pépins de raisin
huile vierge de colza
Huile de Tournesol
Huile d'Olive Vierge Extra
MARTIN POURET
VINAIGRE D'ORLEANS
vieille réserve
Jardin BiO
sauce soja
Matsuri
VINAIGRE DE RIZ
TABASCO
PEPPER SAUCE

Naturaline
FARINE
de blé blanche
Tipiak
Fine Chapelure de Pain
Sel de Guérande
Fleur de Sel Guérande
MIEL DE FRANCE
sauce tomate basilic
TOMATES CONFITES
Filets d'Anchois
Jardin BiO
bouillon cube légumes et aromates

Soja Onctueux
CREME FRAICHE
fluide

Baies Roses
Moutarde de Beaune
Baies de Genièvre
Quatre épices
Cumin moulu

LES PRODUITS ESSENTIELS

Pour cuisiner, il est essentiel d'avoir une base de produits indispensables à conserver dans un placard et au réfrigérateur. Pour réaliser une recette, seuls les produits frais seront à acheter au dernier moment. Ils seront aussi d'un très bon secours pour donner de la saveur et une touche personnelle aux plats les plus simples et imprévus.

Les huiles

Ayez toujours une huile neutre, tournesol, pépins de raisin et de l'huile d'olive.
Privilégiez toujours la qualité des huiles « première pression à froid », de petits producteurs.
Leur goût est incomparable et donnera vraiment de la personnalité à un plat.
Attention toutefois à leur conservation, à l'abri de la lumière et de la chaleur, dans une bouteille teintée, pour préserver leurs nutriments et leur saveur. Veillez également à ne pas les conserver trop longtemps une fois entamées. N'achetez donc jamais une grande bouteille d'une huile que vous utiliserez rarement. Soyez curieux et explorez les saveurs des huiles de pistache, avocat, sésame, pépins de courge…
Prenez une huile de qualité moyenne pour les cuissons et réservez les meilleures pour les préparations crues et le trait final d'un plat, par exemple sur un poisson, une crudité ou une soupe.

Le sel

Préférez le sel de Guérande, non raffiné. Sa couleur naturelle, légèrement grise est due aux particules d'argile des bassins d'évaporation. Sans additif, il concentre des oligo-éléments comme le magnésium et le calcium. Utilisez-le pour saler l'eau ou les bouillons de cuisson.
La fleur de sel est également riche en nutriments et s'utilise parsemée en touche finale, au moment du service.

Les fonds
Pour donner encore plus de saveur à un plat, rien de tel qu'un fumet ou un fond. Si vous n'avez pas le temps de les préparer, utilisez des préparations déshydratées (cubes ou poudres), de préférence biologiques : ils sont en général moins riches en matières grasses et en exhausteurs de goût.

Les vinaigres
Pour assaisonner les salades ou déglacer, le vinaigre apporte sa petite touche aromatique. Prenez un bon vinaigre de vin et de cidre en base mais aussi pensez au xérès et à ceux aromatisés à la framboise, à la mangue... Le vinaigre balsamique est victime de son succès depuis quelques années. On en produit à tour de bras. Et il se révèle bien loin du goût exceptionnel du traditionnel. Tout le monde ne peut s'offrir un flacon de ce prestigieux vinaigre. Regardez au moins la composition de celui que l'on vous propose. Attention au caramel et aux sulfites qu'il peut contenir.

Les épices
Soyez un vrai épicier en faisant le plein d'épices. C'est le petit tour de magie pour n'importe quelle recette, mais c'est surtout votre touche créative : forcez plus ou moins la dose selon votre goût, tentez d'en parsemer ici ou là. Comme pour les huiles, veillez à leur bonne conservation, à l'abri de la lumière et de la chaleur, et ne les gardez pas trop longtemps.
Les indispensables : Poivre noir, blanc, vert et rose. aneth, badiane, cannelle, cardamome, coriandre, curcuma, fenouil, gingembre, girofle, muscade, safran, quatre-épices, vanille, paprika, piment d'Espelette, curry ...

Les herbes aromatiques
Fraîches ou séchées, elles apportent leurs arômes dans tous les plats. Thym, laurier, romarin, ciboulette, basilic, persil, sauge, menthe, verveine, estragon ...

Dans le placard
Sauce de soja, Tabasco®, farine, sucre blanc, sucre roux, miel, gros sel, sel fin, fleur de sel, chapelure, sauce tomate, concentré de tomate, tomates confites, cubes de bouillon, filets d'anchois, moutarde, câpres, cornichons, oignon, échalote, ail, citron, citron confit au sel, lait de coco, chocolat, vin blanc, rhum ...

LES CUISSONS

À la vapeur

Les ustensiles

Un cuit-vapeur, une Cocotte-Minute® avec son panier, un panier en bambou au-dessus d'une casserole d'eau bouillante, un four vapeur ou un couscoussier. À défaut, on peut poser une passoire ou une marguerite au-dessus d'une casserole d'eau bouillante et mettre un couvercle.

L'intérêt gustatif

C'est une cuisson très rapide et non agressive qui préserve les qualités organoleptiques des aliments (texture, saveur, arôme) puisque les aliments ne trempent pas dans l'eau.
Elle évite l'ajout de matière grasse. L'aliment pourra recevoir à la fin de sa cuisson un filet d'huile ou une noix de beurre frais, nettement plus digeste.

L'intérêt nutritionnel

Les nutriments et une partie des vitamines sont préservés à la vapeur douce (inférieure à 95 °C). Une partie des graisses contenues dans les aliments fond et s'égoutte dans l'eau de cuisson. Le couvercle incurvé permet à l'eau de condensation de s'écouler sur les côtés, et donc de ne pas lessiver les aliments. C'est la meilleure des cuissons d'un point de vue nutritionnel.
La vapeur déssode, c'est-à-dire qu'elle ôte le sel contenu dans les aliments, donc inutile de saler avant cuisson. On assaisonnera après cuisson. Par ailleurs, la vapeur d'une eau salée ne contient pas de sel.

Pour quels produits ? Pour quels plats ?

Pour tous les légumes, les poissons, le poulet, le riz mais aussi les recettes en papillote, les crèmes dessert, les flans, les terrines, les gâteaux, le pain maison.

Cuisson à l'eau

Les ustensiles

Une marmite, un faitout, une cocotte ou une casserole, des couvercles, une écumoire, une passoire.

Départ à l'eau froide

L'intérêt gustatif

C'est une cuisson lente, sans choc thermique, qui favorise les échanges de saveurs entre les différents aliments. Dans un pot-au-feu, la saveur de la viande enrichira les légumes, et vice versa.
C'est le mode cuisson à adopter pour les légumes secs, afin que leur peau ne durcisse pas, et pour les aliments fragiles qui pourraient se défaire à la cuisson.

L'intérêt nutritionnel

Le bouillon de cuisson (de pot-au-feu, de potée…), riche en sels minéraux et vitamines hydrosolubles, peut être récupéré pour cuire des pâtes, faire des soupes.
On peut le dégraisser, mais il faut le refroidir au préalable pour ôter la couche de graisse qui se formera à la surface.

Comment s'y prendre ?

Utilisez une grande casserole ou un grand faitout pour que les aliments soient à leur aise. Et si possible avec une eau pure (eau filtrée). Salez au gros sel ; en général il faut compter 8 à 10 g de sel par litre.

Pour quels produits ? Pour quels plats ?

Les pommes de terre, les légumes secs, les œufs durs, le pot-au-feu, une poule au pot, une blanquette de veau, les soupes, les fonds, les fumets, les légumes-racines comme le céleri.

Départ à l'eau chaude

Ce mode de cuisson est appelé pochage.

L'intérêt gustatif

Les aliments sont saisis et conservent leur texture, leur couleur et leur saveur.
La cuisson est rapide et permet un échange de saveurs si l'on ajoute des aromates ou des épices dans l'eau, ou s'il s'agit d'un fumet, du lait ou un jus.

L'intérêt nutritionnel

La précipitation dans une eau bouillante salée permet de saisir l'aliment et crée une couche protectrice qui limite la fuite des nutriments avec un temps de cuisson réduit.

Pour quels produits ? Pour quels plats ?

Les œufs à la coque ou mollets, les fruits pochés, les légumes verts, le riz, les pâtes, les crustacés, le poisson…
Pour éviter l'oxydation de certains légumes, comme le topinambour, les fonds d'artichaut, les salsifis, ajoutez quelques gouttes de jus de citron et 1 cuillerée d'huile dans l'eau de cuisson : l'huile formera ainsi un film, ce qui évitera le contact direct avec l'air.
Vous pouvez également, pour cuire ces légumes, utiliser un « blanc ». Délayez 10 g de farine dans un peu d'eau froide, ajoutez le jus d'un demi-citron. Versez ce mélange dans 1 litre d'eau bouillante, en le passant à travers un chinois tout en remuant.
Salez et plongez les légumes à la reprise de l'ébullition. Faites cuire à petits bouillons pour que la farine n'attache pas au fond de la casserole.
Dans les deux cas, couvrez les légumes d'une feuille de papier sulfurisé pendant la cuisson, afin qu'ils ne soient pas en contact avec l'air.

Rôtir

Les ustensiles

Un four, des plats à rôtir, une lèchefrite, une grille.

L'intérêt gustatif

Sous l'effet de la chaleur intense, une croûte dorée se forme à la surface de l'aliment tout en gardant une tendreté à cœur. Cette cuisson développe les arômes, tout comme la torréfaction.

L'intérêt nutritionnel

C'est une cuisson rapide, ne nécessitant pas un grand apport de matière grasse.

Comment s'y prendre ?

Le four doit toujours être préchauffé à la température indiquée.
Il faut arroser régulièrement les aliments avec le jus de cuisson pour éviter le dessèchement en surface.

Pour quels produits ? Pour quels plats ?

Essentiellement les viandes, mais aussi les légumes, les fruits, les noix.

• **Pour une viande.** Salez légèrement la viande au sel fin avant de la faire colorer, et en fin de cuisson parsemez-la de quelques cristaux de fleur de sel et d'un tour de poivre du moulin. Salez les volailles également à l'intérieur avant cuisson.

La viande doit être placée à température ambiante au moins un quart d'heure avant la cuisson afin d'éviter un choc thermique.
Le plat doit être de la même taille que le morceau à rôtir pour éviter que la graisse ne brûle sur les bords du plat.
Ne rajoutez pas d'eau en cours de cuisson pour ne pas provoquer un dégagement de vapeur qui ramollirait la viande.
Pour tourner le rôti, utilisez une pince ou 2 cuillères à soupe, mais surtout ne le piquez pas avec une fourchette pour éviter la fuite des sucs.

• **Une viande rôtie** doit reposer après cuisson pour donner le temps au sang et aux sucs de cuisson qui ont migré au centre pendant la cuisson d'irriguer de nouveau toutes les fibres de la viande et lui conférer sa tendreté. Pour cela, on éteint le four et on laisse le rôti, recouvert d'un papier d'aluminium, reposer un minimum de 5 minutes, porte ouverte, avant de le découper.

Sauter

Cette technique de cuisson rapide s'applique à de petites pièces de viande ou de poisson, aux légumes en morceaux.

Les ustensiles

Une poêle ou une sauteuse, un wok, une pince, une spatule.

L'intérêt gustatif

Une cuisson rapide qui permet une légère caramélisation tout en respectant la texture des aliments : le fondant d'une viande, le croquant d'un légume.

L'intérêt nutritionnel

La cuisson rapide à feu vif dans une poêle ou une sauteuse à revêtement antiadhésif permet de préserver les nutriments sans un ajout trop important de matière grasse.

Comment s'y prendre ?

Les aliments ou les morceaux doivent être de même taille ou de même calibre pour une cuisson homogène au wok.
Pour une cuisson de poisson en portion ou d'une pièce de viande, utilisez une poêle.

Pour quels produits ? Pour quels plats ?

Les légumes, les fruits, les viandes, les poissons en morceaux ou les poissons en portion, les coquillages, les crevettes.

• Pour un seul aliment, comme un poisson ou une poêlée d'aubergines, choisissez un contenant adapté au volume des aliments à cuire : s'il est trop grand, la matière grasse risque de trop chauffer, voire de brûler ; s'il est trop petit les aliments ne pourront cuire de façon homogène.
Chauffez la sauteuse à feu vif, avec un peu de matière grasse (huile, beurre) puis ajoutez les aliments à cuire. Retournez-les régulièrement pour qu'ils dorent sans brûler.
Les techniques de cuisson dans une poêle ou sauteuse et un wok sont différentes.
La poêle permet de colorer d'un côté et de retourner le produit pour finir la cuisson, tandis que pour le wok, la puissance du feu est beaucoup plus forte et il faut mélanger les aliments constamment pendant la cuisson. C'est une cuisson instantanée.

• Pour un mélange de plusieurs aliments, comme une poêlée de légumes

Deux façons de procéder sont possibles :
- progressivement, c'est-à-dire en commençant par les aliments les plus longs à cuire et en ajoutant l'un après l'autre, et selon le temps de cuisson nécessaire, les autres aliments ;
- séparément, en cuisant chaque aliment à part, le temps nécessaire, et en les rassemblant en fin de cuisson.

Griller

Les ustensiles
Un barbecue, un gril en fonte ou une plancha, une pince, des piques en bois ou en métal, une brosse métallique.

L'intérêt gustatif
L'aliment est exposé à une chaleur intense, ce qui crée une croûte à la surface en développant des arômes caractéristiques. C'est une cuisson rapide qui demande une étroite surveillance.

L'intérêt nutritionnel
Il n'y a pas ou peu d'ajout de matière grasse. En revanche, ce mode de cuisson à très haute température peut produire des molécules toxiques, voire cancérigènes si la cuisson va au-delà de la caramélisation. Il vaut mieux goûter ce plaisir d'une manière occasionnelle, et veiller à ne pas carboniser les aliments.

Comment s'y prendre ?
• Avec un barbecue
La grille, ou la plaque de cuisson, doit être rigoureusement propre. La source de chaleur doit être à bonne distance : suffisamment près pour saisir mais sans brûler. Si la graisse s'enflamme, ou si le croûtage est suffisant, éloignez la grille de la source de chaleur si la cuisson n'est pas terminée (si c'est une plancha ou un barbecue à gaz, vous pouvez réduire la puissance du feu).
Pour un barbecue, n'utilisez pas de bois de récupération avec des résidus de peinture ou de traitements. Prenez du charbon de bois de qualité et attendez d'obtenir une bonne couche de braises pour poser la grille.

• Avec un gril que l'on pose sur une plaque de cuisson
Chauffez le gril à feu fort, juste avant qu'il fume, puis baissez à feu moyen. Imbibez une feuille de papier absorbant avec un peu d'huile et frottez le gril. Procédez de la même façon que pour la cuisson au barbecue, en jouant avec la puissance du feu.

• Avec une plancha électrique ou à gaz
Procédez de la même façon que pour le gril. Épongez les aliments marinés avant cuisson, pour éviter que les graisses coulent et ne s'enflamment.
Faites attention à la compatibilité des ingrédients de vos brochettes. Certaines variétés ou certains morceaux de viandes ou de légumes n'exigent pas le même temps de cuisson. Dans ce cas, faites une précuisson en pochant les légumes.
Salez légèrement au sel fin les aliments avant de les saisir, puis en fin de cuisson assaisonnez-les de quelques cristaux de fleur de sel et d'un bon tour de poivre du moulin.

Pour quels produits ? Pour quels plats ?
Les viandes, les brochettes, les keftas, les poissons fermes ou gras, les fruits de mer, les légumes, les fruits, le fromage, les galettes de pain, les châtaignes, les chamallows.

Braiser

Cette technique de cuisson s'applique principalement à de grosses pièces de viandes détaillées en morceaux pour les ragoûts et entières pour les braisées. Ce sont généralement des cuissons longues, lentes et régulières.

Les ustensiles

Une cocotte en fonte, un plat à tajine ou une terrine, tout plat muni d'un couvercle qui peut passer sur la flamme et au four, du papier sulfurisé.

L'intérêt gustatif

C'est un mode de cuisson plus long et plus complexe à mettre en œuvre, mais qui développe au mieux la saveur des aliments et permet l'échange de parfums et d'arômes. La cuisson s'élabore en deux étapes : un rissolage, suivi d'une cuisson lente et longue dans un récipient clos. On parle de braisage pour une pièce entière et de ragoût pour des morceaux.

L'intérêt nutritionnel

C'est une cuisson douce, à basse température et à l'étuvée, c'est-à-dire à couvert, avec très peu d'ajout de liquide (on profite de l'eau de constitution des aliments) et de matière grasse. C'est une combinaison idéale pour préserver à la fois saveur et nutriments (tous les sels minéraux et certaines vitamines hydrosolubles).

Comment s'y prendre ?

Faites revenir le ou les aliments à feu vif, dans un peu de matière grasse pour les caraméliser et constituer une croûte protectrice. Éliminez la matière grasse puis reposez les aliments dans la cocotte en versant un peu de liquide (eau, jus, bouillon, vin...). Couvrez et laissez mijoter longuement. Si besoin, réchauffez à feu doux. Remuez pendant la réchauffe pour éviter que les aliments n'attachent au fond de la cocotte.

Pour quels produits ? Pour quels plats ?

Les viandes plutôt grasses, qui seront très moelleuses et donneront de la sapidité à la sauce ou aux légumes en fondant. Mais aussi tous les légumes ; certains peuvent être blanchis au préalable pour en retirer l'amertume (endive, laitue) ou les rendre plus digestes (chou).

Frire

Les ustensiles

Une friteuse, du papier absorbant, une écumoire.

L'intérêt gustatif

Les aliments sont plongés dans un bain d'huile portée à très haute température (entre 140 °C et 190 °C en fonction de l'huile choisie). C'est une cuisson extrêmement rapide (quelques minutes) qui permet d'obtenir une texture croustillante.

L'intérêt nutritionnel

La température très élevée détruit les vitamines. La cuisson dans l'huile augmente considérablement la teneur lipidique de l'aliment. La matière grasse cuite est aussi très indigeste. C'est donc un grand plaisir gustatif, mais dont il faut profiter vraiment occasionnellement.

Comment s'y prendre ?

Il faut utiliser une huile stable qui supporte une température élevée : olive, arachide, pépins de raisin ou coco. Elle doit être chaude mais ne pas fumer. Pour vérifier la température, si vous n'utilisez pas une friteuse à thermostat, jetez un petit morceau de pain dans l'huile : s'il est doré en moins d'une trentaine de secondes, l'huile est à la bonne température.

Procédez par petites quantités. L'immersion d'une trop grande quantité d'aliments refroidit le bain de friture et empêche de bien les saisir. De même, trempez progressivement les aliments pour éviter la chute en température.

Entre deux fournées, laissez l'huile reprendre quelques degrés.

Lorsqu'ils sont dorés, sortez les aliments frits à l'aide du panier de la friteuse ou d'une écumoire et déposez-les sur du papier absorbant. Salez ou sucrez. Dégustez aussitôt car la texture croustillante est éphémère et ne supporte pas l'humidité, celle résiduelle de l'aliment frit ou de l'air.

Enfin, ne réutilisez pas un bain de friture qui a servi pour du poisson pour un autre aliment.

Pour quels produits ? Pour quels plats ?

Légumes, fruits, viandes, poissons tels quels ou enrobés d'une pâte à frire, beignets, frites, chips de légumes.

En papillote

Les ustensiles
Du papier sulfurisé, des « papillotes » en silicone, de la ficelle de cuisine, des piques en bois, des feuilles de figuier ou de bananier.

L'intérêt gustatif
C'est une cuisson qui enferme les aliments dans une enveloppe, avec des aromates ou des épices, sans ajout d'eau pour concentrer toutes les saveurs et respecter les textures. C'est un procédé simple et rapide, similaire à la cuisson à la vapeur, grâce à la montée en température de l'eau constitutive des aliments.

L'intérêt nutritionnel
L'ajout de matière grasse n'est pas obligatoire. C'est une cuisson rapide qui respecte la valeur nutritionnelle des aliments. Les sels minéraux ne fuient pas. Certaines vitamines seront en partie préservées en fonction de la chaleur de cuisson, notamment à la vapeur douce. L'ajout d'herbes, d'épices et d'agrumes augmente la valeur nutritionnelle de la papillote.

Comment s'y prendre ?
Les légumes ou les fruits qui composent la papillote doivent être coupés en morceaux de même taille pour une cuisson homogène.

Les poissons ou les viandes peuvent être marinés pour exalter les saveurs. La plupart du temps, les papillotes sont individuelles et contiennent donc une portion.

Découpez un morceau de papier sulfurisé d'une taille suffisante pour contenir les aliments et permettre le pliage pour une fermeture hermétique. Vous pouvez éventuellement le doubler si vous craignez qu'il ne se perce.
Veillez à bien fermer la papillote, pour que la vapeur ne s'échappe pas, avec de la ficelle de cuisine, des piques en bois ou des agrafes.

Attention : à l'ouverture de la papillote, éloignez votre visage pour éviter le risque de brûlure à l'échappée de la vapeur.

Pour quels produits ? Pour quels plats ?
Presque tout peut se cuisiner en papillote : les légumes, les fruits, les viandes, les poissons.

En croûte

Les ustensiles

Une plaque de cuisson, du papier sulfurisé, un rouleau à pâtisserie.

L'intérêt gustatif

La croûte permet d'enfermer l'aliment hermétiquement et de le cuire à la vapeur avec son eau de constitution. Il en résulte une concentration de saveurs et une texture incomparable. La chair est moelleuse, fondante. La croûte, si elle est parfumée, intensifie les arômes au cours d'une cuisson lente et douce.

L'intérêt nutritionnel

Une cuisson douce, sans ajout de matière grasse, qui respecte les nutriments comme pour la cuisson en papillote. Les sels minéraux ne fuient pas, certaines vitamines sont préservées.

Pour quels produits, pour quels plats ?

Les viandes, les poissons, les volailles, mais aussi les légumes et les fruits.

Comment s'y prendre ?

La technique consiste à envelopper complètement l'aliment d'une épaisse couche d'un élément isolant.

• La croûte de sel

Elle est confectionnée de préférence avec du gros sel gris de Guérande, riche en oligo-éléments et bien humide.
Paradoxalement, elle ne salera pas l'aliment. Elle sèchera au fur et à mesure de la cuisson pour devenir une gangue rigide qu'il faudra casser.
Dans une cocotte ou une terrine, faites un lit de sel. Posez l'aliment puis recouvrez le totalement de sel. Enfournez dans un four préchauffé à 180 °C.
On peut également mélanger le sel avec des blancs d'œufs, afin d'obtenir une pâte malléable, pour enrober l'aliment, et le faire cuire sur une plaque de cuisson.
Il n'est pas utile de saler. Les aliments vont prendre le sel nécessaire qui se trouve dans la croûte durant la cuisson.

• La croûte de pain

Elle est confectionnée avec une pâte à pain ou une pâte à base de farine, d'eau, d'œuf et de gros sel.

• La croûte d'herbes

Elle est confectionnée en général à partir de chapelure, de beurre mou et d'herbes hachées, en un mélange homogène. Enrobez-en une viande ou un poisson en fin de cuisson et colorez au four ou sous le gril.

Au bain-marie

Les ustensiles

Un bain-marie, un plat à four, des ramequins, une terrine.

L'intérêt gustatif

C'est une cuisson indirecte. On verse la préparation dans un récipient lui-même placé dans un autre plus grand rempli, d'eau chaude frémissante. Elle permet de cuire les aliments et les préparations fragiles, sans les saisir ni les faire bouillir, et d'obtenir une cuisson homogène et des textures moelleuses. Cette technique permet aussi de faire fondre et épaissir, de réchauffer ou de maintenir au chaud.

L'intérêt nutritionnel

La cuisson se faisant à une température inférieure à 100 °C, les sels minéraux sont préservés ainsi que certaines vitamines. Il y a peu ou pas d'ajout de matière grasse.

Pour quels produits, pour quels plats ?

Pour faire fondre du chocolat ou du fromage. Pour cuire les œufs brouillés ou en cocotte, les sabayons, les crèmes, les terrines, les sauces comme la béarnaise ou la hollandaise, les soufflés … Toutes les préparations délicates qui ne supportent pas le contact avec la flamme.

Œufs à la coque

Pour 4 personnes
Préparation 5 minutes
Cuisson 3 à 4 minutes

4 œufs extra-frais
Sel

Version 1

Porter de l'eau légèrement salée à ébullition dans une casserole adaptée au nombre d'œufs. Ajouter délicatement les œufs, laisser cuire 3 à 3,5 minutes selon les goûts. Servir aussitôt.

Version 2

Mettre les œufs dans l'eau froide, porter doucement à ébullition, ôter du feu et laisser dans l'eau entre 30 secondes et 1 minute selon les goûts. Servir aussitôt.

Servir les œufs à la coque avec des mouillettes

Pain de mie beurré et passé au four, puis coupé en languettes.
Pain au maïs coupé en languettes et tartiné de foie gras.
Pain de seigle tartiné d'un mélange de fromage de chèvre frais malaxé avec du sel, de la ciboulette et du piment d'Espelette.

Œufs mollets

Pour 4 personnes
Préparation 5 minutes
Cuisson 5 à 6 minutes

4 œufs extra-frais
Sel

Porter à ébullition de l'eau légèrement salée. Ajouter les œufs et laisser frémir 5 à 6 minutes. Rafraîchir* et écaler avec soin.

Œufs au plat

Faire chauffer une poêle à feu vif. Ajouter 10 g de beurre. Casser 2 œufs par personne. **Saler** en évitant de mettre du sel sur le jaune et poivrer. Cuire jusqu'à ce que le blanc soit légèrement croustillant sur les bords et le jaune encore moelleux.

Œufs brouillés

Pour 4 personnes
Préparation 5 minutes
Cuisson 10 minutes

4 œufs
1 jaune d'œuf
40 g de beurre
Sel, poivre du moulin
1 c. à s. de crème fraîche épaisse (facultatif)

Casser les œufs dans un bol et les battre très peu, seulement pour casser le jaune. Assaisonner. **Faire fondre** 10 g de beurre dans une casserole, mettre celle-ci dans une casserole plus grande pour cuire les œufs au bain-marie*. **Fouetter** légèrement pendant toute la cuisson en incorporant au fur et à mesure des petites noisettes de beurre. **Arrêter** la cuisson dès que le mélange est moelleux. Ôter du bain-marie* la casserole contenant les œufs et ajouter en fouettant le jaune d'œuf cru. Rectifier l'assaisonnement. **On peut ajouter** 1 cuillerée à soupe de crème fraîche épaisse.

Œufs pochés

Pour 4 personnes
Préparation 3 minutes
Cuisson 3 à 4 minutes

4 œufs extra-frais
2 cl de vinaigre blanc
Sel

Casser chaque œuf dans un ramequin. **Porter** à ébullition une casserole d'eau salée et vinaigrée. Créer un tourbillon à l'aide d'une écumoire et plonger le premier œuf. Maintenir le tourbillon pendant les 2 premières minutes de cuisson. Laisser cuire encore pendant 1 à 2 minutes selon la taille des œufs. Les sortir avec l'écumoire. Les déposer sur un papier absorbant. Renouveler l'opération avec les autres œufs.

Œufs durs

Pour 4 personnes
Préparation 3 minutes
Cuisson 10 minutes

4 œufs extra-frais
Sel

Porter à ébullition de l'eau légèrement salée. Ajouter les œufs et laisser frémir 10 minutes. Rafraîchir* et écaler avec soin.

LES RECETTES DE PÂTES

Pâte à choux

Pour 15 à 20 petits choux
Préparation 15 minutes
Cuisson 15 minutes

25 cl d'un mélange eau et lait à parts égales
5 g de sel
5 g de sucre en poudre
20 g de sucre glace
110 g de beurre
140 g de farine
4 œufs

Dans une casserole, porter à ébullition le mélange eau et lait, le sel, les sucres et le beurre. À ébullition, ajouter d'un seul coup la farine. Remuer énergiquement et faire dessécher* sur feu doux pour obtenir une masse compacte tout en remuant. La pâte doit se détacher des parois de la casserole.

Retirer du feu et incorporer les œufs un par un, en travaillant* toujours jusqu'à absorption complète de chaque œuf.

Dresser les choux sur une plaque de cuisson à l'aide d'une poche à douille.

Enfourner à 180 °C pendant environ 15 minutes et en entrouvrant la porte au deuxième tiers de la cuisson.

La pâte à choux doit s'utiliser aussitôt après sa préparation. **Vous pouvez garnir** les choux de chantilly, de confiture…

Pâte feuilletée

Pour 1,250 kg de pâte
Préparation 30 minutes
Repos 1 heure et 3 x 20 minutes

500 g de farine
10 g de sel
25 cl d'eau
450 g de beurre + 50 g de beurre mou

Mélanger rapidement la farine, le sel et l'eau. Incorporer 50 g de beurre très mou. Former une boule. Envelopper la pâte dans un film alimentaire, réserver au réfrigérateur. Laisser reposer 1 heure.

Mettre 450 g de beurre mou dans un film alimentaire, l'étaler au rouleau en un carré de 12 cm de côté. Réserver au frais.

Étaler la pâte réservée en un carré de 18 cm de côté. **Poser** au centre de la pâte le carré de beurre bien froid, rabattre les côtés afin de l'enfermer complètement et étaler régulièrement en un long rectangle sur 2 cm d'épaisseur, plier en trois dans la longueur. **Déplacer** la pâte ainsi obtenue d'un quart de tour, allonger à nouveau et replier en trois. Envelopper d'un film alimentaire et laisser reposer pendant 20 minutes au réfrigérateur. **Étaler** encore une fois la pâte sur 2 cm d'épaisseur, la replier en 3, la tourner d'un quart de tour. Étaler, plier et réserver encore pendant 20 minutes. **Recommencer** une dernière fois ces deux opérations. **Le feuilletage** est prêt.

Pâte brisée

Pour 6 à 8 personnes
Préparation 15 minutes
Repos 1 heure

150 g de beurre mou
250 g de farine
1 œuf
1 pincée de sel

Dans un bol, travailler avec une spatule le beurre pour lui donner la texture d'une pommade*. Ajouter la farine. Malaxer du bout des doigts afin d'obtenir une masse poudreuse. Verser l'œuf, le sel et 1 cuillerée à soupe d'eau. Mélanger rapidement. Il ne faut pas trop travailler* la pâte.

Former une boule, l'envelopper dans du film alimentaire et la laisser reposer au réfrigérateur pendant 1 heure avant de l'étaler.

Les quantités d'eau indiquées dépendent de la qualité de la farine, c'est-à-dire de sa capacité d'absorption. Vérifier la texture de la pâte finie, elle doit être souple. Ajouter éventuellement un soupçon de farine ou d'eau.

Cette quantité de pâte vous permettra de foncer* un moule de 30 cm de diamètre.

Pâte sablée

Pour 6 à 8 personnes
Préparation 10 minutes
Repos 2 heures

250 g de farine
120 g de sucre glace
180 g de beurre mou
1 jaune d'œuf
1 pincée de sel

Mélanger la farine et le sucre glace. Incorporer le beurre, le jaune d'œuf et le sel, en mélangeant délicatement avec le bout des doigts.
Éviter de travailler* la pâte trop longtemps. Frotter la pâte entre les paumes des mains avant de la rassembler rapidement en boule.

Laisser reposer la pâte, pendant 2 heures au frais, enveloppée d'un film alimentaire.

Cette quantité de pâte vous permettra de foncer* un moule de 30 cm de diamètre.

Pâte sucrée

Pour 2 tartes de 5 à 6 personnes
Préparation 5 minutes
Repos 1 heure

500 g de farine
250 g de beurre
175 g de sucre
1 pincée de sel
4 jaunes d'œufs

Mélanger la farine et le beurre du bout des doigts pour obtenir une grosse semoule. Incorporer le sucre, 1 pincée de sel et mélanger avec les jaunes deux par deux. Éviter de trop pétrir. Ajouter éventuellement 1 ou 2 cuillerées à soupe d'eau fraîche.

Laisser reposer la pâte 1 heure au frais enveloppée d'un film alimentaire.

Cette pâte se prépare très bien avec un batteur électrique. Il est intéressant de faire le double de pâte et de fragmenter la masse obtenue en portions pour plusieurs tartes. Elle se conserve facilement 8 jours au réfrigérateur et se congèle sans problème.

La quantité de pâte vous permettra de foncer* deux moules de 20 cm de diamètre.

Pâte à beignets

Pour 15 à 20 beignets selon la garniture choisie
Préparation 10 minutes
Repos 1 heure

100 g de farine
1 pincée de sel (+ poivre pour une utilisation salée)
1 blanc d'œuf
25 à 50 cl de bière blonde

Mettre la farine, le sel et le blanc d'œuf dans un bol. Fouetter en incorporant la bière petit à petit.

La quantité de bière dépend de la qualité de la farine et de l'utilisation de la pâte à beignets plus ou moins épaisse (25 cl suffisent généralement).

Laisser reposer pendant au moins 1 heure au frais.

On utilise cette pâte pour faire des beignets de fruits (rondelles de pommes crues), de légumes (tranches d'aubergines), de petits poissons.

Pâte à crêpes

Pour 10 à 12 crêpes
Préparation 10 minutes
Repos 1 heure

120 g de sucre
120 g de farine
4 œufs
2 c. à s. de rhum ou sucre vanillé
50 cl de lait
120 g de beurre

Dans un bol, mélanger le sucre et la farine. Ajouter les œufs, le sucre vanillé ou le rhum. Mélanger puis délayer progressivement avec le lait.

Dans une casserole, cuire le beurre sur feu moyen jusqu'à un début de coloration, le verser dans la pâte. Mélanger. Laisser reposer 1 heure à température ambiante couvert d'un linge.

Pâte à gaufres

Pour 20 gaufres
Préparation 10 minutes

500 g de farine
1 pincée de sel
100 g de sucre
4 œufs
150 g de beurre
25 cl de crème fleurette*
Sucre glace

Dans un bol, mélanger la farine, le sel, le sucre et les jaunes d'œufs.

Faire fondre le beurre dans une casserole.

Dans un bol, délayer la crème dans 20 cl d'eau, puis ajouter le beurre fondu. Verser dans le premier mélange.

Au moment d'utiliser la pâte, incorporer délicatement les blancs d'œufs battus en neige ferme.

Si la pâte est trop épaisse, la détendre* avec un peu de crème fleurette. **Cuire** dans un gaufrier et saupoudrer de sucre glace.

Pâte à pain

Préparation 30 minutes
Cuisson 12 à 15 minutes
Repos environ 2 heures

25 g de levure de boulanger fraîche
30 cl d'eau
1 c. à c. de sucre
500 g de farine
10 g de sel fin de Guérande

Préparer le levain. Dans un bol, délayer la levure dans 20 cl d'eau tiède avec le sucre. Mélanger. Couvrir d'un film alimentaire. Laisser reposer 15 minutes à température ambiante.

Dissoudre le sel dans 10 cl d'eau tiède. Pétrir le levain en versant l'eau salée, puis incorporer délicatement la farine petit à petit.

Verser la pâte sur un plan de travail légèrement fariné. Pétrir 10 minutes en farinant de temps en temps. Former une boule, la mettre dans un bol légèrement fariné. Couvrir d'un film alimentaire. Laisser lever 1 heure.

Utiliser cette pâte pour réaliser des boules, des baguettes…
Pour une pizza, ajouter 2 cuillerées à soupe d'huile d'olive.

Pâte à tempura

Pour 4 personnes
Préparation 2 minutes

100 g de farine de riz
1 jaune d'œuf
1 pincée de sel
10 cl d'eau
1 bol de glaçons

Dans un bol, mélanger la farine, le jaune d'œuf et le sel avec l'eau. Placer le bol sur un récipient rempli de glaçons. **Fouetter** fortement pendant 1 minute et utiliser la pâte sans attendre.

On peut poivrer la pâte, ou l'épicer avec du curcuma pour la colorer en jaune ou du piment d'Espelette pour la colorer en rouge.
Cette pâte permet d'enrober des fruits, des herbes ou encore des légumes, avant de les plonger dans un bain de friture.

LES RECETTES DE SAUCES

Fond de veau brun

Pour 1 l de fond

1 kg d'os de veau, 100 g de carotte, 100 g de tomate, 50 g d'oignon, 1 gousse d'ail, 2 l d'eau, 1 bouquet garni, 1 cuillerée à soupe de concentré de tomate, 1 cuillerée à soupe rase de gros sel

Demander à votre boucher de concasser les os de veau en menus morceaux.

Préchauffer le four à 220 °C. **Colorer** les os au four sans les brûler, sur une plaque sans matière grasse, pendant 15 minutes.

Éplucher et tailler les légumes en dés de 1 cm environ. Ajouter les légumes dans la plaque avec les os et laisser colorer 10 minutes.

Débarrasser à l'aide d'une écumoire les os et les légumes dans une casserole. Verser l'eau dans la plaque et décoller les sucs de cuisson. Transvaser dans la casserole. Ajouter le bouquet garni, la tomate, le concentré de tomate et le sel.

Porter à ébullition et laisser cuire à petits bouillons pendant 5 heures à découvert. Écumer régulièrement. Compenser éventuellement une trop grande réduction par l'ajout d'un peu d'eau. Passer au chinois.

Fond de volaille et d'agneau

Procéder de la même manière en remplaçant les os de veau par des os de volaille et d'agneau.

Fond de gibier

Avant d'ajouter l'eau, verser 50 cl de vin rouge sur les os et faire réduire à sec.

Fond blanc de volaille

Ne pas faire colorer les os ; les mettre dans une casserole avec de l'eau froide à hauteur. Porter à ébullition, écumer et laisser cuire 2 minutes. Égoutter les os, les remettre dans la casserole avec de l'eau froide, les légumes, le bouquet garni, et le concentré de tomate. Procéder de la même façon que le fond brun pour la cuisson.

Cuisson des champignons

Pour 15 cl de cuisson

200 g de champignons de Paris
10 cl d'eau
20 g de beurre
1 c. à s. de jus de citron
Sel

Laver puis couper en lamelles les champignons.

Porter l'eau à ébullition dans une casserole avec le beurre, le jus de citron et le sel. Metre les champignons. Couvrir et laisser cuire à petits bouillons 5 à 6 minutes. Filtrer.

Vous pouvez récupérer les champignons comme garniture du plat qui nécessite cette cuisson de champignons.

Cuisson des coquillages

Pour 50 cl de cuisson

1 kg de moules ou de coques
50 g d'échalote
½ botte de persil
1 brin de thym
1 feuille de laurier
15 cl de vin blanc sec
10 cl d'eau
Poivre du moulin

Gratter et laver les moules. Les mettre dans une casserole avec l'échalote ciselée, le persil, le thym, le laurier, le vin blanc, l'eau. Poivrer. Couvrir et porter à ébullition.

Mélanger et laisser cuire sur feu moyen 5 à 6 minutes, toujours à couvert, en remuant deux à trois fois. Filtrer.

Vous pouvez récupérer les moules ou les coques comme garniture du plat qui nécessite cette cuisson de coquillages.

Fumet de poisson

Pour 1 l de fumet

500 g d'arêtes de poisson
(sole ou turbot de préférence)
40 g de carotte
80 g d'oignon
30 g d'échalote
25 g de beurre
1,5 l d'eau
1 bouquet garni
1 grosse pincée de gros sel

Tremper les arêtes dans de l'eau froide pour enlever les traces de sang.

Émincer les légumes. Faire suer dans une casserole sur feu moyen avec le beurre, sans coloration pendant 4 à 5 minutes.

Égoutter et concasser les arêtes. Ajouter aux légumes et poursuivre la cuisson 3 à 4 minutes.

Verser l'eau. Ajouter le bouquet garni et le sel. Porter à ébullition. Écumer et laisser cuire à petits bouillons durant 20 minutes. Passer au chinois fin.

Fumet de crustacés

Procéder de la même façon en remplaçant les arêtes par des têtes de homard ou des crevettes grises et 1 cuillerée à soupe de concentré de tomate.

Sauce béchamel

Pour 45 cl de sauce
Préparation 10 minutes
Cuisson 15 minutes

35 g de farine
35 g de beurre
50 cl de lait entier
Noix de muscade
Sel, poivre

Préparer le roux dans une casserole. Faire fondre le beurre, puis ajouter la farine et laisser cuire 5 minutes à feu doux, tout en mélangeant au fouet. **Verser** le lait froid petit à petit, tout en fouettant pour diluer le roux et obtenir une sauce bien lisse. Saler et poivrer. Ajouter une bonne pincée de noix de muscade râpée. Porter à ébullition et laisser cuire 10 minutes environ sur feu doux, en mélangeant de temps en temps. **Passer** au chinois étamine. Servir.

La béchamel est un grand classique pour accommoder les gratins de légumes et les lasagnes. Suivant la nature plus ou moins humide des légumes utilisés, réaliser une sauce plus ou moins épaisse.
Pour obtenir une texture plus fluide, il suffit de la détendre avec du lait en fin de cuisson.

Sauce béarnaise

Pour 4 personnes
Préparation 15 minutes
Cuisson 5 minutes

150 g de beurre, 25 g d'échalote ciselée, 1 c. à s. d'estragon haché, 2 g de poivre en grains concassé, 5 cl de vinaigre d'alcool, 2 jaunes d'œufs, 1 pincée de piment de Cayenne, sel, poivre du moulin

Clarifier le beurre. Le mettre dans une casserole, laisser fondre sur feu doux, sans bouillir. Lorsqu'il est entièrement fondu, retirer l'écume qui s'est formée à la surface à l'aide d'une cuillère. Verser ensuite lentement le beurre fondu dans un autre récipient, pour que le petit-lait (la partie blanchâtre) reste au fond de la casserole. **Déposer** l'échalote, la moitié de l'estragon, le poivre concassé et le vinaigre dans une casserole. Chauffer à feu moyen et laisser réduire aux trois quarts : compter environ 2 minutes. Laisser refroidir.

Incorporer ensuite les jaunes d'œufs dans la réduction et mélanger. Replacer la casserole sur feu doux et fouetter énergiquement, 2 minutes environ, jusqu'à obtention d'une texture crémeuse. La cuisson doit se faire à une température approximative de 65 °C. Hors du feu, incorporer le beurre au fouet, petit à petit.

Passer au chinois. Saler et poivrer. Ajouter le piment de Cayenne et le reste de l'estragon. Servir aussitôt ou maintenir au chaud au bain-marie.

Cette sauce se prépare au dernier moment et ne se réchauffe pas. Elle accompagne une pièce de bœuf, une viande blanche ou un poisson grillé.

Sauce normande

Pour 4 personnes
Préparation 10 minutes
Cuisson 15 minutes

30 cl de velouté de poisson
4 cl de jus de cuisson de moules
4 cl de jus de cuisson de champignons
8 cl de fumet de poisson
1 c. à s. de jus de citron
2 jaunes d'œufs
8 cl de crème fleurette*
4 cl de crème fraîche épaisse
50 g de beurre
Sel, poivre du moulin

Verser dans une casserole le velouté, les cuissons des moules et des champignons, le fumet de poisson et le jus de citron. Porter à ébullition et laisser réduire d'un tiers à feu vif pendant 5 minutes environ.

Mélanger dans un bol, les jaunes d'œufs et la crème. Incorporer le mélange à la sauce et faire cuire 5 minutes à petits bouillons sans jamais cesser de fouetter. Passer au chinois.

Ajouter le beurre et la crème fraîche épaisse. Rectifier l'assaisonnement.

Cette sauce accompagnera une sole pochée ou des filets de poisson blanc.

Sauce tomate

Pour 4 personnes
ou 45 cl de sauce
Préparation 15 minutes
Cuisson 1 heure 30

1 kg de tomates bien mûres, 25 g de poitrine fumée, 50 g de carotte, 25 g d'oignon, 1 c. à s. d'huile d'olive, 15 g de farine, 35 cl de fond de volaille brun, 1 gousse d'ail, 1 brin de thym, 1 feuille de laurier, 1 pincée de sucre, sel, poivre

Plonger les tomates, 30 secondes, dans une grande casserole d'eau bouillante. Égoutter puis rafraîchir. Retirer leur peau, couper en 2, épépiner et, pour finir, les concasser grossièrement.

Tailler la poitrine fumée, la carotte et l'oignon en dés de 5 mm environ. Les faire revenir dans une casserole avec l'huile d'olive pendant 5 minutes. Verser la farine. Ajouter les tomates, le fond de volaille, l'ail écrasé, le thym, le laurier et le sucre. Saler et poivrer.

Porter à ébullition et laisser cuire sur feu moyen 1 heure à 1 heure 30, en remuant régulièrement, à découvert. Passer ensuite au moulin à légumes ou au mixeur, et au chinois fin.

Verser de nouveau dans une casserole et redonner une ébullition. Rectifier l'assaisonnement.

Cette sauce accompagnera les pâtes, un gratin d'aubergines ou une ratatouille.

Jus miel et agrumes

Pour 4 personnes
Préparation 15 minutes
Cuisson 30 minutes

50 g de miel
10 g de vinaigre de xérès
80 g de jus d'orange
40 g de jus de citron vert
20 g de jus de pamplemousse
20 cl de fond de volaille brun
20 g de beurre
Sel, poivre du moulin

Verser le miel dans une casserole et colorer au caramel brun sur feu moyen : compter environ 3 minutes. **Ajouter** le vinaigre puis le jus des agrumes. Laisser cuire 5 minutes. Verser le fond de volaille. Saler et poivrer. Faire réduire de moitié, à feu moyen, pendant 15 minutes environ.

Monter la sauce au beurre, avec un fouet, sur feu doux. Rectifier l'assaisonnement.

Cette sauce accompagnera un canard, un pigeon ou du porc.
Selon votre envie et votre goût, vous pouvez utiliser un seul jus d'agrume.
Il suffit de respecter le poids total de 140 g.

Jus de fenouil au chorizo

Préparation 15 minutes
Cuisson 30 minutes

300 g de fenouil
60 g de chorizo
30 cl de crème fleurette*
Sel, poivre du moulin

Laver et émincer le fenouil. **Ôter** la peau du chorizo et le tailler en morceaux.

Placer le fenouil, le chorizo et la crème dans une casserole. Saler et poivrer. Porter à ébullition et laisser cuire sur feu doux, à couvert, pendant 30 minutes environ.

Mixer le plus finement possible, puis passer au chinois. Rectifier l'assaisonnement. Servir.

Cette sauce accompagnera un rôti de porc, une volaille, des pâtes, un riz blanc. Suivant votre goût, choisir un chorizo plus ou moins fort.

Émulsion d'huile d'olive

Préparation 2 minutes
Cuisson 2 minutes

10 cl de lait de soja
5 cl d'huile d'olive
Sel, poivre

Verser le lait de soja et l'huile d'olive dans une casserole. Saler et poivrer. Mélanger au fouet. Réserver.

Au moment de servir, chauffer sur feu moyen, mélanger avec un mixeur plongeant jusqu'à obtention d'une belle mousse onctueuse. Servir immédiatement.

Cette émulsion accompagnera un poisson ou des coquilles Saint-Jacques.

Lait de coco, citronnelle et cardamome

Préparation 10 minutes
Cuisson 15 minutes

100 g d'oignon haché
1 gousse d'ail haché
10 g de bâton de citronnelle haché
5 g de gingembre haché
1 c. à s. d'huile d'olive
1 pincée de curcuma
1 pincée de piment de Cayenne
3 capsules de cardamome verte
20 cl de lait de coco non sucré
1 c. à s. de jus de citron
Sel, poivre du moulin

Faire revenir l'oignon, l'ail, la citronnelle et le gingembre à feu doux dans l'huile d'olive chaude : compter 10 minutes.

Ajouter les épices, les graines des capsules de cardamome et le lait de coco. Saler et poivrer. Mélanger bien puis porter à ébullition et laisser cuire 5 minutes sur feu doux, à couvert.

Mixer et passer au chinois.
Verser le jus de citron. Mélanger.
Rectifier l'assaisonnement. **Servir.**

Cette sauce accompagnera des gambas, du homard et des poissons grillés

Mayonnaise

Préparation 5 minutes

1 jaune d'œuf
1 c. à c. de moutarde
½ c. à c. de sel
Poivre blanc
20 cl d'huile
1 c. à s. de vinaigre
ou de jus de citron

Mélanger le jaune d'œuf avec la moutarde, à l'aide d'une cuillère à café. Saler, poivrer. À l'aide d'un fouet, ajouter l'huile en filet tout en mélangeant énergiquement. La mayonnaise va prendre de l'épaisseur. La détendre à la fin avec le vinaigre ou le jus de citron. **Réserver** au frais.

La mayonnaise peut s'enrichir du blanc d'œuf monté en neige. Elle devient une sauce mousseline. Avec des câpres, des cornichons, des herbes et un filet d'anchois haché, une sauce rémoulade. Avec du concentré de tomate et quelques cubes de poivrons une sauce andalouse.
Toutes les huiles conviennent. Choisir celle que se marie le mieux avec votre plat.

Aïoli

Préparation 5 minutes

30 g d'ail
1 pincée de sel fin
1 jaune d'œuf
25 cl d'huile d'olive
1 jus de citron
½ c. à s. d'eau froide

Placer l'ail épluché et le sel dans un mortier. Broyer avec le pilon pour obtenir une purée fine.

Ajouter le jaune d'œuf. Verser l'huile en filet tout en faisant tournoyer le pilon. Lorsque la sauce a épaissi, verser le jus de citron et l'eau. Mélanger bien. **Réserver** au frais.

Pesto

Préparation 5 minutes

50 g de feuilles de basilic
1 gousse d'ail
2 c. à s. de pignons de pin
6 cl d'huile d'olive
2 c. à s. de parmesan râpé
Sel, poivre

Placer dans le bol du mixeur ou dans un mortier le basilic, l'ail épluché, les pignons de pin. Saler, poivrer. **Mixer** ou broyer avec le pilon jusqu'à obtention d'une purée lisse. Verser progressivement l'huile. Vous devez obtenir une sauce onctueuse. Ajouter le parmesan. **Réserver** au frais.

Vous pouvez remplacer le basilic par de la roquette ou du cresson, les pignons de pin par des noisettes, des cacahuètes ou des pistaches.

Tapenade

Préparation 5 minutes

125 g d'olives noires dénoyautées
2 filets d'anchois
2 c. à s. de câpres
1 gousse d'ail épluchée
10 cm de branche de céleri
1 c. à s. de jus de citron
4 c. à s. d'huile d'olive
Poivre du moulin

Placer tous les ingrédients dans le bol d'un robot. Mixer jusqu'à obtention d'une pâte homogène. Poivrer. **Réserver** au frais.

Sauce vinaigrette

Préparation 3 minutes

2 c. à c. de moutarde
5 cl de vinaigre
15 cl d'huile
Sel, poivre du moulin

Placer la moutarde dans un bol. Mélanger avec le vinaigre. Saler et poivrer, puis verser l'huile en petit filet tout en tournant avec un fouet pour bien émulsionner.

Vous pouvez ajouter de l'échalote ciselée fine ou des herbes hachées. Vous pouvez faire cette vinaigrette sans la moutarde ou encore mélanger plusieurs huiles.

Vinaigrette à l'orange et thym citron

Préparation 5 minutes
Cuisson 3 minutes

1 zeste d'orange non traitée
40 g de miel d'oranger
1 citron jaune
60 cl d'huile d'olive
1 brin de thym citron
Sel, poivre du moulin

À l'aide d'un couteau économe, prélever 4 bandes de zeste d'orange. Les tailler en une fine julienne. Placer cette julienne dans une casserole, verser de l'eau à hauteur et porter à ébullition. Égoutter et rafraîchir.

Verser le miel dans une casserole et le colorer au caramel brun sur feu moyen : compter environ 2 minutes. Ajouter le jus du citron. Retirer du feu et incorporer l'huile d'olive, les zestes d'orange et le thym effeuillé. Saler, poivrer.

Cette vinaigrette accompagnera des noix de Saint-Jacques, du poisson poché ou de la volaille.

Vinaigrette au yaourt

Préparation 5 minutes

1 yaourt
2 c. à s. de moutarde Savora
4 c. à s. d'huile d'olive
½ c. à c. de paprika
Zeste râpé de 1 citron
Sel, poivre du moulin

Mélanger tous les ingrédients ensemble. Réserver au frais.

Cette vinaigrette accompagnera des salades vertes composées ou une salade de concombre.

Sauce au fromage de chèvre frais et ciboulette

Préparation 5 minutes

70 g de fromage de chèvre frais
2 c. à c. de vinaigre de cidre
3 c. à s. d'huile d'olive
1 c. à s. de ciboulette ciselée
Sel, poivre du moulin

Écraser à la fourchette le fromage de chèvre dans un bol. **Ajouter** le vinaigre, l'huile d'olive, la ciboulette. Saler, poivrer. Mélanger bien. Réserver au frais.

Cette sauce accompagnera une salade de lentilles, de légumes cuits. Vous pouvez ajouter d'autres herbes et les épices de votre choix, comme du paprika, du cumin ou du fenouil.

RÉUSSIR LES DESSERTS

Coulis de fruits frais

Pour 50 cl de coulis
Préparation 10 minutes

400 g de fruits épluchés
100 g de sucre glace
1 citron

Ce coulis se réalise avec les fruits de votre choix : framboises, fraises, ananas, pêches…

Laver et/ou éplucher préalablement les fruits.

Mettre les fruits avec le sucre et le jus du citron dans un mixeur. Réduire rapidement en purée. Passer au chinois* fin. Réserver au frais.

La quantité de sucre peut varier selon les goûts et l'acidité des fruits. Le coulis accompagnera des glaces, des sorbets, des gâteaux ou encore des biscuits.

Crème anglaise

Pour 500 g
Préparation 10 minutes
Cuisson 10 minutes
Infusion 15 minutes

350 g de lait entier
2 gousses de vanille
4 jaunes d'œufs
80 g de sucre en poudre

Porter le lait à ébullition dans une casserole avec les gousses de vanille fendues et grattées. Laisser infuser hors du feu 15 minutes. Ôter les gousses de vanille.

Fouetter dans un bol les jaunes d'œufs avec le sucre. Verser dessus le lait petit à petit, tout en remuant. Transvaser la préparation dans une casserole et cuire sur feu moyen, jusqu'à 80 °C, sans cesser de remuer avec une spatule en formant des 8. **La sauce est cuite** lorsqu'elle nappe la spatule. Filtrer et refroidir rapidement dans un récipient avec des glaçons. Remuer de temps en temps jusqu'à complet refroidissement.

La crème anglaise accompagnera de nombreux desserts comme une génoise, un gâteau au chocolat ou des îles flottantes.

Crème chantilly

Préparation 5 minutes

50 cl de crème fleurette*
50 g de sucre glace

Verser la crème fleurette dans un bol et placer au réfrigérateur au moins 1 heure. Elle doit être bien froide. La fouetter jusqu'à obtention d'une texture aérienne. Sucrer en tamisant le sucre glace. Fouetter de nouveau. Placer au frais.

On peut remplacer le sucre glace par du sucre en poudre conservé avec des gousses de vanille.

Crème pâtissière

Pour 600 g de crème
Préparation 15 minutes
Cuisson 2 minutes

50 cl de lait
5 jaunes d'œufs
125 g de sucre
60 g de farine
1 gousse de vanille

Faire bouillir le lait et la gousse de vanille fendue en 2 et grattée.

Dans un bol, fouetter les jaunes d'œufs et le sucre afin d'obtenir une préparation blanche et mousseuse. Ajouter la farine tamisée. Mélanger. **Verser** dessus un peu de lait bouillant. Remuer. **Transvaser** la préparation dans la casserole tout en mélangeant. Porter à ébullition, et la maintenir pendant 2 minutes. **Laisser** refroidir à température puis réserver au frais.

Selon l'utilisation, on peut limiter la quantité de farine à 50 g ou la remplacer par 50 g de Maïzena. La texture sera plus fluide. On peut aussi parfumer la crème pâtissière avec de la fleur d'oranger, des épices, de l'alcool ou 2 gouttes d'huile essentielle de mandarine ou de citron.

Lait d'amandes

Pour 4 personnes
Préparation 15 minutes
Macération 1 heure

250 g d'amandes entières blanchies*
2 c. à s. d'eau de fleur d'oranger
100 g de sucre

Mixer finement les amandes avec 1 l d'eau pure, l'eau de fleur d'oranger et le sucre.

Laisser macérer pendant 1 heure.

Filtrer dans un torchon propre, bien presser pour extraire le maximum de liquide. **Servir** très frais.

Sabayon

Pour 6 personnes
Préparation 15 minutes

8 jaunes d'œufs
150 g de sucre

Porter à frémissement une casserole remplie d'eau aux deux tiers.

Dans un bol, mettre les jaunes d'œufs et le sucre. Fouetter jusqu'à ce que le mélange blanchisse et épaississe. **Placer** le bol dans la casserole, pour réaliser une cuisson au bain-marie. Attention ! L'eau ne doit jamais bouillir. Fouetter vigoureusement, sans cesse, jusqu'à ce que le sabayon devienne mousseux et épais.

Servir aussitôt nature ou accompagné de fruits frais ou en gratin.

Le sabayon peut être servi froid ou tiède, et être parfumé avec une infusion d'épices, du vin, du marsala, du muscat de Beaumes-de-Venise, du café, du citron...

Sauce au chocolat

Pour 6 personnes
Préparation 15 minutes
Cuisson 10 minutes

300 g de chocolat à cuire 70 % de cacao
10 cl de lait
40 g de beurre

Casser le chocolat en morceaux. Le faire fondre au bain-marie*. Ajouter le lait et le mélanger avec le chocolat fondu tout en fouettant. Incorporer le beurre en petits morceaux. Tenir la sauce au chaud au bain-marie* jusqu'à son utilisation.

On peut ajouter, selon l'utilisation de la sauce et son propre goût, de la cannelle ou de la réglisse en poudre...
Cette sauce accompagnera des coupes glacées, des entremets...

Sauce au caramel

Pour 4 personnes
Préparation 10 minutes
Cuisson 10 minutes

125 g de crème liquide
100 g de sucre en poudre
25 g de beurre demi-sel

Chauffer la crème dans une casserole à feu moyen. **Verser** le sucre dans une autre casserole avec 1 cuillerée à soupe d'eau. Laisser cuire sur feu moyen jusqu'à obtention d'une belle coloration dorée : compter environ 5 minutes. **Hors du feu,** ajouter le beurre et verser en filet la crème chaude, tout en mélangeant avec une cuillère en bois.
Porter de nouveau à ébullition tout en mélangeant pour bien dissoudre le caramel. Arrêter la cuisson en plongeant le fond de la casserole dans un récipient d'eau glacée.

Attention aux éclaboussures lorsque vous ajoutez le beurre et la crème !
Le temps de cuisson du caramel fait varier son goût. Plus vous la prolongez, plus il sera foncé et plus il sera prononcé. Méfiez-vous, il peut devenir amer.
Cette sauce accompagnera une pomme au four, une glace à la vanille, et peut aussi se déguster à la cuillère comme une confiture.

Confiture d'abricots

Pour 6 à 7 pots
Préparation 5 minutes
Cuisson 10 + 20 minutes
Repos 24 heures

750 g de sucre en poudre
1,2 kg d'abricots
1 gousse de vanille

La veille
Mettre dans une bassine le sucre et 50 cl d'eau ; porter à ébullition et laisser cuire 10 minutes.

Laver et dénoyauter les abricots, les ajouter au sirop avec la gousse de vanille fendue et grattée. Laisser reprendre l'ébullition et ôter du feu. Verser dans un saladier, couvrir de papier sulfurisé. Réserver pendant 24 heures au frais.

Le jour même
Ébouillanter les pots à confiture.
Verser le contenu du saladier dans la bassine à confiture, porter à ébullition, enlever les abricots avec une écumoire, les répartir dans les pots.

Poursuivre la cuisson du jus à forte ébullition jusqu'à ce que 1 cuillerée à café de jus se fige sur une soucoupe froide.

Remplir les pots et les couvrir. Les renverser. Attendre le refroidissement avant de les retourner.

Confiture de fraises

Pour 6 à 7 pots
Préparation 15 minutes
Cuisson 10 minutes
Macération 15 minutes
Repos 24 heures

1,5 kg de fraises
1 kg de sucre
1 c. à s. de jus de citron

La veille
Laver et équeuter les fraises, les mettre dans un saladier, leur ajouter le sucre et 1 cuillerée à soupe de jus de citron. Laisser macérer 15 minutes pour faire fondre le sucre.

Verser dans la bassine à confiture et porter à ébullition. Retirer du feu dès l'ébullition, transvaser dans un saladier. Couvrir d'une feuille de papier sulfurisé et laisser reposer pendant 24 heures au frais.

Le jour même
Ébouillanter les pots à confiture. Les réserver sur un linge propre.

Remettre la macération de fraises dans la bassine à confiture et porter à ébullition. Retirer les fraises avec une écumoire, les répartir dans les pots. **Poursuivre** la cuisson du jus à forte ébullition jusqu'à ce que 1 cuillerée à café de jus se fige sur une soucoupe froide. **Remplir** les pots et les couvrir. Les renverser. Attendre le refroidissement avant de les retourner.

Gelée aux agrumes et à la fleur de lavande

Pour 3 pots
Préparation 30 minutes
Cuisson 17 minutes

½ cuillerée à café de fleurs de lavande séchées
3 oranges de 200 g chacune
2 citrons jaunes de 150 g chacun
1 pomélo de 550 g
800 g de sucre

Hacher finement les fleurs de lavande. **Prélever** à l'aide d'un économe* 100 g de zeste sur chaque fruit. Émincer* les zestes en fine julienne*, les placer dans une casserole, les couvrir d'eau froide, porter à ébullition. Les rincer à l'eau froide et les égoutter.

À l'aide d'un couteau bien aiguisé, ôter la peau des agrumes jusqu'à la chair en suivant les contours, les couper en morceaux. Passer les fruits au moulin à légumes, au-dessus d'une cocotte en fonte. Porter à ébullition avec le sucre et la lavande. Cuire à gros bouillons pendant 10 minutes en remuant fréquemment avec une spatule en bois. Ajouter les zestes et laisser cuire encore 7 minutes. **Vérifier** la cuisson en versant quelques gouttes de gelée sur une assiette froide, elle doit se figer rapidement. Dans le cas contraire, prolonger la cuisson de 1 à 2 minutes. **Ébouillanter** les pots à confiture. **Mettre** la gelée en pots, les remplir à ras, les couvrir encore chauds, les retourner et les laisser refroidir.

Madeleines

Pour environ 16 madeleines
Préparation 10 minutes
Cuisson 10 minutes

2 œufs + 1 blanc
125 g de sucre en poudre parfumé à la vanille
125 g de farine
125 g de beurre mou

Dans un bol, fouetter les œufs et le sucre pour obtenir un mélange blanc et mousseux. Incorporer la farine tamisée, puis le beurre. Verser dans les moules à madeleine.

Enfourner dans le four préchauffé à 180 °C et cuire environ 10 minutes selon la taille des moules.

On peut aussi parfumer avec un zeste de citron.

Meringues

Pour 20 meringues
Préparation 15 minutes
Cuisson 3 heures ou 1 nuit

125 g de sucre semoule
125 g de sucre glace + 20 g
2 gouttes de jus de citron
150 g de blancs d'œufs

Mélanger les sucres.

Monter* les blancs en neige. Lorsqu'ils commencent à blanchir, ajouter 2 gouttes de jus de citron. **Incorporer** doucement les 250 g de sucre avec une spatule quand les blancs sont très fermes.

Dresser les meringues à la poche à douille sur une plaque garnie de papier sulfurisé. Saupoudrer de sucre glace.

Cuire pendant 3 heures dans un four préchauffé à 120 °C.

Mousse au chocolat

Pour 6 personnes
Préparation 10 minutes
Réfrigération 2 heures

200 g de chocolat noir
100 g de sucre
3 blancs d'œufs
100 g de crème fleurette*

Faire fondre le chocolat noir râpé dans un bol au bain-marie*. Ajouter 1 cuillerée à soupe d'eau et 50 g de sucre. Mélanger bien. Laisser refroidir.

Monter* les blancs en neige ferme, les incorporer délicatement dans le chocolat.

Fouetter la crème fleurette* en chantilly, l'ajouter à la mousse au chocolat.

Mettre au frais au moins 2 heures avant de servir.

GLOSSAIRE

A

Abaisser : aplatir une pâte avec un rouleau à pâtisserie.
Aiguille à brider : grosse aiguille servant à recoudre une volaille.
Ail en chemise : gousse d'ail non épluchée.
Appareil : ensemble des éléments d'une préparation.
Aromates : plantes utilisées pour parfumer une préparation.
Arroser : verser régulièrement du jus de cuisson sur une préparation.
Assaisonner : saler et poivrer.

B

Bain-marie : mode de cuisson douce, où les aliments ou les préparations sont cuits ou réchauffés dans un récipient placé dans un autre contenant de l'eau chaude ou à ébullition.
Barder : envelopper une viande à cuire dans une large et mince tranche de lard gras.
Beurre clarifié : beurre fondu, puis décanté avec précaution.
Beurre en pommade : beurre travaillé à la spatule pour le faire ramollir.
Beurre noisette : beurre cuit jusqu'à obtention d'une coloration brun clair et d'une odeur de noisette.
Beurrer : enduire un moule de beurre pommade, ou ajouter du beurre à une préparation.
Blanchir : pocher quelques minutes des aliments dans l'eau bouillante salée.
Bouquet garni : petit bouquet ficelé dans un vert de poireau, composé de persil, thym, laurier, céleri, éventuellement d'autres plantes aromatiques.
Brider : passer une ficelle dans les ailes et les cuisses d'une volaille pour lui rendre sa forme naturelle.
Brunoise : légumes taillés en petits dés.

C

Caraméliser : colorer du sucre ou enduire un moule de caramel.
Chapelure : pain ou brioche séchés et finement émiettés.
Chemiser : recouvrir les parois d'un moule avec de la pâte, ou de film alimentaire, avant de le remplir.
Chinois : passoire fine de forme conique.
Ciseler : couper finement une plante herbacée, de l'échalote ou de l'oignon ou inciser légèrement une grosse pièce à cuire pour faciliter sa cuisson.
Concasser : couper grossièrement.
Confire : pour les viandes, faire cuire dans la graisse et conserver dans la graisse. En pâtisserie, faire cuire dans un sirop de sucre.
Clouter : enfoncer dans une pièce de viande, poisson, etc., des morceaux en forme de clou.
Coucher : disposer à plat une pâte sur une plaque.
Court-bouillon : liquide aromatisé.
Crème double : crème épaisse.
Crème fleurette : crème allégée, liquide.
Crème montée : crème fouettée.
Crépine : membrane de la panse du porc ou du mouton.
Cuillère parisienne : ustensile en forme de demi-sphère servant à faire des boules dans les légumes et les fruits.
Cul-de-poule : ustensile demi-sphérique sans pieds.

D

Darne : tranche épaisse coupée dans un poisson cru.
Débarrasser : réserver sur un plat.
Décanter : débarrasser un vin de ses dépôts, ou séparer

les différents éléments d'une préparation.
Déglacer : dissoudre avec un liquide les sucs caramélisés du fond d'un plat.
Dégorger : tremper viande, abats ou poisson dans l'eau froide vinaigrée pour les débarrasser de toute trace de sang (ajout de gros sel facultatif), ou saler un légume pour lui faire rendre son eau de végétation.
Dessaler : faire tremper dans de l'eau froide renouvelée plusieurs fois.
Dessécher : faire cuire jusqu'à évaporation totale du liquide.
Détendre : rendre une préparation plus souple en lui incorporant un liquide.
Donner un bouillon : porter à ébullition et stopper aussitôt.
Dorer : passer au pinceau 1 jaune d'œuf détendu avec 1 c. à s. de lait ou d'eau avant de cuire une préparation.

E

Eau de végétation : l'eau que rendent naturellement les légumes.
Ébarber : couper les nageoires d'un poisson ou les barbes autour des coquillages.
Écailler : ôter les écailles d'un poisson en le grattant au couteau.
Écaler : enlever la coquille des œufs mollets ou durs.
Économe : couteau pour éplucher les légumes à cru.
Écumer : retirer à l'écumoire l'écume formée sur un bouillon.
Effeuiller : défaire en lamelles la chair de certains poissons.
Émincer : couper en tranches très fines.
Émonder : tremper dans l'eau bouillante et éplucher le fruit ou le légume.
Émulsionner : battre un mélange jusqu'à ce qu'il devienne mousseux.
Étuver : faire cuire à feu doux à couvert sans ajout de liquide.
Évider : retirer la chair sans abîmer la peau.

F

Fariner : rouler dans la farine, ou poudrer légèrement.
Foncer : garnir un moule de pâte.
Fondre : faire cuire dans une matière grasse des légumes à feu très doux.
Fontaine : cavité creusée dans un tas de farine.
Fouetter : battre une préparation avec un fouet.
Fraiser : travailler une pâte en utilisant la paume de la main.

G

Garniture aromatique : les éléments qui apportent un parfum à la préparation. Généralement : carottes, échalotes, blanc de poireau, céleri.
Glacer : passer un plat sous une source puissante de chaleur pour le colorer. En pâtisserie, lustrer au sirop.

H

Huile neutre : sans goût.

J

Julienne : tailler en fins bâtonnets des légumes ou des fruits.

L

Larder : introduire des bâtonnets de lard dans une viande.
Liaison : opération qui consiste à donner de la consistance à une préparation.
Luter : fermer hermétiquement un plat avec un boudin de pâte (farine et eau).

M

Mandoline : appareil spécifique pour couper les légumes en tranches fines.
Marinade : liquide aromatisé dans lequel on fait macérer, « mariner » un aliment.
Mijoter : faire cuire doucement à couvert.
Monder : *voir* **Émonder**.
Monter : faire prendre du volume à une préparation en fouettant.
Monter au beurre : fouetter une sauce chaude avec des dés de beurre très froid.
Mouiller : ajouter du liquide à une préparation.

N

Napper : recouvrir une préparation.

P

Paner : fariner, tremper dans l'œuf battu, puis dans la chapelure.
Parer : supprimer toutes les parties superflues.
Parures de légumes : ce qui reste des légumes après les avoir découpés.
Passer à l'étamine : passer au travers d'une passoire au tissu très fin.
Piler : écraser avec un pilon.
Pluches : sommités feuillues du cerfeuil, persil, estragon…
Pocher : faire une cuisson rapide dans un liquide frémissant.
Poivre mignonnette : poivre écrasé grossièrement.
Pousse : gonflement d'une pâte sous l'action de la levure.

R

Rafraîchir : plonger dans une eau glacée après cuisson.
Raidir : passer rapidement des aliments à la chaleur sans les colorer.
Réduire : diminuer la quantité de liquide de cuisson par ébullition à découvert.
Réduire à sec : continuer de réduire jusqu'à totale évaporation du liquide de cuisson.
Revenir : colorer des aliments dans un peu de matière grasse.
Rissoler : faire dorer à feu vif jusqu'à obtenir une couleur marron clair.
Roux : mélange de beurre et farine en parties égales, cuits ensemble, pour servir d'élément de liaison à une sauce.
Ruban (faire le) : composition suffisamment épaisse pour dessiner un ruban quand on la fait retomber d'une cuillère.

S

Saisir : exposer à un feu très vif.
Suer : faire cuire à feu doux dans un peu de matière grasse de la viande ou des légumes afin de leur faire rendre leur eau de végétation.
Suprême : blanc de poitrine d'une volaille.

T

Tamiser : faire passer des éléments en poudre à travers un tamis.
Torréfier : cuire à sec des graines, des épices pour libérer leurs arômes jusqu'à obtention d'une couleur marron.
Tourner les fonds : dégager au couteau les fonds d'artichaut.
Travailler : remuer une pâte à la main ou fouetter un liquide.

Z

Zester : ôter avec un économe la partie supérieure de la peau des agrumes.

INDEX

INDEX DES INGRÉDIENTS

A

Abricot
Confiture d'abricots, 583

Agneau
Blanquette d'agneau, 248
Carré d'agneau pané au paprika, purée d'avocat, 250
Gigot de sept heures, 254
Navarin, 258
Poitrine d'agneau roulée aux anchois, 260
Ramequins d'épaule d'agneau confite aux courgettes, 252
Tranches de selle d'agneau aux pois chiches, à la menthe et sésame, 262
Vol-au-vent financière, 78

Ail
Aïoli, 574
Bourride provençale, 176
Poulet à l'ail, 362

Algue
Bouillon de laitue de mer, 242
Foie gras au wakamé en papillote, 244
Œufs brouillés aux oursins, mouillettes au beurre d'algues, 152
Riz parfumé au nori, sardine et ciboulette, 390

Amande
Croissants aux pignons, 468
Dorade aux amandes et à l'orange, 184
Financiers aux framboises, 470
Lait d'amandes, 581
Macarons aux zestes de citron, 482
Tuiles dentelles aux amandes et sésame noir, 500
Turbot quadrillé, tomates et mousseline d'amandes, 208

Ananas
Baudroie cloutée au céleri, jus d'ananas et poivre Sarawak, 174
Filet de canette, confit de mangue et ananas, 338
Portugaise, 522
Salade d'avocats et ananas, 104

Anchois
Anchoïade, 46
Anchois roulés à la brousse, pomélo et basilic, 170
Pissaladière, 138
Rôti de porc aux anchois, jus crémé au romarin, 304
Tapenade, 575

Anguille
Beignets de pommes de terre à l'anguille fumée, 444
Fougasse à l'anguille fumée, 134

Araignée
Tartine de courgettes et d'araignée, 224

Artichaut
Artichauts à la barigoule, 396
Cailles aux artichauts, 336

Asperge
Asperges blanches au jus d'agrumes, 398
Carpaccio de homard et asperges, 228
Tarte aux asperges vertes, 400

Aubergine
Caviar d'aubergines, 96
Médaillons d'aubergines à la mozzarella et aux câpres, 98
Tarte tatin à l'aubergine et aux calamars, 236

Avocat
Avocat au caillé de brebis et crème de sésame, chapatis aux graines de nigelle, 402
Carpaccio de veau, avocat, fèves et poivre vert, 310
Rouleaux de printemps à l'avocat et au melon, 106
Salade d'avocats et ananas, 104
Soupe froide d'avocat, 8

B

Banane
Coq au lait de coco, banane et piment oiseau, 340
Salade de haddock aux bananes, 186

Bar
Bar croustillant sur un velouté de petits pois, 172

Baudroie
Baudroie cloutée au céleri, jus d'ananas et poivre Sarawak, 174
Bourride provençale, 176
Matelote normande, 192

Betterave
Purée de betterave, 404
Tatin de betterave au cerfeuil, 148

Bigorneaux
Bigorneaux et brocolis en terrine, 210

Bœuf
Bœuf aux carottes, 276
Bœuf haché façon acras au ras el-hanout, 274
Brochettes de rumsteck au cinq-épices, 268
Filet de bœuf Duché de Savoie, 272
Fines tranches d'onglet poêlées minute sur une tartine de tapenade, 278
Fines tranches de bœuf crues roulées, 266
Macreuse en blanquette, citron au sel et girolles, 264
Paleron en daube aux cèpes, 270
Parmentier de queue de bœuf, 280
Poitrine de bœuf à l'indienne, 282
Pot-au-feu, 284
Steak tartare, 286

Blé
Salade de blé et poulet au cumin, 110
Taboulé aux fruits, 552

Blette
Pintade en tourte aux côtes de blettes, 354
Verts de blette farcis au haddock, 406

Brochet
Vol-au-vent financière, 78

Brocoli
Bigorneaux et brocolis en terrine, 210
Œufs pochés et brocolis en gelée à la gentiane, 156
Petits pâtés frits fourrés aux légumes, 74

C

Cabillaud
Pavés de cabillaud façon Rossini, mini-poivrons, jus menthe-coriandre, 178
Soufflé au tarama et aux zestes d'orange, 166

Calamar
Blanc de dinde dans une feuille de chou, au calamar et soja, 344
Matelote normande, 192
Tarte tatin à l'aubergine et aux calamars, 236

...

Canette
Filet de canette, confit de mangue et ananas, 338

Carotte
Bœuf aux carottes, 276
Garbure, 36
Palette de porc à la cannelle, salade de carottes à l'orange et à la menthe, 300
Potage du jardin, 38
Terrine de légumes, 66

Carrelet
Matelote normande, 192
Tronçons de carrelet, mini-poivrons, jus menthe-coriandre, 180

Céleri
Baudroie cloutée au céleri, jus d'ananas et poivre Sarawak, 174
Branches de céleri au saumon et aneth, 58
Céleri-rave en en cocotte à la pancetta, 408
Potage du jardin, 38
Sushi maki de dorade et céleri, 48
Tourteau, pomme, céleri, sauce rose au jus de truffe, 234

Cerise
Clafoutis aux griottes, 524
Marinade de radis roses et cerises à la moutarde fraîche, 450

Champignon
Cannellonis au bruccio et trompettes-des-morts, 368
Champignons de Paris grillés au beurre de raifort, 412
Chutney de girolles et granny-smith, 430
Feuilletés aux morilles, 76
Gratin de cèpes, 410
Huîtres dans un bouillon de navets et truffes, huile d'argan, 34
Jarret de porc confit, salade tiède de shiitake, 298
Macreuse en blanquette, citron au sel et girolles, 264
Paleron en daube aux cèpes, 270
Poulpe en daube aux morilles, 240
Tourteau, pomme, céleri, sauce rose au jus de truffe, 234
Vol-au-vent financière, 78

Chocolat
Civet de langoustes au chocolat, 230
Gâteau chocolat orange, 502
Marbré au chocolat aux graines de nigelle, 504
Moelleux au chocolat, 508
Mousse au chocolat, 585
Mousse au chocolat blanc et noir, 506
Pain aux épices et chocolat, 510
Sauce au chocolat, 582
Soupe au chocolat, café aux graines de paradis, 512
Truffes au chocolat, 514

Chou
Blanc de dinde dans une feuille de chou, au calamar et soja, 344
Chou farci, 414
Chou rouge farci aux marrons, 416
Garbure, 36
Nouilles sautées au poulet et au chou chinois, 374
Soupe au chou, 16
Tortillas au chou blanc et morue, 418

Chou-fleur
Flan de chou-fleur au curry, 420
Potage de chou-fleur, 28

Citron
Blanc de dinde mariné au citron vert et au sumac, 346
Cake au citron, 462
Coquelets grillés aux citrons, 342
Gelée aux agrumes et à la fleur de lavande, 584
Jus miel et agrumes, 572
Macarons aux zestes de citron, 482
Macreuse en blanquette, citron au sel et girolles, 264
Mousse au citron, 516
Œufs frits, ragoût de fèves, citron au sel et huile d'argan, 158
Quasi de veau façon acras au cinq-épices et citron vert, 318
Taboulé aux fruits, 520
Vinaigrette à l'orange et thym citron, 576

Coing
Fricassée de lapin de garenne au vin jaune et aux coings, 328
Suprêmes de pintade aux coings, 352

Concombre
Concombre en omelette aux gommes de menthe, 422
Crème de concombre, 10
Gaspacho, 14

Coq
Coq au lait de coco, banane et piment oiseau, 340

Coquelet
Coquelets grillés aux citrons, 342

Coques
Coques à la citronnelle et au lait de coco, 212
Coques aux champignons confits et persil plat, 214

Coquillages
Conchiglie aux coquillages et aux crevettes, 372
Papillotes de Saint-Pierre aux coquillages, 202

Coquille Saint-Jacques
Coquilles Saint-Jacques à l'émulsion de persil, 222
Salade de Saint-Jacques et roquette au parmesan, 54

Courgette
Beignets de courgettes fleurs, 122
Crème de courgette à la verveine fraîche, 12
Galettes fines de courgettes, 424
Tartine de courgettes et d'araignée, 224

Cresson
Cresson alénois et penne à la mimolette, 426
Escalopes de veau farcies au chèvre frais et cresson pané au pain d'épice, 318
Salade de cresson à la feta, 92

Crevette
Conchiglie aux coquillages et aux crevettes, 372
Œufs cocotte aux crevettes, crème à la réglisse, 154
Polenta croustillante aux crevettes et ras el-hanout, 384
Soupe de crevettes à la citronnelle, 18
Travers de porc aux crevettes, tomate et gingembre, 306

D

Dinde
Blanc de dinde dans une feuille de chou, au calamar et soja, 344
Blanc de dinde mariné au citron vert et au sumac, 346
Rôti de cuisse de dinde au genièvre et aux olives, 348

Dorade
Dorade aux amandes et à l'orange, *184*
Sushi maki de dorade et céleri, *48*

E

Écrevisse
Tourteau, écrevisses et croustillant de jambon cru, *62*

Encornet
Encornets farcis, *238*
Salade camarguaise, *114*

Épinard
Pâte à pâtes fraîches aux épinards, *376*
Poitrine de veau farcie, *326*
Potage du jardin, *38*

F

Fenouil
Cake au fenouil, *128*
Fricassée de fenouil au chorizo, *428*
Jus de fenouil au chorizo, *572*

Fève
Carpaccio de veau, avocat, fèves et poivre vert, *310*
Minestrone, *32*
Œufs frits, ragoût de fèves, citron au sel et huile d'argan, *158*
Risotto au lait de coco, citronnelle, patate douce et fèves, *386*

Figue
Estouffade de veau aux figues et aux raisins, *320*
Figues pochées au vin de miel et thym citron, *518*
Seigle aux figues et curry, copeaux de jambon San Daniele, *392*

Foie gras
Foie gras chaud au chutney de tomates vertes, *84*
Foie gras de canard en terrine, *86*
Foie gras de canard en terrine, truffes, herbes, compotée de fruits, *88*
Soupe de laitues, foie gras de canard chaud, brousse aux baies de genièvre, *20*

Fraise
Confiture de fraises, *583*
Gratin de mangue et fraises au wasabi, *526*
Mille-feuille aux fraises des bois, crème au serpolet, *484*
Taboulé aux fruits, *520*

Framboise
Financiers aux framboises, *470*

Fromage
Anchois roulés à la brousse, pomélo et basilic, *170*
Avocat au caillé de brebis et crème de sésame, chapatis aux graines de nigelle, *402*
Cannellonis au bruccio et trompettes-des-morts, *368*
Cappelletis au poulet, mozzarella et cumin, *370*
Cresson alénois et penne à la mimolette, *426*
Croque-monsieur des alpages, *130*
Escalopes de veau farcies au chèvre frais et cresson pané au pain d'épice, *318*
Médaillons d'aubergines à la mozzarella et aux câpres, *98*
Oignons rouges confits au beaufort, *438*
Pesto, *575*
Raviolis frits à la ricotta et sarriette, *380*
Salade alsacienne, *112*
Salade de cresson à la feta, *92*
Salade de Saint-Jacques et roquette au parmesan, *54*
Salade savoyarde, *120*
Sauce au fromage de chèvre frais et ciboulette, *577*
Soupe de laitues, foie gras de canard chaud, brousse aux baies de genièvre, *20*
Tarte au fromage, *142*
Tarte aux poireaux et au salers, *146*
Trévises en gratin au beaufort et poivre noir, *458*

Fruits confits
Gâteau de riz aux fruits confits, *476*
Portugaise, *522*

G

Gambas
Brochettes de gambas au yaourt, *226*

Grondin
Matelote normande, *192*

H

Haddock
Croustillant de haddock, *50*
Salade de haddock aux bananes, *186*
Verts de blette farcis au haddock, *406*

Haricot
Garbure, *36*
Haricots cocos aux œufs de caille, *432*
Haricots de Paimpol, hareng fumé et paprika, *434*
Minestrone, *32*
Potage de haricots à l'oseille, *30*
Salade niçoise, *118*

Hareng
Haricots de Paimpol, hareng fumé et paprika, *434*
Harengs marinés, *188*
Saladier lyonnais, *116*

Homard
Carpaccio de homard et asperges, *228*

Huître
Huîtres dans un bouillon de navets et truffes, huile d'argan, *34*
Soupe d'huîtres glacée, *216*

J

Jambon
Croque-monsieur des alpages, *130*
Garbure, *36*
Pâté veau et jambon, *68*
Rissoles salées, *72*
Seigle aux figues et curry, copeaux de jambon San Daniele, *392*
Tourteau, écrevisses et croustillant de jambon cru, *62*

K

Kumquat
Jarret de veau cuit entier aux kumquats et gingembre, *322*

...

L

Lait d'amandes
Rochers de lait frits à la cardamome et lait d'amandes, *490*

Lait de coco
Coq au lait de coco, banane et piment oiseau, *340*
Lait de coco, citronnelle et cardamome, *573*
Risotto au lait de coco, citronnelle, patate douce et fèves, *386*
Soupe de poulet, gingembre et lait de coco, *26*

Laitue
Salade alsacienne, *112*
Salade niçoise, *118*
Salade savoyarde, *120*
Soupe de laitues, foie gras de canard chaud, brousse aux baies de genièvre, *20*

Langouste
Civet de langoustes au chocolat, *230*

Langoustine
Langoustines au curry de légumes, *232*

Lapin
Râble de lapin, roquette crue et cuite, poivron et tomate, *64*

Lentilles
Lentilles parfumées à la rose dans un bouillon de châtaignes, *436*
Petit salé aux lentilles, *302*
Potage de lentilles, *40*

Limande
Matelote normande, *192*

Loup
Bourride provençale, *176*

M

Maïs
Soupe de maïs au chorizo, *22*

Mangue
Filet de canette, confit de mangue et ananas, *338*
Gratin de mangue et fraises au wasabi, *526*
Quenelles de merlan, bouillon aux feuilles de cari et mangue, *194*
Taboulé aux fruits, *520*

Maquereau
Tarte au maquereau et à la tomate au cinq-épices, *190*

Marron
Charlotte aux marrons, *464*
Chou rouge farci aux marrons, *416*
Double côte de veau, marrons, jus à la vanille, *314*

Melon
Rouleaux de printemps à l'avocat et au melon, *106*

Merlan
Quenelles de merlan, bouillon aux feuilles de cari et mangue, *194*

Morue
Morue sur patate douce et chips au galanga, *196*
Tortillas au chou blanc et morue, *418*

Moules
Matelote normande, *192*
Moules à la crème, *218*
Moules, pomme granny-smith et estragon, *220*
Salade camarguaise, *114*

N

Navet
Huîtres dans un bouillon de navets et truffes, huile d'argan, *34*
Potage du jardin, *38*

Noisette
Pain aux épices et chocolat, *510*

Noix
Tarte salée aux noix, *144*

Nougat
Nougat glacé, *486*
Tarte au nougat, *494*

O

Œuf
Haricots cocos aux œufs de caille, *432*
Œufs à la coque, *558*
Œufs au plat, *558*
Œufs brouillés, *559*
Œufs brouillés aux oursins, mouillettes au beurre d'algues, *152*
Œufs cocotte aux crevettes, crème à la réglisse, *154*
Œufs durs, *559*
Œufs frits, ragoût de fèves, citron au sel et huile d'argan, *158*
Œufs mollets, *558*
Œufs mollets sur une tartine à la tomate et roquette, *160*
Œufs pochés, *559*
Œufs pochés dans une galette frite aux petits pois et cumin, *164*
Œufs pochés et brocolis en gelée à la gentiane, *156*
Omelette aux fines herbes, *162*
Soufflé au tarama et aux zestes d'orange, *166*

Oignon
Gaspacho, *14*
Oignons rouges confits au beaufort, *438*
Pissaladière, *138*
Soupe à l'oignon, *24*

Olive
Échine de porc aux olives, *294*
Fines tranches d'onglet poêlées minute sur une tartine de tapenade, *278*
Flan d'olives à la tomate, *132*
Pissaladière, *138*
Rôti de cuisse de dinde au genièvre et aux olives, *348*
Tapenade, *575*

Orange
Dorade aux amandes et à l'orange, *184*
Gâteau chocolat orange, *502*
Gelée aux agrumes et à la fleur de lavande, *584*
Jus miel et agrumes, *572*
Pain aux épices et chocolat, *510*
Palette de porc à la cannelle, salade de carottes à l'orange et à la menthe, *300*
Salade d'oranges et de radis, *108*
Soufflé au tarama et aux zestes d'orange, *166*
Taboulé aux fruits, *520*
Vinaigrette à l'orange et thym citron, *576*

Oseille
Potage de haricots à l'oseille, *30*

Oursin
Œufs brouillés aux oursins, mouillettes au beurre d'algues, *152*

P

Pamplemousse
Anchois roulés à la brousse, pomélo et basilic, *170*
Gelée aux agrumes et à la fleur de lavande, *584*
Jus miel et agrumes, *572*
Raie en salade aux pamplemousses, *198*

Patate douce
Morue sur patate douce et chips au galanga, *196*
Risotto au lait de coco, citronnelle, patate douce et fèves, *386*

Pâtes
Cannellonis au bruccio et trompettes-des-morts, *368*
Cappelletis au poulet, mozzarella et cumin, *370*
Conchiglie aux coquillages et aux crevettes, *372*
Cresson alénois et penne à la mimolette, *426*
Minestrone, *32*
Nouilles sautées au poulet et au chou chinois, *374*
Pâte à pâtes fraîches aux épinards, *376*
Penne aux petits pois, *378*
Raviolis frits à la ricotta et sarriette, *380*
Tagliatelles vertes, crème de curry et saumon fumé, *382*

Pêche
Pêche Melba, *528*

Petits pois
Bar croustillant sur un velouté de petits pois, *172*
Minestrone, *32*
Œufs pochés dans une galette frite aux petits pois et cumin, *164*
Oignons rouges confits au beaufort, *438*
Penne aux petits pois, *378*
Petits pâtés frits fourrés aux légumes, *74*
Petits pois à l'étuvée, pourpier et beurre de gingembre, *440*
Terrine de légumes, *66*

Pigeon
Pigeon aux poires et poivre de Sichuan, *350*

Pignons de pin
Croissants aux pignons, *468*
Pesto, *575*

Pintade
Pintade en tourte aux côtes de blettes, *354*
Suprêmes de pintade aux coings, *352*

Pissenlit
Saladier lyonnais, *116*

Poire
Pigeon aux poires et poivre de Sichuan, *350*
Poires au vin, *530*
Portugaise, *522*
Savarin à la chartreuse, poire et chantilly, *492*

Poireau
Garbure, *36*
Potage de poireaux, *42*
Potage du jardin, *38*

Pois chiches
Falafel, *124*
Houmous à la coriandre, *100*
Terrine de légumes, *66*

Poivron
Cake aux poivrons rouge et jaune, *442*
Gaspacho, *14*
Pavés de cabillaud façon Rossini, mini-poivrons, jus menthe-coriandre, *178*
Râble de lapin, roquette crue et cuite, poivron et tomate, *64*
Salade de poivrons, *102*
Sardines farcies au poivron jaune et anis vert, *56*
Tronçons de carrelet, mini-poivrons, jus menthe-coriandre, *180*

Polenta
Croque-monsieur des alpages, *130*
Polenta croustillante aux crevettes et ras el-hanout, *384*

Pomme
Chutney de girolles et granny-smith, *430*
Portugaise, *522*
Taboulé aux fruits, *520*
Tarte aux pommes, *496*
Tourteau, pomme, céleri, sauce rose au jus de truffe, *234*

Pomme de terre
Beignets de pommes de terre à l'anguille fumée, *444*
Garbure, *36*
Matelote normande, *192*
Parmentier de queue de bœuf, *280*
Petits pâtés frits fourrés aux légumes, *74*
Potage du jardin, *38*

Porc
Brochettes de porc au romarin, *288*
Confit de porc, *290*
Côtelettes de porc en chemise, *292*
Échine de porc aux olives, *294*
Grillade de porc farcie aux légumes, *296*
Jarret de porc confit, salade tiède de shiitake, *298*
Palette de porc à la cannelle, salade de carottes à l'orange et à la menthe, *300*
Pâté en croûte, *70*
Petit salé aux lentilles, *302*
Poitrine de veau farcie, *326*
Pot-au-feu, *284*
Quiche lorraine, *140*
Rôti de porc aux anchois, jus crémé au romarin, *304*
Salade alsacienne, *112*
Salade savoyarde, *120*
Saucisson en brioche, *80*
Travers de porc aux crevettes, tomate et gingembre, *306*

Potimarron
Quiche au potimarron, *446*

Potiron
Garbure, *36*

Poularde
Poularde au vin jaune et morilles, *358*

Poulet
Cappelletis au poulet, mozzarella et cumin, *370*
Nouilles sautées au poulet et au chou chinois, *374*
Poulet en croûte de sel, *364*
Rissoles salées, *72*
Riz au poulet et aux épices, *388*
Salade de blé et poulet au cumin, *110*
Saladier lyonnais, *116*
Soupe de poulet, gingembre et lait de coco, *26*

Poulpe
Poulpe en daube aux morilles, *240*

Pourpier
Gratin de pourpier, *448*
Petits pois à l'étuvée, pourpier et beurre de gingembre, *440*

...

R

Radis
Marinade de radis roses et cerises à la moutarde fraîche, *450*
Salade d'oranges et de radis, *108*
Tartelettes aux radis roses, *498*

Raie
Raie en salade aux pamplemousses, *198*

Raisin
Estouffade de veau aux figues et aux raisins, *320*

Riz
Poitrine de veau farcie, *326*
Risotto au lait de coco, citronnelle, patate douce et fèves, *386*
Riz au poulet et aux épices, *388*
Riz parfumé au nori, sardine et ciboulette, *390*

Roquette
Œufs mollets sur une tartine à la tomate et roquette, *160*
Râble de lapin, roquette crue et cuite, poivron et tomate, *64*
Salade de Saint-Jacques et roquette au parmesan, *54*
Tarte de roquette aux piments, *452*

Rouget barbet
Rougets barbets en escabèche, *52*
Rougets barbets préparés de deux façons, *200*

S

Saint-Pierre
Bourride provençale, *176*
Papillotes de Saint-Pierre aux coquillages, *202*

Sardine
Bricks de sardines à la badiane, *126*
Riz parfumé au nori, sardine et ciboulette, *390*
Sardines farcies au poivron jaune et anis vert, *56*

Saumon
Branches de céleri au saumon et aneth, *58*
Rillettes de saumon, *60*
Tagliatelles vertes, crème de curry et saumon fumé, *382*

Seigle
Seigle aux figues et curry, copeaux de jambon San Daniele, *392*

Sole
Sole normande, *204*

Spéculoos
Crème glacée aux spéculoos, *478*

T

Thon
Brochettes de thon, *206*
Salade niçoise, *118*

Tomate
Flan d'olives à la tomate, *132*
Gaspacho, *14*
Œufs mollets sur une tartine à la tomate et roquette, *160*
Râble de lapin, roquette crue et cuite, poivron et tomate, *64*
Sauce tomate, *571*
Tarte au maquereau et à la tomate au cinq-épices, *190*
Tarte aux tomates, *454*
Tomates vertes en consommé froid, *456*
Travers de porc aux crevettes, tomate et gingembre, *306*
Turbot quadrillé, tomates et mousseline d'amandes, *208*

Tourteau
Tourteau, écrevisses et croustillant de jambon cru, *62*
Tourteau, pomme, céleri, sauce rose au jus de truffe, *234*

Trévise
Trévises en gratin au beaufort et poivre noir, *458*

Turbot
Turbot quadrillé, tomates et mousseline d'amandes, *208*

V

Vanille
Glace à la vanille, *480*

Veau
Blanquette de veau, *308*
Carpaccio de veau, avocat, fèves et poivre vert, *310*
Carré de veau poché au lait parfumé au tilleul, *312*
Double côte de veau, marrons, jus à la vanille, *314*
Escalopes de veau farcies au chèvre frais et cresson pané au pain d'épice, *318*
Estouffade de veau aux figues et aux raisins, *320*
Jarret de veau cuit entier aux kumquats et gingembre, *322*
Osso-bucco, *324*
Pâté chaud, *82*
Pâté en croûte, *70*
Pâté veau et jambon, *68*
Poitrine de veau farcie, *326*
Pot-au-feu, *284*
Quasi de veau façon acras au cinq-épices et citron vert, *318*
Vol-au-vent financière, *78*

Y

Yaourt
Brochettes de gambas au yaourt, *226*
Légumes croquants au yaourt et coriandre, *94*
Vinaigrette au yaourt, *577*

INDEX DES RECETTES

A

Aïoli, 574
Anchoïade, 46
Anchois roulés à la brousse, pomélo et basilic, 170
Artichauts à la barigoule, 396
Asperges blanches au jus d'agrumes, 398
Avocat au caillé de brebis et crème de sésame, chapatis aux graines de nigelle, 402

B

Bar croustillant sur un velouté de petits pois, 172
Baudroie cloutée au céleri, jus d'ananas et poivre Sarawak, 174
Beignets de courgettes fleurs, 122
Beignets de pommes de terre à l'anguille fumée, 444
Bigorneaux et brocolis en terrine, 210
Blanc de dinde dans une feuille de chou, au calamar et soja, 344
Blanc de dinde mariné au citron vert et au sumac,346
Blanquette d'agneau, 248
Blanquette de veau, 308
Bœuf aux carottes, 276
Bœuf haché façon acras au ras el-hanout, 274
Bouillon de laitue de mer, 242
Bourride provençale, 176
Branches de céleri au saumon et aneth, 58
Bricks de sardines à la badiane, 126
Brochettes de gambas au yaourt, 226
Brochettes de porc au romarin, 288
Brochettes de rumsteck au cinq-épices, 268
Brochettes de thon, 206

C

Cailles aux artichauts, 336
Cake au citron, 462
Cake au fenouil, 128
Cake aux poivrons rouge et jaune, 442
Cannellonis au bruccio et trompettes-des-morts, 368
Cappelletis au poulet, mozzarella et cumin, 370
Carpaccio de homard et asperges, 228
Carpaccio de veau, avocat, fèves et poivre vert, 310
Carré d'agneau pané au paprika, purée d'avocats, 250
Carré de veau poché au lait parfumé au tilleul, 312
Caviar d'aubergines, 96
Céleri-rave en en cocotte à la pancetta, 408
Champignons de Paris grillés au beurre de raifort, 412
Charlotte aux marrons, 464
Chou farci, 414
Chou rouge farci aux marrons, 416
Chutney de girolles et granny-smith, 430
Civet de langoustes au chocolat, 230
Clafoutis aux griottes, 524
Conchiglie aux coquillages et aux crevettes, 372
Concombre en omelette aux gommes de menthe, 422
Confit de porc, 290
Confiture d'abricots, 583
Confiture de fraises, 583
Coq au lait de coco, banane et piment oiseau, 340
Coquelets grillés aux citrons, 342
Coques à la citronnelle et au lait de coco, 212
Coques aux champignons confits et persil plat, 214
Coquilles Saint-Jacques à l'émulsion de persil, 222
Côtelettes de porc en chemise, 292
Coulis de fruits frais, 579
Crème anglaise, 579
Crème brûlée, 466
Crème chantilly, 580
Crème de concombre, 10
Crème de courgette à la verveine fraîche, 12
Crème glacée aux spéculoos, 478
Crème pâtissière, 580
Cresson alénois et penne à la mimolette, 426
Croissants aux pignons, 468
Croque-monsieur des alpages, 130
Croustillant de haddock, 50
Cuisson des champignons, 568
Cuisson des coquillages, 569

D

Dorade aux amandes et à l'orange, 184
Double côte de veau, marrons, jus à la vanille, 314

E

Échine de porc aux olives, 294
Émulsion d'huile d'olive, 573
Encornets farcis, 238
Escalopes de veau farcies au chèvre frais et cresson pané au pain d'épice, 318
Estouffade de veau aux figues et aux raisins, 320

F

Falafel, 124
Feuilletés aux morilles, 76
Figues pochées au vin de miel et thym citron, 518
Filet de bœuf Duché de Savoie, 272
Filet de canette, confit de mangue et ananas, 338
Financiers aux framboises, 470
Fines tranches d'onglet poêlées minute sur une tartine de tapenade, 278
Fines tranches de bœuf crues roulées, 266
Flan d'olives à la tomate, 132
Flan de chou-fleur au curry, 420
Foie gras au wakamé en papillote, 244
Foie gras chaud au chutney de tomates vertes, 84
Foie gras de canard en terrine, 86
Foie gras de canard en terrine, truffes, herbes, compotée de fruits, 88
Fond blanc de volaille, 568
Fond de gibier, 568
Fond de veau brun, 568
Fond de volaille, 568
Fond de volaille et d'agneau, 568
Fougasse à l'anguille fumée, 134
Fricassée de fenouil au chorizo, 428
Fricassée de lapin de garenne au vin jaune et aux coings, 328

Fumet de crustacés, 569
Fumet de poisson, 569

G

Galettes fines de courgettes, 424
Garbure, 36
Gaspacho, 14
Gâteau aux noix, 472
Gâteau chocolat orange, 502
Gâteau de riz aux fruits confits, 476
Gâteau de Savoie, 474
Gaufres au pesto, 136
Gelée aux agrumes et à la fleur de lavande, 584
Gigot de sept heures, 254
Glace à la vanille, 480
Gratin de cèpes, 410
Gratin de mangue et fraises au wasabi, 526
Gratin de pourpier, 448
Grillade de porc farcie aux légumes, 296

H

Harengs marinés, 188
Haricots cocos aux œufs de caille, 432
Haricots de Paimpol, hareng fumé et paprika, 434
Houmous à la coriandre, 100
Huîtres dans un bouillon de navets et truffes, huile d'argan, 34

J

Jarret de porc confit, salade tiède de shiitake, 298
Jarret de veau cuit entier aux kumquats et gingembre, 322
Jus de fenouil au chorizo, 572
Jus miel et agrumes, 572

L

Lait d'amandes, 581
Lait de coco, citronnelle et cardamome, 573
Langoustines au curry de légumes, 232
Lapin à l'estragon en cocotte lutée, 330
Légumes croquants au yaourt et coriandre, 94
Lentilles parfumées à la rose dans un bouillon de châtaignes, 436

M

Macarons aux zestes de citron, 482
Macreuse en blanquette, citron au sel et girolles, 264
Madeleines, 584
Marbré au chocolat aux graines de nigelle, 504
Marinade de radis roses et cerises à la moutarde fraîche, 450
Matelote normande, 192
Mayonnaise, 574
Médaillons d'aubergines à la mozzarella et aux câpres, 98
Meringues, 585
Mille-feuille aux fraises des bois, crème au serpolet, 484
Minestrone, 32
Moelleux au chocolat, 508
Morue sur patate douce et chips au galanga, 196
Moules à la crème, 218
Moules, pomme granny-smith et estragon, 220
Mousse au chocolat, 585
Mousse au chocolat blanc et noir, 506
Mousse au citron, 516

N

Navarin, 258
Nougat glacé, 486
Nouilles sautées au poulet et au chou chinois, 374

O

Œufs à la coque, 558
Œufs au plat, 558
Œufs brouillés, 559
Œufs brouillés aux oursins, mouillettes au beurre d'algues, 152
Œufs cocotte aux crevettes, crème à la réglisse, 154
Œufs durs, 559
Œufs frits, ragoût de fèves, citron au sel et huile d'argan, 158
Œufs mollets, 558
Œufs mollets sur une tartine à la tomate et roquette, 160
Œufs pochés, 559
Œufs pochés dans une galette frite aux petits pois et cumin, 164
Œufs pochés et brocolis en gelée à la gentiane, 156
Oignons rouges confits au beaufort, 438
Omelette aux fines herbes, 162
Osso-bucco, 324

P

Pain aux épices et chocolat, 510
Pain perdu à la brioche au romarin, 488
Paleron en daube aux cèpes, 270
Palette de porc à la cannelle, salade de carottes à l'orange et à la menthe, 300
Papillotes de Saint-Pierre aux coquillages, 202
Parmentier de queue de bœuf, 280
Pâte à beignets, 563
Pâte à choux, 561
Pâte à crêpes, 564
Pâte à gaufres, 564
Pâte à pain, 565
Pâte à pâtes fraîches aux épinards, 376
Pâte à tempura, 565
Pâte brisée, 562
Pâte feuilletée, 561
Pâte sablée, 562
Pâte sucrée, 563
Pâté chaud, 82
Pâté en croûte, 70
Pâté veau et jambon, 68
Pavé de cabillaud façon Rossini, mini-poivrons, jus menthe-coriandre, 178
Pêche Melba, 528
Penne aux petits pois, 378
Pesto, 575
Petit salé aux lentilles, 302
Petits pâtés frits fourrés aux légumes, 74
Petits pois à l'étuvée, pourpier et beurre de gingembre, 440
Pigeon aux poires et poivre de Sichuan, 350
Pintade en tourte aux côtes de blettes, 354
Pissaladière, 138
Poires au vin, 530
Poitrine d'agneau roulée aux anchois, 260
Poitrine de bœuf à l'indienne, 282
Poitrine de veau farcie, 326
Polenta croustillante aux crevettes et ras el-hanout, 384
Portugaise, 522
Potage de chou-fleur, 28
Potage de haricots à l'oseille, 30
Potage de lentilles, 40
Potage de poireaux, 42

Potage du jardin, 38
Pot-au-feu, 284
Pot-au-feu de lapin, 332
Poularde au vin jaune et morilles, 358
Poule au pot, 360
Poulet à l'ail, 362
Poulet en croûte de sel, 364
Poulpe en daube aux morilles, 240
Purée de betterave, 404

Q

Quasi de veau façon acras au cinq-épices et citron vert, 318
Quenelles de merlan, bouillon aux feuilles de cari et mangue, 194
Quiche au potimarron, 446
Quiche lorraine, 140

R

Râble de lapin, roquette crue et cuite, poivron et tomate, 64
Raie en salade aux pamplemousses, 198
Ramequins d'épaule d'agneau confite aux courgettes, 252
Raviolis frits à la ricotta et sarriette, 380
Rillettes de saumon, 60
Risotto au lait de coco, citronnelle, patate douce et fèves, 386
Rissoles salées, 72
Riz au poulet et aux épices, 388
Riz parfumé au nori, sardine et ciboulette, 390
Rochers de lait frits à la cardamome et lait d'amandes, 490
Rôti de cuisse de dinde au genièvre et aux olives, 348
Rôti de porc aux anchois, jus crémé au romarin, 304
Rougets barbets en escabèche, 52
Rougets barbets préparés de deux façons, 200
Rouleaux de printemps à l'avocat et au melon, 106

S

Sabayon, 581
Salade alsacienne, 112
Salade camarguaise, 114
Salade d'avocats et ananas, 104
Salade d'oranges et de radis, 108
Salade de blé et poulet au cumin, 110
Salade de cresson à la feta, 92
Salade de haddock aux bananes, 186
Salade de poivrons, 102
Salade de Saint-Jacques et roquette au parmesan, 54
Salade niçoise, 118
Salade savoyarde, 120
Saladier lyonnais, 116
Sardines farcies au poivron jaune et anis vert, 56
Sauce au caramel, 582
Sauce au chocolat, 582
Sauce au fromage de chèvre frais et ciboulette, 577
Sauce béarnaise, 570
Sauce béchamel, 570
Sauce normande, 571
Sauce tomate, 571
Sauce vinaigrette, 576
Saucisson en brioche, 80
Savarin à la chartreuse, poire et chantilly, 492
Seigle aux figues et curry, copeaux de jambon San Daniele, 392
Sole normande, 204
Soufflé au tarama et aux zestes d'orange, 166
Soupe à l'oignon, 24
Soupe au chocolat, café aux graines de paradis, 512
Soupe au chou, 16
Soupe d'huîtres glacée, 216
Soupe de crevettes à la citronnelle, 18
Soupe de laitues, foie gras de canard chaud, brousse aux baies de genièvre, 20
Soupe de maïs au chorizo, 22
Soupe de poulet, gingembre et lait de coco, 26
Soupe froide d'avocat, 8
Steak tartare, 286
Suprêmes de pintade aux coings, 352
Sushi maki de dorade et céleri, 48

T

Taboulé aux fruits, 520
Tagliatelles vertes, crème de curry et saumon fumé, 382
Tapenade, 575
Tarte au fromage, 142
Tarte au maquereau et à la tomate au cinq-épices, 190
Tarte au nougat, 494
Tarte aux asperges vertes, 400
Tarte aux poireaux et au salers, 146
Tarte aux pommes, 496
Tarte aux tomates, 454
Tarte de roquette aux piments, 452
Tarte salée aux noix, 144
Tarte tatin à l'aubergine et aux calamars, 236
Tartelettes aux radis roses, 498
Tartine de courgettes et d'araignée, 224
Tatin de betterave au cerfeuil, 148
Terrine de légumes, 66
Tomates vertes en consommé froid, 456
Tortillas au chou blanc et morue, 418
Tourteau, écrevisses et croustillant de jambon cru, 62
Tourteau, pomme, céleri, sauce rose au jus de truffe, 234
Tranches de selle d'agneau aux pois chiches, à la menthe et sésame, 262
Travers de porc aux crevettes, tomate et gingembre, 306
Trévises en gratin au beaufort et poivre noir, 458
Tronçons de carrelet, mini-poivrons, jus menthe-coriandre, 180
Truffes au chocolat, 514
Tuiles dentelles aux amandes et sésame noir, 500
Turbot quadrillé, tomates et mousseline d'amandes, 208

V

Verts de blette farcis au haddock, 406
Vinaigrette à l'orange et thym citron, 576
Vinaigrette au yaourt, 577
Vol-au-vent financière, 78

INDEX DES PLATS

Coquillages, crustacés, céphalopodes, algues

Bigorneaux et brocolis en terrine, 210
Bouillon de laitue de mer, 242
Brochettes de gambas au yaourt, 226
Carpaccio de homard et asperges, 228
Civet de langoustes au chocolat, 230
Coques à la citronnelle et au lait de coco, 212
Coques aux champignons confits et persil plat, 214
Coquilles Saint-Jacques à l'émulsion de persil, 222
Encornets farcis, 238
Foie gras au wakamé en papillote, 244
Langoustines au curry de légumes, 232
Moules à la crème, 218
Moules, pomme granny-smith et estragon, 220
Poulpe en daube aux morilles, 240
Soupe d'huîtres glacée, 216
Tarte tatin à l'aubergine et aux calamars, 236
Tartine de courgettes et d'araignée, 224
Tourteau, pomme, céleri, sauce rose au jus de truffe, 234

Desserts

Bases

Coulis de fruits frais, 579
Crème anglaise, 579
Crème chantilly, 580
Crème pâtissière, 580
Lait d'amandes, 581
Sabayon, 581
Sauce au chocolat, 582
Sauce au caramel, 582
Confiture d'abricots, 583
Confiture de fraises, 583
Gelée aux agrumes et à la fleur de lavande, 584
Madeleines, 584
Meringues, 585
Mousse au chocolat, 585

Chocolat

Gâteau chocolat orange, 502
Marbré au chocolat aux graines de nigelle, 504
Moelleux au chocolat, 508
Mousse au chocolat blanc et noir, 506
Pain aux épices et chocolat, 510
Soupe au chocolat, café aux graines de paradis, 512
Truffes au chocolat, 514

Desserts aux fruits

Clafoutis aux griottes, 524
Figues pochées au vin de miel et thym citron, 518
Gratin de mangue et fraises au wasabi, 526
Mousse au citron, 516
Pêche Melba, 528
Poires au vin, 530
Portugaise, 522
Taboulé aux fruits, 520

Glaces

Crème glacée aux spéculoos, 478
Glace à la vanille, 480
Nougat glacé, 486

Pâtes

Pâte à beignets, 563
Pâte à choux, 561
Pâte à crêpes, 564
Pâte à gaufres, 564
Pâte à pain, 565
Pâte à tempura, 565
Pâte brisée, 562
Pâte feuilletée, 561
Pâte sablée, 562
Pâte sucrée, 563

Pâtisserie et entremets

Cake au citron, 462
Charlotte aux marrons, 464
Crème brûlée, 466
Croissants aux pignons, 468
Financiers aux framboises, 470
Gâteau aux noix, 472
Gâteau de riz aux fruits confits, 476
Gâteau de Savoie, 474
Macarons aux zestes de citron, 482
Mille-feuille aux fraises des bois, crème au serpolet, 484
Pain perdu à la brioche au romarin, 488
Rochers de lait frits à la cardamome et lait d'amandes, 490
Savarin à la chartreuse, poire et chantilly, 492
Tarte au nougat, 494
Tarte aux pommes, 496
Tartelettes aux radis roses, 498
Tuiles dentelles aux amandes et sésame noir, 500

Entrées

Anchoïade, 46
Branches de céleri au saumon et aneth, 58
Croustillant de haddock, 50
Feuilletés aux morilles, 76
Foie gras chaud au chutney de tomates vertes, 84
Foie gras de canard en terrine, 86
Foie gras de canard en terrine, truffes, herbes, compotée de fruits, 88
Pâté chaud, 82
Pâté en croûte, 70
Pâté veau et jambon, 68
Petits pâtés frits fourrés aux légumes, 74
Râble de lapin, roquette crue et cuite, poivron et tomate, 64
Rillettes de saumon, 60
Rissoles salées, 72
Rougets barbets en escabèche, 52
Salade de Saint-Jacques et roquette au parmesan, 54
Sardines farcies au poivron jaune et anis vert, 56
Saucisson en brioche, 80
Sushi maki de dorade et céleri, 48
Terrine de légumes, 66
Tourteau, écrevisses et croustillant de jambon cru, 62
Vol-au-vent financière, 78

Légumes

Artichauts à la barigoule, 396
Asperges blanches au jus d'agrumes, 398
Avocat au caillé de brebis et crème de sésame, chapatis aux graines de nigelle, 402
Beignets de pommes de terre à l'anguille fumée, 444
Cake aux poivrons rouge et jaune, 442
Céleri-rave en en cocotte à la pancetta, 408
Champignons de Paris grillés au beurre de raifort, 412
Chou farci, 414
Chou rouge farci aux marrons, 416
Chutney de girolles et granny-smith, 430
Concombre en omelette aux gommes de menthe, 422
Cresson alénois et penne à la mimolette, 426
Flan de chou-fleur au curry, 420
Fricassée de fenouil au chorizo, 428
Galettes fines de courgettes, 424
Gratin de cèpes, 410
Gratin de pourpier, 448
Haricots cocos aux œufs de caille, 432

Haricots de Paimpol, hareng fumé et paprika, 434
Lentilles parfumées à la rose dans un bouillon de châtaignes, 436
Marinade de radis roses et cerises à la moutarde fraîche, 450
Oignons rouges confits au beaufort, 438
Petits pois à l'étuvée, pourpier et beurre de gingembre, 440
Purée de betterave, 404
Quiche au potimarron, 446
Tarte aux asperges vertes, 400
Tarte aux tomates, 454
Tarte de roquette aux piments, 452
Tomates vertes en consommé froid, 456
Tortillas au chou blanc et morue, 418
Trévises en gratin au beaufort et poivre noir, 458
Verts de blette farcis au haddock, 406

Œufs

Œufs à la coque, 558
Œufs au plat, 558
Œufs brouillés, 559
Œufs brouillés aux oursins, mouillettes au beurre d'algues, 152
Œufs cocotte aux crevettes, crème à la réglisse, 154
Œufs durs, 559
Œufs frits, ragoût de fèves, citron au sel et huile d'argan, 158
Œufs mollets, 558
Œufs mollets sur une tartine à la tomate et roquette, 160
Œufs pochés, 559
Œufs pochés dans une galette frite aux petits pois et cumin, 164
Œufs pochés et brocolis en gelée à la gentiane, 156
Omelette aux fines herbes, 162
Soufflé au tarama et aux zestes d'orange, 166

Pâtes et céréales

Cannellonis au bruccio et trompettes-des-morts, 368
Cappelletis au poulet, mozzarella et cumin, 370
Conchiglie aux coquillages et aux crevettes, 372
Nouilles sautées au poulet et au chou chinois, 374
Pâte à pâtes fraîches aux épinards, 376
Penne aux petits pois, 378
Polenta croustillante aux crevettes et ras el-hanout, 384
Raviolis frits à la ricotta et sarriette, 380
Risotto au lait de coco, citronnelle, patate douce et fèves, 386
Riz au poulet et aux épices, 388
Riz parfumé au nori, sardine et ciboulette, 390
Seigle aux figues et curry, copeaux de jambon San Daniele, 392
Tagliatelles vertes, crème de curry et saumon fumé, 382

Poissons

Anchois roulés à la brousse, pomélo et basilic, 170
Bar croustillant sur un velouté de petits pois, 172
Baudroie cloutée au céleri, jus d'ananas et poivre Sarawak, 174
Bourride provençale, 176
Brochettes de thon, 206
Dorade aux amandes et à l'orange, 184
Harengs marinés, 188
Matelote normande, 192
Morue sur patate douce et chips au galanga, 196
Papillotes de Saint-Pierre aux coquillages, 202
Pavés de cabillaud façon Rossini, mini-poivrons, jus menthe-coriandre, 178
Quenelles de merlan, bouillon aux feuilles de cari et mangue, 194
Raie en salade aux pamplemousses, 198
Rougets barbets préparés de deux façons, 200
Salade de haddock aux bananes, 186
Sole normande, 204
Tarte au maquereau et à la tomate au cinq- épices, 190
Tronçons de carrelet, mini-poivrons, jus menthe-coriandre, 180
Turbot quadrillé, tomates et mousseline d'amandes, 208

Salades

Caviar d'aubergines, 96
Houmous à la coriandre, 100
Légumes croquants au yaourt et coriandre, 94
Médaillons d'aubergines à la mozzarella et aux câpres, 98
Rouleaux de printemps à l'avocat et au melon, 106
Salade alsacienne, 112
Salade camarguaise, 114
Salade d'avocats et ananas, 104
Salade d'oranges et de radis, 108
Salade de blé et poulet au cumin, 110
Salade de cresson à la feta, 92
Salade de poivrons, 102
Salade niçoise, 118
Salade savoyarde, 120
Saladier lyonnais, 116

Sauces

Aïoli, 574
Cuisson des champignons, 568
Cuisson des coquillages, 569
Émulsion d'huile d'olive, 573
Fond blanc de volaille, 568
Fond de gibier, 568
Fond de veau brun, 568
Fond de volaille, 568
Fond de volaille et d'agneau, 568
Fumet de crustacés, 569
Fumet de poisson, 569
Jus de fenouil au chorizo, 572
Jus miel et agrumes, 572
Lait de coco, citronnelle et cardamome, 573
Mayonnaise, 574
Pesto, 575
Sauce au fromage de chèvre frais et ciboulette, 577
Sauce béarnaise, 570
Sauce béchamel, 570
Sauce normande, 571
Sauce tomate, 571
Sauce vinaigrette, 576
Tapenade, 575
Vinaigrette à l'orange et thym citron, 576
Vinaigrette au yaourt, 577

Tartes salées et beignets

Beignets de courgettes fleurs, 122
Bricks de sardines à la badiane, 126
Cake au fenouil, 128
Croque-monsieur des alpages, 130
Falafel, 124
Flan d'olives à la tomate, 132
Fougasse à l'anguille fumée, 134
Gaufres au pesto, 136
Pissaladière, 138
Quiche lorraine, 140
Tarte au fromage, 142

Tarte aux poireaux et au salers, *146*
Tarte salée aux noix, *144*
Tatin de betterave au cerfeuil, *148*

Soupes et potages

Crème de concombre, *10*
Crème de courgette à la verveine fraîche, *12*
Garbure, *36*
Gaspacho, *14*
Huîtres dans un bouillon de navets et truffes, huile d'argan, *34*
Minestrone, *32*
Potage de chou-fleur, *28*
Potage de haricots à l'oseille, *30*
Potage de lentilles, *40*
Potage de poireaux, *42*
Potage du jardin, *38*
Soupe à l'oignon, *24*
Soupe au chou, *16*
Soupe de crevettes à la citronnelle, *18*
Soupe de laitues, foie gras de canard chaud, brousse aux baies de genièvre, *20*
Soupe de maïs au chorizo, *22*
Soupe de poulet, gingembre et lait de coco, *26*
Soupe froide d'avocat, *8*

Viandes

Agneau

Blanquette d'agneau, *248*
Carré d'agneau pané au paprika, purée d'avocat, *250*
Gigot de sept heures, *254*
Navarin, *258*
Poitrine d'agneau roulée aux anchois, *260*
Ramequins d'épaule d'agneau confite aux courgettes, *252*
Tranches de selle d'agneau aux pois chiches, à la menthe et sésame, *262*

Bœuf

Bœuf aux carottes, *276*
Bœuf haché façon acras au ras el-hanout, *274*
Brochettes de rumsteck au cinq-épices, *268*
Filet de bœuf Duché de Savoie, *272*
Fines tranches d'onglet poêlées minute sur une tartine de tapenade, *278*
Fines tranches de bœuf crues roulées, *266*
Macreuse en blanquette, citron au sel et girolles, *264*
Paleron en daube aux cèpes, *270*
Parmentier de queue de bœuf, *280*
Poitrine de bœuf à l'indienne, *282*
Pot-au-feu, *284*
Steak tartare, *286*

Lapin

Fricassée de lapin de garenne au vin jaune et aux coings, *328*
Lapin à l'estragon en cocotte lutée, *330*
Pot-au-feu de lapin, *332*

Porc

Brochettes de porc au romarin, *288*
Confit de porc, *290*
Côtelettes de porc en chemise, *292*
Échine de porc aux olives, *294*
Grillade de porc farcie aux légumes, *296*
Jarret de porc confit, salade tiède de shiitake, *298*
Palette de porc à la cannelle, salade de carottes à l'orange et à la menthe, *300*
Petit salé aux lentilles, *302*
Rôti de porc aux anchois, jus crémé au romarin, *304*
Travers de porc aux crevettes, tomate et gingembre, *306*

Veau

Blanquette de veau, *308*
Carpaccio de veau, avocat, fèves et poivre vert, *310*
Carré de veau poché au lait parfumé au tilleul, *312*
Double côte de veau, marrons, jus à la vanille, *314*
Escalopes de veau farcies au chèvre frais et cresson pané au pain d'épice, *318*
Estouffade de veau aux figues et aux raisins, *320*
Jarret de veau cuit entier aux kumquats et gingembre, *322*
Osso-bucco, *324*
Poitrine de veau farcie, *326*
Quasi de veau façon acras au cinq-épices et citron vert, *318*

Volaille

Blanc de dinde dans une feuille de chou, au calamar et soja, *344*
Blanc de dinde mariné au citron vert et au sumac, *346*
Cailles aux artichauts, *336*
Coq au lait de coco, banane et piment oiseau, *340*
Coquelets grillés aux citrons, *342*
Filet de canette, confit de mangue et ananas, *338*
Pigeon aux poires et poivre de Sichuan, *350*
Pintade en tourte aux côtes de blettes, *354*
Poularde au vin jaune et morilles, *358*
Poule au pot, *360*
Poulet à l'ail, *362*
Poulet en croûte de sel, *364*
Rôti de cuisse de dinde au genièvre et aux olives, *348*
Suprêmes de pintade aux coings, *352*

Remerciements

Je souhaite exprimer toute ma gratitude à mon plus proche collaborateur,
Pascal Pugeault, fidèle parmi les fidèles, à Luc Bêchet, qui m'assiste précieusement
dans mon labeur quotidien, ainsi qu'à Thierry Molinengo.
Leur aide et leurs encouragements ont permis à ce livre de devenir une réalité.

Pour le shopping

Un grand merci à Asa, Guy Degrenne, Haviland et Chasseur pour leur précieuse collaboration.

Photogravure : Quadrilaser
Achevé d'imprimer en septembre 2011
sur les presses de Kapp Graphic, à Évreux
Dépôt légal : octobre 2011
Imprimé en France